教育部人文社会科学研究项目基金资助（11JDSZ1004）

大学生思想政治教育质量提升模式研究

乔万敏 邢亮 著

DAXUESHENG SIXIANG ZHENGZHI
JIAOYU ZHILIANG
TISHENG MOSHI YANJIU

人民出版社

责任编辑:陈来胜
装帧设计:张新勇

图书在版编目(CIP)数据

大学生思想政治教育质量提升模式研究/乔万敏 邢亮 著.
-北京:人民出版社,2013.8
ISBN 978-7-01-012431-5

Ⅰ.①大… Ⅱ.①乔… ②邢… Ⅲ.①大学生-思想-政治教育-教育质量-研究-中国 Ⅳ.①G641

中国版本图书馆 CIP 数据核字(2013)第186850号

大学生思想政治教育质量提升模式研究

DAXUESHENG SIXIANG ZHENGZHI JIAOYU ZHILIANG TISHENG MOSHI YANJIU

乔万敏 邢 亮 著

人民出版社 出版发行
(100706 北京市东城区隆福寺街99号)

北京龙之冉印务有限公司印刷 新华书店经销

2013年8月第1版 2013年8月北京第1次印刷
开本:710毫米×1000毫米 1/16 印张:19.25
字数:267千字

ISBN 978-7-01-012431-5 定价:38.00元

邮购地址 100706 北京市东城区隆福寺街99号
人民东方图书销售中心 电话 (010)65250042 65289539

序

大学生是十分宝贵的人才资源，是民族的希望，祖国的未来。中共"十八大"描绘了全面建成小康社会、加快推进社会主义现代化建设的宏伟蓝图，发出了向实现"两个一百年"奋斗目标进军的时代号召。努力办好人民满意的教育，把立德树人作为教育的根本任务，培养德智体美全面发展的社会主义建设者和接班人是高等教育肩负的历史使命和时代责任。思想政治教育为大学生的健康成长、顺利成才提供思想保证和精神动力。加强和改进大学生思想政治教育，对于全面实施科教兴国和人才强国战略，确保中国特色社会主义事业兴旺发达、后继有人，意义重大而深远。加强大学生思想政治教育的理论研究和实践创新，是高等教育坚持内涵发展、科学发展，培养社会主义事业建设者和接班人的本质要求。

深入开展"我的中国梦"主题教育实践活动，是大学生思想政治教育创新发展的重要契机。2012年11月，习近平总书记在参观大型展览《复兴之路》时提出："实现中华民族伟大复兴，就是中华民族近代以来最伟大的梦想。"2013年"五四"青年节，他同青年代表座谈时强调：为实现中华民族伟大复兴的中国梦而奋斗，是中国青年运动的时代主题。同年5月，习近平总书记在给北京大学学生的回信中，勉励他们把人生理想融入到国家和民族的事业中，为实现中国梦奉献智慧和力量。中国梦是历史的、现实的，也是未来的。中国梦是国家的、民族的，也是每一个中国人的。实现中国梦，先育筑梦人，教育应当先。在当代中国，学习贯彻中共"十八大"精神，开展"我的中国梦"主题教育实践活动，是加强和改进大学生思想政治教育的重要契机。高校应把立德树人、培育为伟大复兴而奋斗的“筑梦人”作为办学的核心使命，把“共圆中国梦”作为新时期大学生理想信念教育的核心导向，引导大学生把“勇当筑梦人”作为刻苦学习、奋发成才的核心追求。

认识论认为，认识对实践具有能动的反作用，正确的认识能够对实践具有促进作用，要求我们树立正确的认识。科学理论是正确的认识，对实践具有重大的指导作用。中国共产党领导人民取得了新民主主义革命的胜利和社会主义现代化建设的伟大成就，为中华民族的伟大复兴奠定了坚实的基础，这其中离不开具体实践的探索，关键是我们党坚持了以马列主义、毛泽东思想和中国特色社会主义理论体系为指导思想。当前，我国的改革进入了攻坚期和深水区，开放进入了新阶段要有新突破，需要科学理论的正确指导。思想政治工作是党的优良传统和政治优势，建党九十多年特别是改革开放以来，党中央重视加强和改进大学生思想政治教育，积累了丰富的教育理论和实践经验。大学生思想政治教育要有新思路、取得新突破，关键要在实践探索基础上进一步加强科学理论的指导。

模式是近年来社会上出现的“热词”。全国各地在经济社会发展过程中不断提出新模式、创建新模式，理论界也在不断探讨什么是模式、中国需要什么模式等，甚至“中国模式”的说法开始在国际上流行。隐匿在模式热的喧闹背后，是人们对改革开放三十多年后加强科学理论指导的呼唤。大学生思想政治教育是一门科学，长期的实践积累和丰富经验需要总结提炼上升到理论高度，并用以指导今后的工作。在全面建成小康社会、实现中华民族伟大复兴的新阶段，大学生思想政治教育创新发展、科学发展需要科学理论和教育理论的有效指导。以提升教育质量为出发点和落脚点，加强教育模式的研究，是大学生思想政治教育与时俱进、创新发展的必然要求。教育部把“大学生思想政治教育质量提升模式研究”作为重要课题组织全国专家进行专题研究，可谓紧密联系社会，顺应时代要求，是提升大学生思想政治教育质量的重大举措。

万敏同志参加工作后一直从事马克思主义理论的教学工作，后来从事党务工作。尽管事务繁忙,但他的教师身份没有丢,一直坚守在教学科研的第一线。近年来,大学生思想政治教育逐渐成为他关注、研究的重点领域。本书是他申报的教育部人文社科项目“高校思想政治教育”研究成果之一,一定程度上反映了他的研究思路、研究风格和研究成果。本书是万敏和他的同事近年来研究大学生思想政治教育的一部力作,尽管还有待进一步完善,但其“闪光点”则是显而易见的。本书有三个特点:一是有创新。体现在四个方面:视角新,站在模式的维度来思考、研究大学生思想政治教育,视角较独特新颖,这在全国已有的大学生思想政治教育研究成果中还较鲜见;内容新,紧扣时代发展主题,适应大学生新特点,能够把中央关于思想政治教育的最新要求融入到具体内容中。特别是把模式从理论上定义为一种“理论模型和工作范式”,阐述了“模式是前人积累经验的抽象和升华”、“揭示了事物间隐藏的规律关系”、“是解决某一类问题的方法论”、“是推进事物变化发展的正能量”、“具有一定条件下的可重复性”等特点,具有较强的前瞻性与创新性。这些提法不仅对大学生思想政治教育,而且对当下社会乱提“模式”、“刻意”创建“模式”,甚至把一些滥作为都称其为“模式”的浮躁心态、功利思想和短视行为等,不啻是一种理论上的澄清,更是一种实践上的矫正;模式新,本书的下篇是核心部分,阐述了“大学生思想政治教育质量提升的人文关怀和心理疏导模式”、“文化型的大学生思想政治教育质量提升模式”、“和谐型的大学生思想政治教育质量提升模式”、“开放式的大学生思想政治教育质量提升模式”和“民主式的大学生思想政治教育质量提升模式”五种模式。这些模式皆是较新的提法或最新提法,基于作者长年的工作实践和理论思考的基础之上,对当下和今后我国大学生思想政治教育模式的创新,进一步提升教育质量,具有较强的启发与借鉴意义;结构新,本书下篇部分的每一章在结构上既与上篇相呼应,在内容上又是相对独立的研究论文,读来一气呵成,却又令人回味。二是雅俗结合。书籍不仅是作者思想的升化,更是为了让人们阅读,使之具有广泛的社会价值。本书虽属学术专著,但语言的大众化风格明显,论述深入浅出,娓娓道来,便于人们阅读理解；三是实用。本书是理论联系实际的成果，许多理论阐述是对现实问题多年实践基础上深思熟虑的结果，对工作的前瞻性、启发性和指导性较强，是一本值得思想政治教育工作者认真阅读、仔细品味的好书。

术业有道须专攻，受人之嘱难却辞。聊为序。

毕宪顺

2013年5月于烟台

目　录

下篇　大学生思想政治教育质量提升模式的实践探索

导　论

一、大学生思想政治教育质量提升模式研究问题的提出及意义

(一)大学生思想政治教育质量提升模式研究问题的提出

大学生思想政治教育事关中国特色社会主义事业代代相传、长治久安。中共“十八大”把“努力办好人民满意的教育”作为推动社会主义和谐社会建设的首要任务,明确提出了“要坚持教育优先发展,全面贯彻党的教育方针,坚持教育为社会主义现代化建设服务、为人民服务,把立德树人作为教育的根本任务,培养德智体美全面发展的社会主义建设者和接班人。”①目前我国已进入改革的攻坚期和深水区,处于全面建成小康社会的关键时期,社会主义现代化建设需要数以亿计的高素质劳动者、数以千万计的专门人才和一大批的拔尖人才。大学生是十分宝贵的人才资源,是民族的希望、祖国的未来。“加强和改进大学生思想政治教育,提高他们的思想政治素质,把他们培养成中国特色社会主义事业的合格建设者和可靠接班人,对于全面实施科教兴国和人才强国战略,确保我国在激烈的国际竞争中始终立于不败之地,确保实现全面建设小康社会、加快

① 胡锦涛:《坚定不移沿着中国特色社会主义道路前进,为全面建成小康社会而奋斗——在中国共产党第十八次全国代表大会上的报告》,《人民日报》2012 年 11 月 18 日。

推进社会主义现代化的宏伟目标，确保中国特色社会主义事业兴旺发达、后继有人，具有重大而深远的战略意义。”①思想政治工作是经济工作和其他一切工作的生命线，大学生思想政治教育为高等教育培养德才兼备的合格人才提供强大的精神动力、思想保证和智力支持。

大学生思想政治教育还不完全适应中国特色社会主义事业的发展要求。党中央十分重视大学生思想政治教育，特别是改革开放以来，坚持“两手抓、两手都要硬”的方针，切实加强了对大学生思想政治教育工作的领导，出台了一系列指导方针。大学生思想政治教育在培养德才兼备的高素质人才，推动高等教育全面、协调、可持续发展，维护高校和社会稳定等方面发挥了极其重要的作用。同时应当看到，我国的大学生思想政治教育与中国特色社会主义事业代代相传、长治久安的要求相比还不完全适应，存在着一些突出的薄弱环节。“一些地方、部门和学校的领导对大学生思想政治教育工作重视不够，办法不多。全社会关心支持大学生思想政治教育的合力尚未形成。学校思想政治理论课实效性不强，哲学社会科学一些学科教材建设滞后，思想政治教育与大学生思想实际结合不紧，少数学校没有把大学生的思想政治教育摆在首位、贯穿于教育教学的全过程。学生管理工作与形势发展要求不相适应，思想政治教育工作队伍建设亟待加强，少数教师不能做到教书育人、为人师表。”②探索、遵循大学生思想政治教育规律做得不够，感性用事比较多，理性思考比较少。总结、提炼大学生思想政治教育模式不够，较多地使用“头痛医头、脚痛医脚”、“摸着石头过河”的原生态、低层次的工作方法。大学生思想政治教育的开放性、个性化程度不高，往往在狭隘的视野里采用着雷同化、同质化的工作方式。大学生思想政治教育的政治属性与文化属性在实践中体现不平衡，政治“灌输”得多，文化“渗透”得少。大学生思想政治教育的科学性不强、说服力不硬，教育质量亟待进一步提升等。这些问

① 《中共中央国务院关于进一步加强和改进大学生思想政治教育的意见》，《中国教育报》2004年10月26日。

② 同上。

题不解决，大学生思想政治教育的吸引力与感染力、针对性与实效性难以迈上新的台阶，为培养社会主义事业建设者和接班人提供思想保证、精神动力和智力支持就难以全面落实，在与敌对势力争夺青年人的斗争中就会处于劣势地位。

大学生思想政治教育理论研究还远远不能满足指导具体实践的需要。理论来源于实践，实践需要理论指导。“源于实践的理论，并不仅仅是对实践经验的概括和总结，更重要的是对实践活动、实践经验和实践成果的批判性反思、规范性矫正和理想性引导。”①“改革开放是决定当代中国命运关键一招。”②改革开放仍是当下中国最重要的主题。波澜壮阔的中国特色社会主义伟大实践，决定中国社会主义现代化建设命运的改革开放，对大学生思想政治教育提出了诸多新的课题，迫切需要与时俱进的创新理论予以适时指导。思想政治工作是党的优良传统和政治优势，中国共产党建立以来，在建立新中国和开展社会主义建设，特别是在改革开放和社会主义现代化建设中积累了丰富的经验，积淀了深厚的理论。作为党的思想政治工作的一部分，大学生思想政治教育在探索和实践中理论研究不断创新。但大学生思想政治教育理论研究与实践需要还不完全适应，特别是与大学生的思想现状和社会环境、与大学生的健康成长与顺利成才需要、与德育的首要地位和重要作用还不完全适应，在大学生思想政治教育模式研究等方面还非常薄弱。据不完全统计，中国国家图书馆中文文献库中关于大学生思想政治教育模式方面的专著仅有2部：2010年上海出版社出版的蒋和法的《大学生思想政治教育的宁波模式》、2011年黑龙江大学出版社出版的庄严的《大学生思想政治教育教学模式》。期刊论文：2007年《湘潭大学学报》第六期刊登的邹兴平的《基于层次分析法的“年级主题+基础”大学生思想政治教育模式的构建》、2008年《医学教育探索》第五期刊登赵光侠的《运用心理健康教育创新大学生思想

---

① 孙正聿：《理论及其与实践的辩证关系》，《光明日报》2009年11月24日。

② 习近平：《改革不停顿、开放不止步》，《人民日报·海外版》2012年12月12日。

政治教育模式》、2010 年《阜阳师范学院学报》第三期刊登杨竹的《当前大学生思想政治教育模式的应对性研究》、2011 年《齐齐哈尔大学学报》第一期刊登杨国峰的《以大庆精神为核心加强大学生思想政治教育模式研究》、北京师范大学刘彦的博士论文《大学生思想政治教育模式创新研究》等一百余篇。总体上看，关于大学生思想政治教育模式研究的成果呈现少、浅、低的特点。少，就是研究成果数量少，专著仅有 2 部，而且真正意义上属于大学生思想政治教育模式研究的论文不过十几篇。浅，就是研究层次浅，多数是局部的、具体的、肤浅的探讨，缺少全面的、宏观的、深层次的研究。低，就是研究水平低，就事论事的多，透过表象看本质的少，有的甚至"模式"的概念、内涵都没有搞清，实质上属于具体方法的研究，往往题目加上"模式"两字就自认为是大学生思想政治教育模式的研究。大学生思想政治教育模式研究需要厘清基本的概念、内涵，需要与时俱进、大有作为。

时代发展吁求开展大学生思想政治教育质量提升模式的创新研究。中共"十八大"报告指出，中国特色社会主义道路、中国特色社会主义理论体系、中国特色社会主义制度，是党和人民九十多年奋斗、创造、积累的根本成就。我们一定要毫不动摇地坚持、与时俱进地发展中国特色社会主义，坚定中国特色社会主义的道路自信、理论自信和制度自信。改革开放以来，"我国经济总量从世界第六位跃升到第二位，社会生产力、经济实力、科技实力迈上一个大台阶，人民生活水平、居民收入水平、社会保障水平迈上一个大台阶，综合国力、国际竞争力、国际影响力迈上一个大台阶，国家面貌发生新的历史性变化"①。取得了举世瞩目的历史性成就。"中国模式"的说法在国际上开始流行。"中国模式的实质，乃是在全球化背景下，中华民族在中国共产党领导下把科学社会主义原则与当代中国国情和时代特征相结合，走出的一条后发国家的现代化之路。这是一

① 胡锦涛：《坚定不移沿着中国特色社会主义道路前进，为全面建成小康社会而奋斗——在中国共产党第十八次全国代表大会上的报告》，《人民日报》2012 年 11 月 18 日。

条以改革开放和社会主义现代化建设为实践基础的、以中国特色社会主义为奋斗旗帜的、以中国特色社会主义理论体系为指导思想的完全新型的现代化道路。"①中国经济模式的出现，是由"广东模式"和"浦东模式"、"深圳模式"、"苏南模式"、"温州模式"等诸多不同层次、类型的经济发展模式共同组成，虽然这些模式还不尽成熟，还有这样或那样的问题，却实实在在地为中国各地经济的蓬勃发展提供了榜样和示范作用。这种百花齐放、百舸争流的经济发展模式，看似形散其实神不散，共同形成了在国际上独树一帜、反响巨大、影响深远，且具有中国特色、中国风格、中国气派和中国魄力的经济发展"中国模式"。作为一门科学，大学生思想政治教育既要按规律办事，也有科学规律可循。中国共产党建立九十余年、新中国成立六十余年、改革开放三十余年，大学生思想政治教育积累了丰富而宝贵的经验，有意和无形当中形成了一些相对成熟、行之有效和具有指导意义的教育模式。与时俱进是马克思主义的理论品质，也是大学生思想政治教育卓有成效的关键所在。时代的发展、形势的紧迫和任务的要求，强烈吁求总结、继承和发扬大学生思想政治教育优秀传统模式，与时俱进地探索、发现和创新大学生思想政治教育模式，这是当代大学生思想政治教育工作者的历史使命与时代责任，也是大学生思想政治教育质量提升的重要举措。

开展大学生思想政治教育质量提升模式的创新研究恰逢良好的机遇。中共"十八大"提出了"努力办好人民满意的教育"的战略任务，人民满意的教育其中就包括高等教育。教育的根本任务是立德树人，大学生思想政治教育能够为人才培养提供精神动力和思想保证，是办好"人民满意的教育"的有机组成部分和重要保证。贯彻落实中共"十八大"精神，努力办好人民满意的教育，加强大学生思想政治教育模式的研究势在必行，机遇难得，机不可失。大学生思想政治教育模式研究引起了国家教育主管部门的高度重视，2011 年，"大学生思想政治教育质量提升模式"

① 张西立:《中国模式的特质》,《学习时报》2009 年 4 月 13 日。

研究被列为教育部人文社会科学研究专项任务项目（高校思想政治工作），宁波大学、鲁东大学、中山大学和西安交通大学四所高校专项研究这一课题，显现了教育部对这项研究课题的高度重视和强力推进。马克思主义、毛泽东思想和中国特色社会主义理论体系，是开展大学生思想政治教育模式研究的理论基础和指导思想。建党九十多年来特别是改革开放以来，党中央关于思想政治工作的一系列重要文件和领导讲话，为大学生思想政治教育模式研究提供了理论指导和政策支撑。建国以来特别是改革开放以来大学生思想政治教育模式的不断探索，以及近年来部分学者“模式”视阈下的大学生思想政治教育理论研究，为大学生思想政治教育模式研究提供了实践基础和基础理论。作为大学生思想政治教育工作者，在长期的探索与实践过程中，既有成功经验的喜悦，亦有艰难工作的痛苦，更有凤凰涅槃的思考。使命的驱使、责任的吁求、工作的需要以及心灵的召唤，大学生思想政治教育质量提升模式的研究就应然地摆到了重要工作的议事日程。

（二）大学生思想政治教育质量提升模式研究的意义

有利于对大学生思想政治教育进行深刻反思。　反思即反省，就是回过头来思考的意思。一个只会说和做，不懂回顾与反思的人，实现追求的目标往往成本较高、机率较低，前进的道路上甚至蕴含着巨大风险。干好一项工作、从事一种事业亦是如此。中国共产党从建立初期到中华人民共和国诞生，再至改革开放和建设中国特色社会主义，一步步发展壮大，带领中国人民取得了举世瞩目的巨大成就。其中一条重要的经验就是敢于和善于总结与反思，从而及时纠正错误，迈上新民主主义革命、社会主义建设和中国特色社会主义的正确道路。大革命失败后，中国共产党及时进行了反思，认识到：枪杆子里面出政权，必须有自己领导的军队，南昌起义就成为党独立建军的开始，中国革命从此有了自己的可靠的武装力量。第二次国内战争初期，党领导的武装起义开始总是以失败而告终，毛泽东等领导同志及时反思，放弃了进攻大城市的做法，转到敌人力量相对薄弱的广大农村开辟根据地，走出了一条农村包围城市、最后夺取全国政权的正确道路。第五次反围剿失败后，红军被迫长征，初期损失惨重。党在遵义会议上及时进行了反思，事实上恢复了毛泽东同志在军事上的领导地位，放弃了僵化的教条主义和鲁莽的冒险主义军事路线，采取了机智灵活的战略战术，从而带领中国工农红军取得了二万五千里长征的关键性胜利，为中国革命的最后胜利奠定了坚实的基础。1978 年，党中央对十年"文化大革命"进行了全面反思，制定了"一个中心、两个基本点"的党在社会主义初级阶段的正确的基本路线，开启了中国特色社会主义的科学道路。历史告诉未来，事业的长盛不衰，需要善于总结经验、敢于反思教训、长于提出正确道路。中国共产党建立九十余年，党的思想政治工作探索不辍、实践不止、经验丰富，成为党的优良传统和政治优势。大学生思想政治教育作为党的思想政治工作的重要组成部分，特别是改革开放以来取得了巨大成就，为德才兼备合格人才的培养提供了精神动力和思想保证。世界政治经济形势出现了新的变化，我国的改革开放进入了攻坚期，大学生思想状况出现了新特点，不断提升大学生思想政治教育质量是永恒的主题。适应新形势、新任务和新情况，大学生思想政治教育需要沉淀经验、反思教训和创新模式。开展大学生思想政治教育模式的研究，为反思我国大学生思想政治教育的历史经验与教训，进一步提升大学生思想政治教育质量提供了研究与实践的新视角。

有利于总结大学生思想政治教育的科学规律。 规律是事物的本质的必然的联系。人们在生产和生活实践中可以发现和认识客观规律，并利用规律指导具体实践，改造自然和社会，为人们谋福祉。人们在实践中如果违背规律，就会受到客观规律的惩罚。模式是解决某一类问题的方法论，把解决某类问题的方法总结归纳到理论高度，那就是模式，它标志事物之间、事物内部隐藏的规律关系。中共"十八大"提出了努力办好人民满意的教育、推动高等教育内涵式发展的任务和要求。大学生思想政治教育在适应这种任务和要求方面应该有所作为、大有作为。当前，世界政治形势风云变幻，大学生的政治立场、理想信念和爱国情怀等需要加以

正确引导；国内矛盾凸显期，利益分配、廉政建设和深化改革等方面的认识需要正确的方法；情感困惑、经济困难与就业压力等需要给予人文关怀和心理疏导；网络技术迅猛发展、文化建设繁荣发展、社会和谐世界开放等吁求大学生思想政治教育创新发展。开展大学生思想政治教育模式研究，必然涉及大学生思想政治教育经验的总结、归纳与提炼，必然触及对大学生思想政治教育相关规律的认识和发现，必然对不断提升大学生思想政治教育质量提供更多更好的方法论。

有利于全面提升大学生思想政治教育的质量。 做人与干事总是要有个目标，这里所讲的目标是指个人、部门或组织所期望的成果和想要达到的境界或目的。目标是前进发展的动力，实现目标要有适宜的抓手。“立志是事业的大门，工作是登堂入室的旅程。这旅程的尽头就有个成功在等待着，来庆祝你的努力结果。”①开展大学生思想政治教育模式研究，有利于对大学生思想政治教育进行深刻反思，有利于总结大学生思想政治教育的科学规律，而其根本目标和全部意义是为了全面提升大学生思想政治教育的质量，为培养社会主义事业建设者和接班人保驾护航。大学生思想政治教育应该承担起这一时代重托和历史使命，大学生思想政治教育工作者应该增强完成责任与使命的信心与决心。条条大路通罗马，水流千里归大海。提升大学生思想政治教育质量的路径千条万条，选择多种多样。成功的教育模式可以为提升大学生思想政治教育的质量提供具有普遍意义的工作范式，加强创新模式研究是提升大学生思想政治教育质量的有效举措。就大学生思想政治教育质量提升模式的内涵来看，它是大学生思想政治教育以往经验的总结与升华，是大学生思想政治教育未来趋势的应然与必然，深刻揭示了大学生思想政治教育内在本质和客观规律，为切实加强和改进大学生思想政治教育提供了科学发展观与具体方法论。这些特点决定了大学生思想政治教育质量提升模式的研究既具有理论和实践上的指导意义，亦具有现实和未来的指导意义，必将

① 杨宗佑：《人生理想信仰》，内蒙古人民出版社 1983 年版，第 2 页。

为大学生思想政治教育质量的全面提升提供新动力与正能量。

二、大学生思想政治教育质量提升模式的基本内涵及主要特征

(一)模式的内涵

内涵是一个概念所反映的事物的本质属性的总和,也就是概念的内容。大学生思想政治教育质量提升模式的研究,应该首先从理论上厘清"模式"、"思想政治教育模式"和"大学生思想政治教育质量提升模式"等关键性概念的内涵,这是探讨大学生思想政治教育创新模式的前提。概念是思维的基本形式之一,反映客观事物的一般的、本质的特征。概念的外延就是客观世界中具有内涵反映的特有属性的每一个对象,也就是概念的外在表象。模式是近年来社会关注的"热词"。所谓模式是某种事物的标准形式或使人可以照着做的标准样式。① 模式指涉范围甚广,当一个领域逐渐成熟的时候,自然会出现很多模式。教育战线有教育模式,建筑领域有建筑模式,软件行业有设计模式,商品社会有商业模式,发展生产有经济模式等。我国古代典籍里关于"模式"的记载最早出现在《魏书·源子恭传》中,"故尚书令、任城王臣澄按故司空臣冲所造明堂样,并连表诏答、两京模式,奏求营起"。宋代张邦基《墨庄漫录》第八中有"闻先生之艺久矣,愿见笔法,以为模式"的记载。清代薛福成在《代李伯相重锲汶滨遗书序》中写有"王君、夏君表章前哲,以为邦人士模式,可谓能勤其职矣"。可见,模式一词在我国历史典籍中见著较早,而且其含义与现代基本相同。适合模式概念外延的任一客体都具有众多特性,一群客体所共有的特性在人们心理上的反映就是该群客体的特征。根据模

① 参见中国社会科学院语言研究所词典编辑室编:《现代汉语词典》(修订本),商务印书馆1996年版,第894页。

式概念的内涵和人们的实践探索，我们认为模式一般具有如下共同特征：

模式是前人积累经验的抽象和升华。 经验是通过人们的感官从外部世界接受信息的积累和升华。任何人只要做事总会有一点“报酬”，这种“报酬”就是经验，这是最有价值的回报。成功者与失败者之间的区别，往往在于成功者能从经验中汲取营养，获得利益，并以不同的方式再尝试。人们在生产生活实践当中通过积累而得到解决问题的经验，这些经验的进一步抽象和升华就会概括形成模式。模式是对不断重复出现的解决问题经验的高度归纳总结，是过去经验的积累和升华，没有历经时间的考验和实践的验证，就谈不上是一种真正意义上的模式。

模式揭示了事物内部及事物之间隐藏的规律关系。 规律是事物运动过程中本身所固有的本质的必然的联系。规律具有客观性、必然性、普遍性和永恒性。规律具有客观性，既不能创造，也不能消灭。规律具有必然性，不管人们承认不承认，总是以其铁的必然性发挥作用。规律具有普遍性，规律是现象在自身同一中的反思，对于同一本质的事物和现象具有普遍的支配作用。规律具有永恒性，是诸多现象中巩固、稳定的东西。模式揭示了事物间内在的规律关系，这些事物并不必然是具体的、现实的，也包括抽象的、思维的事物。一种模式的出现，其内在必然包含客观、必然、普遍和永恒性的东西，因而可以被人们所把握和运用。

模式是解决某一类问题的方法论。 方法论是人们认识世界、改造世界的一般方法，即人们用什么样的方式、方法来观察事物和处理问题。世界观主要解决世界“是什么”的问题，方法论主要解决“怎么办”的问题。人们在日常工作和生活中，把解决某类问题的方法进行总结归纳，可以升华为一种模式，这种模式又可以作为参照帮助人们解决同类问题，避免了重复探索和人、财、物的浪费。模式是一种参照性的指导方略，在一定模式的指导下，人们可以无数次地参照使用那些已有的解决方案，无须再重复相同或相似的工作，有助于按照既定思路快速做出优秀的设计方案，高效率地完成既定任务，快捷有效，事半功倍。

模式是推进事物变化发展的正能量。 模式是某种事物的标准形式

或使人可以照着做的标准样式,对事物的变化发展应具有积极的推进作用,而不是没有作用或者起负作用。模式是神圣的,对事物的发展变化不发挥正能量作用的,不是模式;没有经过时间考验的不是真模式,经不起实践检验的不能称其为模式。近年来,社会上出现了一种滥用“模式”概念的现象,把一些没有经过时间考验和实践检验、违背规律且华而不实的胡乱作为称为一种模式而大加宣传,甚至顶礼膜拜,结果人们受到了愚弄,事业受到了损害,教训深刻,伤莫大焉。模式可以设计,但必须经过时间和实践的检验才能真正地称其为模式。

模式具有一定条件下的可重复性。 模式是一种方法论,揭示了事物间隐藏的规律关系,只要具备了相同或相似的前提条件,相同的模式可以重现,当然这种重现不是简单、机械地再重复,而是与具体实际相结合、带有一定创造性的重复,与原来的模式比较还是具有一定的变化。正因为模式具有一定的可重复性,人们总结模式、研究模式和推广模式才会有理论意义和实践作用。世界上不存在具备相同或相似条件下不可以创造性重复的模式,如果有那一定是个案而不是模式。

世界上任何事物都是以结构的形态或结构的联系而存在,结构是世界普遍的存在方式。结构是事物各个组成部分的搭配和排列。① 结是结合之意,构是构造之意,结合起来理解就是主观世界与客观世界的结合构造之意,所以结构既是人们的一种观念形态,又是物质的一种运动状态,在意识形态世界和客观物质世界得到广泛应用。譬如逻辑结构、建筑结构和分子结构等,是人们用来表达世界存在状态和运动状态的专业术语。结构具有构成其本身的基本单位,即结构要素。例如,新闻的记叙要素包括时间、地点、人物和事件的起因、经过与结果,而新闻的结构要素是标题、导语、主体、背景及结语等。掌握事物的结构要素,有利于认识事物的本质,了解事物的共性,发现事物的规律,推动事物的发展。任何具体模

---

① 参见中国社会科学院语言研究所词典编辑室编:《现代汉语词典》(修订本),商务印书馆 1996 年版,第 646 页。

式皆有一定的独特性结构，也具备所有模式普遍存在的一般性结构。模式的一般性结构包括所属类型、适用领域、组成部分、结合规律、典型有效等。大学生思想政治教育质量提升模式，它的所属类型适用大学生这个范畴，适用领域是思想政治教育，组成部分是思想政治教育主体和客体、内容与形式、方法及渠道、队伍和载体等，结合规律是组成部分的搭配关系，这是模式结构的核心部分，典型有效指搭配和排列具有普遍性，对其他同类事物具有指导意义。

（二）大学生思想政治教育质量提升模式

大学生是社会的一个特殊群体，是指正在或已经接受过高等教育的人。他们是国家培养的高级专业人才，是社会中掌握新技术、拥有新思想的前沿群体。大学生思想政治教育质量提升模式研究的“大学生”在这里专指在校大学生，包括专科生、本科生、硕士研究生和博士研究生。思想政治教育这一社会实践活动，“就是一定的阶级或政治集团，为实现一定的政治目标，有目的地对人们施加意识形态影响，以期转变人们的思想，进而指导人们行动的社会行为”①。德才兼备是人才培养的重要标准，在大学生健康成长、顺利成才过程中思想政治教育的作用不可或缺。加强和改进大学生思想政治教育是一项经常性的工作，不断提升大学生思想政治教育质量是永恒的课题。在我国进入全面建成小康社会的关键时期，大学生思想政治教育要高举中国特色社会主义伟大旗帜，以邓小平理论、“三个代表”重要思想和科学发展观为指导，全面贯彻党的教育方针，牢固树立育人为本、德育为先的理念，以理想信念教育为核心，以爱国主义教育为重点，以思想道德建设为基础，以大学生全面发展为目标，深入推进社会主义核心价值体系的学习教育，解放思想、实事求是、与时俱进、求实创新，贴近实际、贴近生活、贴近心灵、贴近学生，坚持以人为本，注重人文关怀，强化心理疏导，努力提高教育的吸引力、感染力和针对性、

---

① 陆庆壬：《思想政治教育学原理》，高等教育出版社 1991 年版，第 2 页。

实效性,不断提升思想政治教育的质量,为培养德智体美全面发展的社会主义建设者和接班人提供思想保证和精神动力。

哲学上,质就是一事物成为自身并区别于其他事物的内部所固有的规定性,量也是事物所固有的一种规定性,它是事物的规模、程度、速度以及它的构成成分在空间上的排列组合等可以用数量表示的规定性。日常生活中,人们所说的质量往往是指产品或工作的优劣程度。大学生思想政治教育质量一般指大学生思想政治教育达到效果的程度。提升就是提高,即使事物的程度、水平和数量等方面比原来分别有所加强、提高和增加。提升大学生思想政治教育质量,就是使大学生思想政治教育更加入耳、入脑、入心,更具针对性、感染力和实效性,更好地促进大学生全面发展、成人成才。综合分析,所谓大学生思想政治教育质量提升模式,就是适应高等教育形势发展和任务需要,改革创新大学生思想政治教育构成要素的搭配和排列状态,使教育主体指导更加科学,客体接受更加自觉,内容更加宽领域高品位,形式更加多样,方法更加鲜活,渠道更加拓展,队伍更加高素质,载体更加新颖化,更具吸引力、感染力和针对性、实效性,能有效促进大学生全面自由发展,具有一定客观性、规律性、普遍性和指导性的思想政治教育理论模型和工作范式。

大学生思想政治教育质量提升模式内含趣味性。 事物的内容能使人感到愉悦,能引起兴趣的特性,就是趣味性。兴趣是人们积极认识事物或者关心某种活动的心理倾向,兴趣是最好的老师。孔子亦曾说:“知之者不如好之者,好之者不如乐之者。”①瑞士心理学家让·皮亚杰认为:“所有智力方面的工作都依赖于兴趣。”②从学理上分析,现代心理学认为趣味性的本质在于调动人们参与某种活动的积极化情绪,并由此产生内在动力来完成任务。随着全球一体化、经济市场化步伐的加快以及大学生年龄的增长、知识面的扩大,他们的自我意识、独立意识和自主意识逐

① 《论语·雍也》。

② 转引自荆建华:《教育理论专题》,成都科技大学出版社1994年版,第64页。

步增强，对思想政治教育有了更高层面的要求。卓有成效的大学生思想政治教育，一定对大学生有较强的吸引力。有较强的吸引力就要增强自身魅力，增强魅力就要提高趣味性。具有普遍指导意义的大学生思想政治教育质量提升模式，内含趣味性是其基本特征之一。

大学生思想政治教育质量提升模式蕴含感染性。　思想政治教育的感染性，是指教育者在教育过程中，动之以情，晓之以理，喻之以“文”，以情感人，以理服人，以文“化”人，通过引起相同的思想感情，共鸣的思想内容，隐形的思想渗透，使受教育者欣欣然然地接受教育方式，心悦诚服地相信教育内容，潜移默化地实现教育目的。大学生思想政治教育有感染性，首先教育者须带着感情去做，充分体现思想政治教育的人文关怀，加强心理疏导，使教育者与大学生在情感上实现无缝对接，产生共振共鸣。其次教育内容须具有真理性。大学生思想政治教育真正产生实效，最后还是要靠教育内容的真理性，真理的力量是思想政治教育质量提升的最有效武器。再次思想政治教育须有文化品位。大学生是较高层次的人力资源，具有较高的文化品位、洋溢着文化魅力的思想政治教育更容易被他们所认同和接受。坚持以情感人、以理服人、以文“化”人，使思想政治教育在大学生中产生“真、善、美”的“美丽”形象，从而形成极强的感染力。卓有成效的思想政治教育，一定对大学生有着较强的感染力。具有普遍指导意义的大学生思想政治教育质量提升模式，蕴含感染性是其又一基本特征。

大学生思想政治教育质量提升模式突出针对性。　思想政治教育的针对性是指教育者根据不同时空环境、不同教育对象，采取不同方式方法，授以不同教育内容，完成不同教育任务，最终实现思想政治教育不同层次的价值目标。思想政治教育的针对性一般体现在如下方面：教育对象的针对性、教育目标的针对性、教育内容的针对性、教育方式的针对性、教育时代的针对性以及教育要求的针对性等。传统的大学生思想政治教育往往存在对教育对象缺乏全面深入了解，教育目标缺乏层次性，教育内容存在单一性，教育方法疏离时代性，忽视被教育者的合理诉求等。卓有成效的大学生思想政治教育质量提升模式，要求教育者在实施教育的过程中，根据大学生的不同年级、不同专业、不同性别和不同时空等具体情况，坚持一切从实际出发，因地制宜，因时制宜，因人制宜，因事制宜，具体情况具体分析，具体问题具体解决，有的放矢，对症下药，一把钥匙开一把锁，最终实现大学生思想政治教育不同层次的价值目标。具有普遍指导意义的大学生思想政治教育质量提升模式，突出针对性是其重要特征。

大学生思想政治教育质量提升模式蕴涵规律性。 哲学中所讲的规律是指事物运动过程中固有的、本质的、必然的和稳定的联系。规律是客观的，它的存在和发生作用不以人的意志为转移，人们既不能创造规律，也不能改变和消灭规律，但人们可以认识和利用规律。规律的客观性要求人们按规律办事，做到解放思想和实事求是的统一，与时俱进与求实创新的统一，违背客观规律就要受到规律的惩罚。大学生思想政治教育过程是系统的运动过程，是由教育主体、教育客体、教育介体和教育环体四个基本要素相互联系、相互作用构成的复杂的运动过程。大学生思想政治教育是有规律的，深刻认识规律，充分尊重规律，有效利用规律，是大学生思想政治教育质量提升的必然要求。蕴涵规律性是大学生思想政治教育质量提升模式的基本特征。

大学生思想政治教育质量提升模式具有指导性。 指导就是指示、引导。模式是人们可以照着做的范例，是前人积累经验的抽象和升华，它揭示了事物运动发展的规律，是解决同类问题的方法论。大学生思想政治教育质量提升模式是对以往经验的总结和升华，揭示了大学生思想政治教育这一复杂运动过程的规律，对解决大学生思想政治教育同类问题具有普遍指导意义。掌握了大学生思想政治教育的基本规律和有效模式，就会站在理论的高度和实践的制高点，对大学生思想政治教育过程中的同类问题举一反三，融会贯通，触类旁通，一通百通，就会快速有效地解决大学生中相同或相似的思想问题，实现大学生思想政治教育质量提升的目标。具有指导性也是大学生思想政治教育质量提升模式的基本特征之一。

三、大学生思想政治教育质量提升模式研究的条件、思路与愿景

（一）大学生思想政治教育质量提升模式研究的条件

大学生思想政治教育质量提升模式研究具有可行性。可行性一般是指对过程、设计、程序和计划能否在所要求的时间与质量范围内成功完成的确定。大学生思想政治教育质量提升模式研究具备了充分的资料条件、诸多的政策条件、前期的研究积累和长期的实践基础。

国内外大学生思想政治教育模式的资料条件较充实。团队成员曾先后到欧美国家、亚洲发达国家的高校进行实地考察，同相关专家保持着经常性的工作联系和私人交流，对相关国家大学生思想政治教育的状况有一定了解。现代科技高度发达，互联网技术使人们能够及时、全面地了解国外发达国家关于大学生思想政治教育的基本状况、先进经验和主要模式。团队成员曾多次到国家图书馆查阅相关资料，对国内大学生思想政治教育的研究成果信息掌握得较全面。同国内诸多高校保持长期的工作联系，并经常到相关高校进行考察学习，对国内高校大学生思想政治教育的基本状况、存在问题、经验做法、运行模式等了解得较全面、深刻。

大学生思想政治教育质量提升模式研究的政策条件机遇难得。党中央始终十分重视大学生思想政治教育工作，特别是改革开放以来，进一步加强了对大学生思想政治教育工作的领导，明确了“两手抓、两手都要硬”的方针，出台了一系列政策措施。从 1990 年起，围绕加强高校党建和思想工作、办好社会主义大学、培养社会主义事业建设者和接班人这一总主题，每年召开一次全国高校党建工作会议。2004 年，中共中央、国务院联合下发了《关于进一步加强和改进大学生思想政治教育的意见》（16 号文件），之后又以中央名义召开了全国加强和改进大学生思想政治教育工作会议，这在新中国成立后党的历史上还是第一次。党中央如此高

度重视大学生思想政治教育，是基于一种战略和全局考虑，真正把大学生思想政治教育工作当做事关国家未来的“战略工程”，确保党和国家事业兴旺发达的“人才工程”，践行党的为人民服务宗旨、办好让人民满意的教育的“民心工程”，提高全民族素质、建设社会主义精神文明、确保社会长治久安的“基础工程”。中央16号文件、全国专题会议精神和中央领导同志讲话，从不同方面全方位明确了加强和改进大学生思想政治教育的指导思想、工作方针、工作重点、工作原则、工作要求和工作目标，为大学生思想政治教育研究和实践提供了行动指南。中央几代领导人曾先后就大学生思想政治教育发表了重要讲话。中共“十八大”提出了“努力办好人民满意的教育”，强调“加强和改进思想政治工作，注重人文关怀和心理疏导，培育自尊自信、理性平和、积极向上的社会心态”。① 对大学生思想政治教育提出了更高的要求。教育部作为全面负责国民教育的职能部门，高度重视大学生思想政治教育，多年来始终把大学生思想政治教育作为重点课题组织全国的专家学者进行研究。2011年，更是专门把大学生思想政治教育质量提升模式作为研究课题，表明对大学生思想政治教育质量提升模式的研究已进入到从国家层面和战略高度来实施的阶段。

研究团队关于大学生思想政治教育质量提升研究的前期积累较丰厚。研究团队长期从事大学生思想政治教育的研究，主要著作有：《大学生思想政治教育创新研究》、《高校思想政治教育艺术》、《大学生心理辅导与咨询》、《大学生职业生涯规划与就业创业指导》、《大学生成长成才指南》等。在《教育研究》、《社会科学战线》、《教育发展研究》、《探索》、《教育探索》等全国核心类期刊发表关于大学生思想政治教育方面的学术论文五十余篇。获山东省社会科学优秀成果奖及各类省级优秀成果奖三十余项。这些成果为大学生思想政治教育质量提升模式的研究奠定了坚实的理论基础。

---

① 胡锦涛：《坚定不移沿着中国特色社会主义道路前进，为全面建成小康社会而奋斗——在中国共产党第十八次全国代表大会上的报告》，《人民日报》2012年11月18日。

研究团队长期从事并继续工作在大学生思想政治教育实践一线。团队负责人和主要成员在高校长期从事大学生思想政治教育与管理工作，为了这一事业做出了巨大贡献。他们对党中央关于大学生思想政治教育的方针政策理解得较深刻，对大学生的思想现状掌握得较全面，对大学生思想政治教育工作较熟悉，对大学生思想政治教育工作的基本现状、主要经验、基本模式、存在问题和发展趋势等耳熟能详。大学生思想政治教育质量提升模式研究具备了雄厚的实践基础。

（二）大学生思想政治教育质量提升模式研究的思路与愿景

大学生思想政治教育质量提升模式研究主要采取实地调查法、文献研究法、信息分析法和对比分析法等。实地调查法就是在对国内外大学生思想政治教育质量提升模式进行了解的基础上，重点对山东省内高校的大学生思想政治教育质量提升模式进行实地考察，掌握第一手资料。文献研究法就是根据大量信息不可能都通过亲自考察实践得到的实际情况，对古今中外大学生思想政治教育质量提升模式研究的文献广泛涉猎，从中总结和发现规律性的结论。信息分析法就是根据网络信息发达的特点，以网络为手段和媒介，获取国内外最新大学生思想政治教育质量提升模式研究的资料进行分析研究。对比分析法就是将国内与国外代表性国家的大学生思想政治教育质量提升模式进行对比研究，从而在更广阔高远的视野中分析与解决问题。

大学生思想政治教育质量提升模式的研究侧重基本理论、现实状况和创新模式的研究。本书的结构主要分为上下两篇：上篇重点是基本理论研究和现实状况分析，力求把大学生思想政治教育质量提升模式的基本概念、基本理论、影响因素、历史现状和内外比较等基本问题分析透彻，认识到位，这也是大学生思想政治教育质量提升模式创新研究的基础；下篇重点是大学生思想政治教育质量提升模式的提出与分析，其中有的是近年来大学生思想政治教育战线流行的工作模式，有的是根据形势任务的变化从理论与实践的结合上提出的创新模式。历史不能抛弃，血脉不能割断。大学生思想政治教育本身就是一个承前启后、继往开来、源远流长、绵绵不断的动态发展过程。下篇关于大学生思想政治教育质量提升模式的研究主旨是当下流行模式的研究及可能的创新模式的探讨,不可能完全脱离历史缘源,或多或少有着以往教育模式的影子。形式要为内容服务,内容通过形式来表达。为了充分探讨大学生思想政治教育质量提升模式,下篇的布局结构与上篇有所不同,每一章即是一篇独立的研究论文,有的是近年的研究成果,有的是刚刚出炉的新作。

大学生思想政治教育质量提升模式研究的愿景。愿景是愿望看见的景色。该词以前在港台地区使用较多。它最初出现在大陆,是在2005年4月29日时任中国共产党总书记胡锦涛与原国民党主席连战的会谈公报中,“目前两岸关系正处在历史发展的关键点上,两岸不应陷入对抗的恶性循环,而应步入合作的良性循环,共同谋求两岸关系和平稳定发展的机会,互信互助,再造和平双赢的新局面,为中华民族实现光明灿烂的愿景”①。其后《现代汉语大词典》第五版收录该词,解释词义为:所向往的前景。大学生思想政治教育质量提升模式研究的愿景,一是对我国大学生思想政治教育的传统模式和国外发达国家具有代表性的大学生思想政治教育质量提升模式进行了解、分析、总结与归纳,以期对今后的大学生思想政治教育质量提升模式创新有所启迪。二是根据当下大学生思想政治教育的时代背景、社会需求、思想现状和发展趋势等,提出设计部分大学生思想政治教育的创新模式,以期对大学生思想政治教育质量提升具有一定的借鉴与指导意义。

① 《中国共产党总书记胡锦涛与中国国民党主席连战会谈新闻公报》,《人民日报·海外版》2005年4月30日。

上篇　大学生思想政治教育质量提升模式的基本理论

认知心理学认为，人们对事物的认识，总是经历由肤浅到深刻、由低级到高级、由片面到全面的发展过程。在这个过程中，总是按照"What"+"Why"+"How"的思维方式与认知逻辑来进行，即弄清"是什么?"分析"为什么?"探索"怎样做?"本课题进行的是大学生思想政治教育质量提升模式的研究，从"模式"的高度和角度来探讨大学生思想政治教育，对于进一步提升大学生思想政治教育质量具有极强的理论指导意义和实践探索意义。本篇主要阐述一些基本理论、基本概念、影响因素、现状与启示、机遇和挑战等基础性的理论问题，为大学生思想政治教育质量提升模式的创新研究奠定基础。

第一章　大学生思想政治教育质量提升模式研究的理论基础与基础理论

建筑学理论告诉我们,万丈高楼平地起,基础是支撑建筑大厦的基石和依据。任何一门科学都有自己的研究问题和理论基础。有理论基础,才有研究的依据。有研究的问题,才会形成理论体系。理论基础作为一种理论产生和发展的起点,是支撑这种理论体系大厦的基石。基础理论作为一种理论的重要组成部分,是支撑这种理论体系大厦的“第一层”。从认知逻辑上来讲,在导论中已阐述了大学生思想政治教育质量提升模式的内涵与特征,在此基础上研究大学生思想政治教育质量提升模式首先从厘清其理论基础与基础理论开始。

第一节　大学生思想政治教育质量提升模式研究的理论基础与基础理论

“一个民族要想站在科学的最高峰,就一刻也不能没有理论思维。”①大学生思想政治教育工作者,要想站在事业的高峰,同样一刻也不能没有

① 恩格斯:《自然辩证法》,《马克思恩格斯文集》第9卷,人民出版社2009年版,第437页。

理论思维，不能没有理论的指导。理论是人们由实践概括出来的关于自然界和社会知识的有系统的结论。理论离开实践就会成为无源之水、无本之木，没有经过实践的理论是纸上谈兵，不经实践检验的理论不能称其为正确理论。基础原指建筑底部与地基接触的承重构件，它的作用是把建筑上部的荷载传给地基，因此基础与地基一样，必须坚固、耐用、稳定而可靠，引申为支撑事物自身的渊源。理论基础一般指在这门科学理论体系中起基础性作用并具有稳定性、根本性和普遍性特点的理论原理，如“领导我们事业的核心力量是中国共产党。指导我们思想的理论基础是马克思列宁主义”①。而基础理论一般是指研究事物运动变化发展规律并为应用研究提供指导意义的共同理论基础的学科。如经济学基础理论包括政治经济学、分配经济学、消费经济学、生产力经济学、发展经济学和经济史学等。人类的一切成果都是在继承前人的基础上创新发展的，理论的创新发展亦是如此。大学生思想政治教育质量提升模式的研究，离不开对前人相关理论的研究与借鉴。

一、大学生思想政治教育质量提升模式研究的理论基础

理论基础是学科赖以建立和发展的理论基石、理论依据和根本指导思想。当代中国，指导我们思想的理论基础是马克思列宁主义、毛泽东思想和中国特色社会主义理论体系。建设中国特色社会主义是当代全体中国人民的共同理想，“实现中华民族伟大复兴，就是中华民族近代以来最伟大的梦想”②。马克思主义中国化的最新理论成果——中国特色社会主义理论体系是指导大学生健康成长的理论基础。马克思主义完整的科学体系是思想政治教育学的理论基础，作为思想政治教育学的重要组成部分，大学生思想政治教育质量提升模式研究的理论基础是马克思主义

① 毛泽东：《中华人民共和国第一届全国人民代表大会第一次会议开幕词》，《毛泽东文集》第6卷，人民出版社1996年版，第350页。

② 转引自张烁：《习近平：实现中华民族伟大复兴是近代以来最伟大梦想》，《人民日报》2012年11月30日。

理论及其中国化、时代化与大众化的理论成果——毛泽东思想和中国特色社会主义理论体系。

（一）马克思主义理论是指导大学生思想政治教育质量提升模式研究的理论基础

马克思主义理论是思想政治工作的理论基石，是大学生思想政治教育的理论依据，这是由党的思想政治工作的性质和马克思主义科学理论的特点所决定的。中国共产党本身就是马克思主义与中国工人运动相结合的产物，从诞生那一天起就鲜明地把马克思主义写在自己的旗帜上，并在中国革命、建设和改革开放的进程中，不断丰富和完善党的指导思想。“中国共产党以马克思列宁主义、毛泽东思想、邓小平理论、‘三个代表’重要思想和科学发展观作为自己的行动指南。”①在九十多年的历史发展中，党始终坚持以马克思主义及其中国化的最新理论成果为指导，坚持马克思主义的普遍真理与中国的具体实际相结合，努力运用马克思主义解决中国革命和建设的具体问题。党的指导思想的全部理论基础是马克思主义，毛泽东思想、中国特色社会主义理论体系是马克思主义中国化的理论成果。党的“思想政治工作是经济工作和其他一切工作的生命线”②，其创立和实施都离不开马克思主义理论的宏观指导并且作为教育的核心内容。没有马克思主义的理论指导与体系支撑，就不会有党的思想政治工作。马克思主义是博大精深的理论体系。马克思主义哲学是关于自然、社会和思维发展一般规律的科学，是唯物论和辩证法的统一、唯物主义自然观和历史观的统一。马克思主义政治经济学是研究社会生产关系体系及其发展规律性的科学。科学社会主义是关于人们认识社会的具体科学理论，科学地揭示了人类社会发展的普遍规律。马克思主义理论具有充分的开放性和广泛的包容性，因而具有强大的生命力；具有严密的抽象性与高度的概括性，因而具有普世性的指导意义。与时俱进是马克思

① 《中国共产党章程》，《人民日报》2012年11月19日。

② 《中国共产党中央委员会关于建国以来若干历史问题的决议》，《中共中央文件选编》，中共中央党校出版社1992年版，第188页。

主义的理论品质，马克思主义在指导实践和在实践中检验的过程中不断丰富、完善和发展，是思想政治工作源源不断的理论来源，是大学生思想政治教育的理论依据与行动指南。

马克思主义理论有三个有机组成部分：马克思主义哲学、政治经济学和科学社会主义，分别从不同角度和不同层次为党的思想政治工作奠定理论基础，提供理论依据。马克思主义哲学包括辩证唯物主义和历史唯物主义，揭示了自然界、人类社会和思维的一般规律，为思想政治工作提供最直接和最根本的理论依据。党的思想政治工作的创立来源于马克思主义哲学中关于物质与意识、社会存在与社会意识的辩证关系理论。马克思主义认为，世界是物质的，物质第一性，意识第二性，物质决定意识，意识对物质具有能动的反作用。思想政治工作从根本上说是做人的工作，其内容涉及人的思想观念和精神生活，属于社会意识范畴，对社会存在具有强大的能动作用。人们做好任何事情都离不开思想政治工作，思想政治工作是经济工作和其他一切工作的生命线。基于马克思主义唯物论这个理论基础，思想政治工作得以创立。思想政治工作规律的探索和总结也是科学地运用了马克思主义哲学所提供的具有普世性的世界观和方法论，遵循马克思主义哲学的理论思维和科学思维，在实践的基础上总结、归纳与提炼所得。思想政治工作以人为对象，靠人来实施，最终目的是改变人的思想，实现人的全面自由发展，人是全部思想政治工作的中心、重心与核心。马克思主义哲学全面科学地阐述了人是一切社会关系的总和以及人的全面发展的理论，是确定思想政治工作目的、任务、实施和对象的重要理论支撑。

思想政治工作建立在马克思主义政治经济学基础之上。比重商主义和古典政治经济学更加科学地阐释了政治与经济的辩证关系，这是马克思主义政治经济学对国际政治经济学的重大贡献。马克思主义认为，生产力决定生产关系，经济基础决定上层建筑。生产关系和上层建筑对生产力和经济基础具有能动的反作用。政治和经济的关系在性质上同生产力和生产关系、经济基础和上层建筑这两对矛盾基本一致，又不完全相同，经济包括生产力和生产关系（经济基础），而政治则是上层建筑的主要部分。政治和经济的关系是经济决定政治、政治对经济具有反作用。“马克思主义政治经济学以社会生产关系为研究对象，实质是研究客观经济规律和生产中人与人的关系。”①政治是经济的集中体现，为了调动人们的积极性，推动生产力的发展，思想政治工作必须依据马克思主义政治经济学的基本理论，把协调人们之间的相互关系作为一项重要任务，把正确处理各个方面的物质利益关系作为一项重要内容，把调整人们的认识并使其符合客观经济规律作为一项重要原则。只有全面理解了马克思主义政治经济学中关于生产力和生产关系辩证统一的理论、经济关系与物质利益的理论等，才能充分理解“思想政治工作是经济工作和其他一切工作的生命线”的科学论断，才能充分发挥生命线的服务与保证作用。

马克思主义唯物史观揭示了人类社会发展的客观规律，是思想政治工作的理论出发点。唯物史观是马克思、恩格斯的两个伟大发现之一，它同另一个伟大发现剩余价值学说一起，奠定了科学社会主义的理论基础。马克思的科学社会主义理论阐释了资本主义必然灭亡、社会主义必然胜利、共产主义定能实现的社会历史发展趋势、规律及原理，确立了思想政治工作的核心内容是理想信念教育，引导人们坚定社会主义前进方向，具备共产主义思想意识。马克思主义为思想政治工作的主要方法提供了理论支撑。马克思、恩格斯认为，灌输是工人阶级掌握科学理论的一条重要途径。列宁在《怎么办?》一书中指出，社会主义意识形态是工人阶级的思想体系，然而工人阶级本身不能自发地产生社会主义意识形态，必须从外部自觉地将其灌输到工人阶级中去。灌输理论杜绝了自发论，是思想政治工作方法的主要理论来源。

马克思主义理论是与时俱进、求实创新的完整科学体系，在马克思主义不断创新发展的过程中为思想政治工作完成社会发展提出的任务要求

① 邵长军、周明明:《思想政治工作是一门科学》,《思想政治工作研究》2008 年第 6 期。

和自身的完善发展提供了源源不断的理论基础。马克思主义理论对思想政治工作理论体系起奠基作用:关于社会存在决定社会意识和社会意识具有反作用的原理,关于生产力和生产关系、经济基础和上层建筑辩证关系的原理,关于人的本质是一切社会关系的总和、社会发展和进步需要有全面发展的人的原理,关于社会主义意识只能从外面灌输进去的理论,关于人类社会发展的客观规律,关于社会的基本矛盾是推动社会发展的根本动力等。这些是构建思想政治教育学基本框架的理论宝库。

(二)马克思主义中国化的理论成果是大学生思想政治教育质量提升模式研究的指导理论

"马克思主义具有与时俱进的理论品质。"①党的光辉历史,是一部不断追求、推进和实现马克思主义中国化的历史。中国共产党人在应用马克思主义基本原理指导革命和建设的实践过程中,实现了两次历史性飞跃,产生了两大理论成果。第一次历史性飞跃,主要解决了在半殖民地半封建的旧中国进行什么样的革命、怎样进行革命这一根本问题,成功地开辟了中国新民主主义革命的道路,对如何建设社会主义进行了初步的探索,形成了毛泽东思想这一伟大理论成果。第二次历史性飞跃,主要解决了在社会主义初级阶段的中国,什么是社会主义、怎样建设社会主义,建设什么样的党、怎样建设党,实现什么样的发展、怎样发展等重大理论与实践问题,成功开辟了中国特色社会主义道路,形成了包括邓小平理论、"三个代表"重要思想和科学发展观等重大战略思想在内的中国特色社会主义理论体系。马克思主义中国化的第一次历史性飞跃是第二次历史性飞跃的基础,没有第一次历史性飞跃,第二次历史性飞跃就无从谈起。第二次历史性飞跃是第一次历史性飞跃的升华,产生的中国特色社会主义理论体系是马克思主义中国化的最新理论成果。邓小平理论、"三个代表"重要思想和科学发展观具有共同的主题、主线、精髓和目标,与马

① 江泽民:《在庆祝中国共产党成立八十周年大会上的讲话》,《人民日报》2001年7月1日。

克思主义、毛泽东思想既一脉相承，又创新发展，是今后党和国家需要长期坚持的指导思想。中共“十七大”将邓小平理论、“三个代表”重要思想和科学发展观进行了整合，统称为中国特色社会主义理论体系。中共“十八大”将科学发展观写入党章，“中国共产党以马克思列宁主义、毛泽东思想、邓小平理论、‘三个代表’重要思想和科学发展观作为自己的行动指南”①。中国特色社会主义理论体系是指导大学生思想政治教育质量提升模式研究的理论基础。

党的思想政治工作的本质是用马克思主义理论解决中国的实际问题。马克思主义中国化的第一个理论成果毛泽东思想关于思想政治工作的主要阐述有：思想政治工作是一切工作的生命线，“政治工作是一切经济工作的生命线”②；思想政治工作要为党的中心工作服务，革命战争时期，一切政治工作是为着前线的胜利，为着实现整个作战计划。社会主义建设时期思想政治工作任务是“动员一切力量恢复和发展生产事业，这是一切工作的重点所在”③；思想政治工作必须增强针对性；思想政治工作要注意解决群众的实际生活问题；教育者要以自身的模范行动影响被教育者；发扬民主、以理服人的思想政治工作方法，“凡属于思想性质的问题，凡属于人民内部的争论问题，只能用民主的方法去解决，只能用讨论的方法、批评的方法、说服教育的方法去解决，而不能用强制的、压服的方法去解决”④。毛泽东针对中国实际提出的“思想政治工作是经济工作和其他一切工作的生命线”的论断，在改造客观世界的同时改造主观世界，正确处理人民内部矛盾等理论，为思想政治工作解决中国革命和社会主义初步建设工作中出现的问题提供了针对性的理论指导。以毛泽东为

---

① 《中国共产党章程》，《人民日报》2012年11月19日。

② 毛泽东：《〈中国农村的社会主义高潮〉按语选》，《毛泽东文集》第6卷，人民出版社1999年版，第449页。

③ 毛泽东：《在中国共产党第七届中央委员会第二次全体会议上的报告》，《毛泽东选集》第4卷，人民出版社1991年第2版，第1429页。

④ 毛泽东：《关于正确处理人民内部矛盾的问题》，《毛泽东文集》第7卷，人民出版社1999年版，第209页。

代表的老一辈无产阶级革命家，在领导中国革命和建设的实践中，创立和发展了党的思想政治工作。毛泽东作为党的第一代领导集体的核心，是党的思想政治工作理论的创始人之一，对党的思想政治工作理论的创立及实践做出了卓越的贡献。

邓小平理论是马克思主义基本原理与中国具体实际和时代特征相结合过程中的第二次历史飞跃的理论成果。邓小平关于思想政治教育的论述是邓小平理论的重要组成部分，主要内容有：解放思想、实事求是是邓小平新时期思想政治教育理论的精髓，“解放思想，开动脑筋，实事求是，团结一致向前看”①。思想政治教育必须围绕经济建设这个中心，为解放和发展生产力服务，“社会主义现代化建设是我们当前最大的政治”②，“离开这个主要的内容，政治就变成空头政治，就离开了党和人民的最大利益”。③ 新时期思想政治教育的地位和作用，“毫无疑问，学校应该永远把坚定正确的政治方向放在第一位”④。思想政治教育的根本任务是培养“四有”新人，“现在中国提出‘四有’，有理想、有道德、有文化、有纪律。其中我们最强调的，是有理想”⑤。新时期思想政治教育的内容是马克思主义理论教育、党的基本路线教育、爱国主义教育、理想纪律教育、艰苦奋斗和革命传统教育、社会主义民主法制教育等，强调“学马列要精，要管用的”，“实事求是是马克思主义的精髓。要提倡这个，不要提倡本本”。⑥ 新

---

① 邓小平：《解放思想，实事求是，团结一致向前看》，《邓小平文选》第2卷，人民出版社1994年第2版，第141页。

② 邓小平：《坚持四项基本原则》，《邓小平文选》第2卷，人民出版社1994年第2版，第163页。

③ 邓小平：《解放思想，实事求是，团结一致向前看》，《邓小平文选》第2卷，人民出版社1994年第2版，第150页。

④ 邓小平：《在全国教育工作会议上的讲话》，《邓小平文选》第2卷，人民出版社1994年第2版，第104页。

⑤ 邓小平：《用坚定的信念把人民团结起来》，《邓小平文选》第3卷，人民出版社1993年版，第190页。

⑥ 邓小平：《在武昌、深圳、珠海、上海等地的谈话要点》，《邓小平文选》第3卷，人民出版社1993年版，第382页。

时期思想政治教育的基本原则和方法是说服教育原则、联系实际原则、率先垂范原则、区分层次原则、物质利益原则、齐抓共管原则等,“对于思想问题,无论如何不能用压服的办法,要真正实行‘双百’方针”①。特别是改革开放前,邓小平用实事求是这一理论灵魂指导并纠正了“文革”期间思想政治工作内容上的“假大空”,方法上的形式主义,方针上忽略疏导原则等脱离实际的做法,遵循解放思想、实事求是的思想路线,为思想政治工作摆脱困境、走向新的发展阶段提供了科学的理论依据。邓小平关于思想政治教育的理论具有时代性、创新性和实践性等特征,对大学生思想政治教育质量提升模式创新具有重要的指导意义。

江泽民关于新时期思想政治教育的理论,是“三个代表”重要思想科学体系的重要组成部分,主要内容有:思想政治教育在党和国家工作全局中的地位和作用,“党的思想政治工作是经济工作和其他一切工作的生命线,是团结全党和全国各族人民实现党和国家各项任务的中心环节,是我们党和社会主义国家的重要政治优势”。思想政治教育必须以理想信念教育为核心,以思想道德建设为基础,“理想信念教育,是党的思想政治工作的核心内容”,思想道德建设是党的思想政治工作的题中应有之义和基础性环节。思想政治教育必须坚持与时俱进,不断探索新的方式、方法、内容、手段和机制,“加强和改进思想政治工作,过去行之有效的好传统、好办法要坚持,更重要的是要适应新情况,不断探索新的方式、方法、手段、机制。不创新、不改进,简单地沿用过去老一套的东西是不行的”;思想政治教育必须始终贯彻党的群众路线不动摇,“党的思想政治工作本质上是群众工作,是宣传群众、教育群众、引导群众、提高群众的工作,因此,必须坚持走群众路线”②;思想政治教育必须把着力点放在基层,“加强和改进思想政治工作,着力点应该放在基层。要认真调查研究社会各种动态以及群众活动的新情况新变化,有针对性地做好思想教育

① 邓小平:《解放思想,实事求是,团结一致向前看》,《邓小平文选》第2卷,人民出版社1994年第2版,第145页。

② 以上引文见《江泽民文选》第3卷,人民出版社2006年版,第94、293、97页。

和引导工作”①。江泽民关于思想政治教育的理论体现了对跨世纪思想政治教育的战略性思考，具有鲜明的时代感和较强的针对性。“三个代表”重要思想改进和创新了思想政治工作，在落实“先进生产力的代表”的要求、落实“先进文化的代表”的要求、落实“最广大人民群众的利益代表”的要求的过程中，增强了自身的时代感、针对性、时效性和主动性，创新了内容和方法，是新时期思想政治工作的重要理论来源。

胡锦涛继续推进马克思主义基本原理与中国具体实际的有机结合，党的思想政治教育理论在新的形势下又有了新的发展。主要内容有：新时期仍需弘扬“西柏坡精神”，开展“两个务必”教育；情为民所系，权为民所用，利为民所谋，群众利益无小事，让发展的成果惠及全体人民，“群众利益无小事。凡是涉及群众的切身利益和实际困难的事情，再小也要竭尽全力去办”②。倡导求真务实的精神，树立正确的权力观、地位观、利益观、政绩观、荣辱观和群众观；坚持以人为本为核心，落实全面、协调、可持续的科学发展观，“必须更加自觉地把以人为本作为深入贯彻落实科学发展观的核心立场，始终把实现好、维护好、发展好最广大人民根本利益作为党和国家一切工作的出发点和落脚点”③。“充分发挥哲学社会科学人才在认识世界、传承文明、创新理论、咨政育人、服务社会方面的重要作用。”④加强马克思主义基本理论的系统研究与扎实建设；加强和改进未成年人的思想道德建设，加强和改进大学生思想政治教育。加强党的执政能力建设，构建社会主义和谐社会；保持共产党的先进性、纯洁性，巩固党的执政地位等。科学发展观是马克思主义中国化的最新理论成果，其

---

① 江泽民：《通报中央政治局常委“三讲”情况的讲话》，《江泽民文选》第 2 卷，人民出版社 2006 年版，第 566—567 页。

② 胡锦涛：《在庆祝中国共产党成立九十周年大会上的讲话》，《人民日报》2011 年 7 月 2 日。

③ 胡锦涛：《坚定不移沿着中国特色社会主义道路前进，为全面建成小康社会而奋斗——在中国共产党第十八次全国代表大会上的报告》，《人民日报》2012 年 11 月 18 日。

④ 《中共中央关于进一步繁荣发展哲学社会科学的意见》，《中国青年报》2004 年 3 月 21 日。

关于以人为本和全面、协调、可持续发展等精神实质和基本要求对思想政治工作具有重要的指导意义。科学发展观对思想政治工作提出了新任务、新要求和新目标，推动了思想政治工作与时代结合的新发展，提出了思想政治教育坚持以人为本、全面协调可持续发展等，是思想政治工作在最新阶段的理论依托。2004 年中共中央、国务院下发了《关于进一步加强和改进大学生思想政治教育的意见》，2005 年召开了全国加强和改进大学生思想政治教育工作会议，这在党和国家的历史上是首次，充分反映了党中央对大学生思想政治教育的重视。胡锦涛关于思想政治教育的理论，具有很强的政治性、理论性和针对性，对加强和改进大学生思想政治教育具有重大的指导意义。

二、大学生思想政治教育质量提升模式研究的基础理论

基础理论一般指研究事物运动变化发展规律并为应用研究提供指导意义的共同理论基础的学科。思想政治教育学是马克思主义理论一级学科下设的二级学科，大学生思想政治教育作为思想政治教育学的重要组成部分，重点研究对在校大学生进行思想教育、政治教育、理论教育、道德教育和心理健康教育等的一般规律。任何学科都有本领域的基础理论，如教育学、哲学等，这些学科研究历史悠久，基础理论研究成果丰硕。比较而言，我国思想政治教育学科起步较晚，基础理论研究、学科体系构建还有待进一步深化和完善。思想政治教育学的基础理论和大学生思想政治教育的基础理论，是我们探索大学生思想政治教育质量提升模式的基础理论。

（一）思想政治教育学的基础理论

我国思想政治教育学创立于 20 世纪 80 年代。1983 年 7 月 1 日，中共中央批转的《国营企业职工政治工作纲要》（试行）指出，“中央和地方要筹办以培养思想政治工作的领导干部为目标的政治院校。现有的全国综合性大学、文科院校，各部、委、总局所属的大专院校，有条件的都要增设政治工作专业或政治工作干部进修班”，“努力造就一大批思想政治工

作能手,一大批精通思想政治工作的专家”。[①] 1984 年教育部召开学科专业论证会,确定学科名称为“思想政治教育学”,专业为“思想政治教育专业”,同时下发文件,部署部分高校设置思想政治教育专业,开办本科班、第二学士学位班、大专起点本科班的工作,全国 13 所高校招收了首批思想政治教育本科和第二学士学位的新生。思想政治教育专业的设立并纳入学科专业目录,使思想政治教育学科建设有了基本的依托和保证,标志着我国思想政治教育学作为一门学科正式形成。1988 年全国有十多所高校获准首批招收思想政治教育专业硕士研究生。1990 年学科评议组正式通过相关学校的硕士学位授予权,思想政治教育专业进入硕士研究生培养阶段。同年,国务院学位委员会和国家教育委员会颁发了《博士、硕士学位和培养研究生的学科、专业目录》,在法学门类下、一级学科政治学中有了马克思主义理论与思想政治教育专业。1996 年教育部进行了马克思主义理论与思想政治教育专业博士点的评审工作。随着马克思主义理论与思想政治教育学科(专业)建设的深入,由于马克思主义理论发展和社会现实的需要,设立马克思主义理论一级学科成为党中央、政府管理部门和学术界的共识。思想政治教育硕士、博士研究生专业与本科思想政治教育专业名称保持一致,成为新的马克思主义理论一级学科下设的一个独立二级学科。

思想政治教育学科自 1984 年创立以来,经过近三十年的探索发展,学科建设有了长足进步,学科体系逐步完善,形成了一系列基础理论。主要体现在以下方面:思想政治教育的地位和职能、思想政治教育的目标和内容、思想政治教育的基本范畴、思想政治教育的主体与对象、思想政治教育的过程及规律、思想政治教育的方法与机制、思想政治教育的环境建设等。[②] 由于思想政治教育学创立的时间不长,全面系统研究的时间较

---

① 中央文献研究室:《十二大以来重要文献选编》(上),人民出版社 1986 年版,第 380—381 页。

② 参见陈秉公:《思想政治教育学基础理论研究》,吉林大学出版社 2007 年版,第 1—3 页。

短，总体上思想政治教育学基础理论的研究仍显薄弱，主要表现在：存在着浅和散的问题、脱离实际的倾向、继承与创新方面存在片面性。①

（二）大学生思想政治教育的基础理论

大学生思想政治教育是党的思想政治工作的重要组成部分，思想政治教育学的基本原理在大学生思想政治教育过程中仍然适用，思想政治教育学的基础理论亦是大学生思想政治教育的基础理论。同时，事关人才培养和民族振兴，党和政府对大学生思想政治教育有着更高更具体的要求。2004 年 8 月，中共中央、国务院下发了《关于进一步加强和改进大学生思想政治教育的意见》，深刻阐述了加强和改进大学生思想政治教育的重大意义，提出了加强和改进大学生思想政治教育的指导思想、基本原则、主要任务，指明了理论前提、思想路线和教育方针，提出了大学生思想政治教育的核心、重点、基础和目标，这些作为具有紧密逻辑联系的统一整体，成为大学生思想政治教育基础理论之集大成，是在较长时期内搞好大学生思想政治教育的纲领性文件。中共中央、国务院《关于进一步加强和改进大学生思想政治教育的意见》以及其后中央关于思想政治教育的一系列理论与政策，共同成为加强和改进大学生思想政治教育的基础理论。

关于大学生思想政治教育的指导思想。坚持以马克思列宁主义、毛泽东思想、邓小平理论、“三个代表”重要思想和科学发展观为指导，全面落实党的教育方针，紧密结合全面建成小康社会的实际，以理想信念教育为核心，以爱国主义教育为重点，以思想道德建设为基础，以大学生全面发展为目标，解放思想、实事求是、与时俱进、求实创新，坚持以人为本，贴近实际、贴近生活、贴近学生，努力提高思想政治教育的吸引力、感染力、针对性和实效性，培养德智体美全面发展的社会主义建设者和接班人。

关于大学生思想政治教育的基本原则。坚持教书与育人相结合；坚

① 参见徐志远：《思想政治教育学基础理论研讨会综述》，《学校党建与思想政治教育》2002 年第 11 期。

持教育与自我教育相结合；坚持政治理论教育与社会实践相结合；坚持解决思想问题与解决实际问题相结合；坚持教育与管理相结合；坚持继承优良传统与改进创新相结合；坚持人文关怀与心理疏导相结合。

关于大学生思想政治教育的主要任务。树立德业，培养人才，培养德智体美全面发展的社会主义事业建设者和接班人是教育的根本任务，也是大学生思想政治教育的根本任务。具体体现在：以理想信念教育为核心，深入进行树立正确的世界观、人生观和价值观教育；以爱国主义教育为重点，深入进行弘扬和培育民族精神教育；以基本道德规范为基础，深入进行公民道德教育；以大学生全面发展为目标，深入进行素质教育。

关于大学生思想政治教育的主要途径。高校思想政治理论课是大学生思想政治教育的主渠道；形势政策教育是思想政治教育的重要内容和途径；高校哲学社会科学课程负有思想政治教育的重要职责；高校各门课程都具有育人功能，所有教师都负有育人职责。深入开展社会实践，大力建设校园文化，主动占领网络思想政治教育新阵地，开展深入细致的思想政治工作和心理健康教育，努力解决大学生的实际问题是新时期加强和改进大学生思想政治教育的有效形式。注重人文关怀与心理疏导，培育大学生自尊自信、理性平和、积极向上的理性心态。

关于大学生思想政治教育的队伍建设。主体是学校党政干部和共青团干部，思想政治理论课和哲学社会科学课教师，辅导员和班主任。广大教职员工都负有对大学生进行思想政治教育的重要责任。发挥党的政治优势和组织优势，做好大学生思想政治教育工作；发挥共青团和学生组织作用，推进大学生思想政治教育；依托班级、社团等组织形式，开展大学生思想政治教育。① 加强大学生思想政治教育工作队伍的专业化、职业化建设。

---

① 参见《中共中央国务院关于进一步加强和改进大学生思想政治教育的意见》，《中国教育报》2004 年 10 月 26 日。

第二节　大学生思想政治教育质量提升模式理论研究综述

理论研究从来都不是轻而易举和一蹴而就的，既需要继承创新前人的理论成果，又需要对实践经验进行科学总结。总体上学界对大学生思想政治教育质量提升模式的理论研究还十分薄弱，呈现出大学生思想政治教育的具体方式方法的研究较多，作为层次和要求更高的教育模式的研究较少，实际工作中侧重立竿见影的具体方式方法的实践，轻视具有普遍意义的教育模式的探索等特点。尽管如此，认真总结、研究和汲取以往大学生思想政治教育相关研究成果，对今后大学生思想政治教育质量提升模式的创新仍然是必不可少和具有重要意义的。

一、国内大学生思想政治教育质量提升模式的理论研究综述

学以致用，理论研究旨在指导实践。多年来，国内的专家学者和教育工作者对大学生思想政治教育既有丰富的理论研究，也有大量的实践探索，这是大学生思想政治教育质量提升模式研究不可或缺的重要基础。大学生思想政治教育质量提升模式研究的目的在于指导国内的大学生思想政治教育，为我国高等教育培养德才兼备的合格人才提供有效动力、有力保障和优质服务。

（一）国内大学生思想政治教育质量提升模式研究的主要观点

大学生思想政治教育的任务是培养社会主义事业建设者和接班人。各种类型的大学生思想政治教育模式都是一种方法论，是较高层面但又非常具体的大学生思想政治教育的方式与方法，根本目的是为了有效提升大学生思想政治教育的质量。因此，以往大学生思想政治教育具体方式方法的研究成果，在一定程度上也可以看做是大学生思想政治教育质量提升模式的研究成果。多年来，国内学者对大学生思想政治教育方式

方法进行了广泛探讨，可以说大学生思想政治教育模式的百花园里姹紫嫣红，争相辉映，这里只是撷取代表性的几种。

实践教育模式。 “社会实践是大学生思想政治教育的重要环节，对于促进大学生了解社会、了解国情，增长才干、奉献社会，锻炼毅力、培养品格、增强社会责任感具有不可替代的作用。”①实践教育模式成为大学生思想政治教育质量提升的重要模式，并且有各种具体的表现形式。2010年，新疆师范大学马克思主义学院的孙秀玲、何峰提出的“实习支教模式”具有一定的代表性，“把实习支教作为树立学生正确的世界观、人生观、价值观，了解区情、国情，增长才干，提高专业技能、综合素质和为祖国贡献才干的良好契机，将思想政治教育视角从课堂教育延伸到实践领域”②。近年来，我国各高校普遍进行了各种形式的大学生社会实践活动探索，主要有教育实习、志愿者服务、“三下乡”活动、假期社会实践等，形成了制度化、系列化、较成熟的实践教育模式。寓教育于具体实践中是我国大学生思想政治教育的重要模式。

自主教育模式。 自主教育模式的实践较早。2009年华中农业大学的刘进提出了大学生思想政治教育自主教育模式。“在学校的思想政治教育活动中，在充分发挥学校的导向作用的前提下，大学生能够自觉地运用正确的观点和方法，对自己进行思想转化，自我教育，做到自主管理、自主学习、自主生活、自主活动、自主创造，从而实现自主发展。”③近年来，以人为本的理念在大学生思想政治教育中得到了普遍运用，各高校充分尊重和重视发挥大学生的主体地位和自主权利，支持、发挥学生党团组织、学生会组织、学生社团等开展主题教育活动，开展自我教育管理。大学生在学校和教师的指导下，自我组织教育活动，参与的积极性高，教育

① 《中共中央国务院关于进一步加强和改进大学生思想政治教育的意见》，《中国教育报》2004年10月26日。

② 孙秀玲、何峰：《大学生思想政治教育模式和方法探讨——以新疆师范大学实习支教为例》，《新疆师范大学学报》（哲学社会科学版）2010年第4期。

③ 刘进：《大学生思想政治教育“自主”模式的有效实现》，《考试周刊》2009年第11期。

形式活泼多样,教育效果全面深刻。自主教育模式在肯定教育者的主导作用的同时,强调了大学生在思想政治教育过程中的选择性与自主性,能够有效地提升大学生思想政治教育的质量。

网络教育模式。 随着以互联网为代表的信息技术革命的到来,开展网上思想政治教育成为学者研究和具体工作者探索的热点,并初步成为一种大学生思想政治教育模式。2009 年,广州中医药大学的林彬提出了网络教育模式。“利用网络这一有效信息化载体,加强思想政治教育网站的建设工作,抢占网络宣传教育阵地,用健康的网站吸引学生。”①互联网的出现带来了世界信息技术革命,也为大学生思想政治教育带来了创新机遇。我国从政府、高校到大学生思想政治教育工作者敏感地捕捉到这一机遇,适时地抓住了这一机遇,探索利用互联网开展大学生思想政治教育的新模式。普遍建立了校、院两级网站,有的还建立了思想政治教育类的专题网站,确定了具体管理部门,配备了专兼职结合的网站管理人员,制定了相关管理制度。利用网络开展大学生思想政治教育是我国多数高校的普遍做法,作为诞生时间较短的新的教育模式,还需要进一步探索完善,逐步走向规范成熟。网络教育模式是大学生思想政治教育模式与时俱进的必然结果。

人本教育模式。 以人为本是科学发展观的核心,是近年来包括大学生思想政治教育在内的诸多领域出现的“热词”。“人们奋斗所争取的一切,都同他们的利益有关。”②以人为本是马克思主义的根本原则和崇高价值理念,是党在改革开放新时期新的执政理念。2009 年,北京第二外国语学院的卫刘华提出了人本教育模式。大学生思想政治教育必须坚持以人为本,既要教育人、引导人、鼓舞人、鞭策人,又要做到尊重人、理解人、关心人、帮助人,这是搞好大学生思想政治教育的前提、基础、切入点

① 林彬:《信息条件下大学生思想政治教育创新模式的建立与思考》,《文教资料》2009 年第 1 期。

② 马克思:《第六届莱茵省议会的辩论》,《马克思恩格斯全集》第 1 卷,人民出版社 1995 年第 2 版,第 187 页。

和关键。① 近年来,我国高校大学生思想政治教育认真贯彻落实科学发展观,坚持以人为本这个核心,在为了学生、依靠学生和发展学生等方面取得了显著性的成就,并逐渐成为工作常态。以人为本成为大学生思想政治教育的工作理念、基本原则、方法途径和工作常态,进而成为一种深受欢迎、卓有成效的工作模式。以人为本教育模式充分体现了马克思主义历史唯物论的基本原理,是马克思主义价值思想在思想政治教育领域的回归与升华。

隐性教育模式。 与以往片面的灌输式教育模式相比,隐性教育模式近年来引起大学生思想政治教育工作者的重视和实践。2006 年,西南交通大学的李锦红、王亚青和宋刚等提出了隐性教育模式是“在思想政治教育过程中,自觉运用‘隐性课程’理论,开发利用潜在思想政治教育资源,通过比较隐蔽的形式,使受教育者在特定教育情景中,于无意识间获得某种思想或经验的教育理论和教育实践的总和”②。隐性教育模式是对我国传统大学生思想政治教育模式深刻反思的结果,是改革开放借鉴国外大学生思想政治教育先进模式的结果,是我国大学生思想政治教育工作者敢于担当、探索创新的结果,逐渐成为我国大学生思想政治教育有效开展的重要模式。隐性教育是大学生思想政治教育开放与借鉴、继承与创新的应然结果,与显性教育一起成为大学生思想政治教育不可或缺的重要模式。

文化型教育模式。 随着中共十七届六中全会召开,我国迎来了社会主义文化大发展大繁荣的春天,许多学者从文化的视角提出了对大学生思想政治教育的深层次思考。2007 年重庆邮电大学的金良媛提出了基于“大学生文化”模式的大学生思想政治教育。“以大学生文化为指导,对他们的精神、意愿、使命、信念、道德观、价值观、意志观以及哲学观

---

① 参见卫刘华:《人文关怀:大学生思想政治教育新模式》,《河北青年管理干部学院学报》2009 年第 6 期。

② 李锦红、王亚青、宋刚、熊钰:《试论高校思想政治教育的三种隐形形态》,《四川理工学院学报》(社会科学版)2006 年第 2 期。

进行培育，为他们走上正轨并发掘无穷潜力提供保障。”①2013年，鲁东大学的乔万敏、邢亮等提出了“文化型：大学生思想政治教育质量提升的新模式”，正式把文化型作为一种模式来研究大学生思想政治教育。我国传统大学生思想政治教育一直非常重视以文“化”人，许多高校普遍重视校训和校风的总结与凝炼，注重校歌、校旗、校徽和学校其他标识的规范和宣传，重视制度文化建设促进依法治校，重视开展宽领域高品位的校园文化活动，重视赋予校园环境以文化内涵，大学生思想政治教育呈现显著的“文化育人”的特征和模式。文化型的大学生思想政治教育随着时代的进步作为一种模式被明确地提了出来，并在今后的实践中逐渐完善发展。

交流式教育模式。 针对我国以往大学生思想政治教育存在的突出问题，伴随对外开放带来的人们视野的开放与拓展，具有平等、民主和互动特点的交流式大学生思想政治教育开始引起人们的关注。2008年，哈尔滨师范大学的于成学、王忠桥提出了交流型大学生思想政治教育模式，强调了师生互动交流提高思想政治教育的效果。交流型的大学生思想政治教育模式是“以学生主体的思想品德形成和发展为尺度，将主体间性教育作为主要价值取向，坚持‘人本化’育人理念，创建和谐、民主、宽松、融洽的教育环境，使思想政治教育过程成为师生共生共享知识、能力、精神、智慧的过程，是把引导学生的发展、促进学生的成长、激励学生的内在潜能作为教育旨趣的一种新型思想政治教育工作模式”②。针对传统的大学生思想政治教育不同程度地存在着强制“灌输”的问题，我国大学生思想政治教育工作者不断探索解决这一弊端的途径，提出并实践了讨论式、启发式、互动型、问题式等诸多大学生思想政治教育形式，取得了明显成效，这些教育形式属于同一类型，我们把它们统一称为交流式的教育

① 金良媛：《基于“大学生文化”模式的大学生思想政治教育》，《科教论坛》2007年第461期。

② 于成学、王忠桥：《交往型大学生思想政治教育工作模式探析》，《思想教育研究》2008年第9期。

模式。

（二）国内大学生思想政治教育质量提升模式理论研究的综合分析

1.大学生思想政治教育质量提升模式概念的界定

国内发表的关于大学生思想政治教育质量提升模式的研究成果中，没有“大学生思想政治教育质量提升模式”的提法，只有“大学生思想政治教育模式”或类似的提法。在导论中已阐述了模式的特征，模式是推进事物变化发展的正能量，能够提升大学生思想政治教育质量的理论模型和工作范式才能称其为模式，因此，“大学生思想政治教育模式”与“大学生思想政治教育质量提升模式”的内涵是一致的，在本书表述中我们尊重相关学者研究成果中的原始提法，大学生思想政治教育模式本质上就是大学生思想政治教育质量提升模式。

国内学者对大学生思想政治教育模式概念的使用比较普遍，对这一概念内涵的界定也有所阐述。代表性的有苏州大学的郭彩琴、洪娟，她们认为大学生思想政治教育模式是指“教育者在大学生思想政治教育的实践过程中，形成的一整套固定程式和规范性做法。教育模式具有历史性特征，一定的经济和社会政治环境决定着教育模式的具体形态，经济政治文化的发展，必然引起相关教育模式的变更”①。华中师范大学刘龙洲在其硕士学位论文《大学生思想政治教育模式研究》中认为：“大学生思想政治教育模式是指在一定思想政治教育理论指导下，根据大学生思想政治教育现实需要所设计和建构起来的教育目标、内容、方式、方法、手段、结构等方面的综合性理论模型和实践范式。”大学生思想政治教育模式的内容包括目标制定模式、组织实施模式、动力结构模式、校园矛盾化解和危机处理模式、绩效评估模式五个相互连贯、有机统一的方面。从整体上看，国内学界对大学生思想政治教育模式这一概念具体内涵的界定、基本特征的分析等，研究得还不十分充分，而且各自表述的观点也不尽相

① 郭彩琴、洪娟：《高校思想政治教育模式研究综述》，《职业技术教育》2006年第35期。

同。大多数作者在论文中只是套用大学生思想政治教育模式这一概念，对大学生思想政治教育模式概念的内涵、特征等把握得不十分科学，因而对创新大学生思想政治教育模式的举措的论述就显得主观随意、苍白无力和浅尝辄止，真正从广度、深度和力度全方位、立体化与多层次相结合来阐述大学生思想政治教育模式，并为大学生思想政治教育模式概念作出科学界定的论文还十分鲜见。

2.大学生思想政治教育质量提升模式的分类

分类是根据事物的特点分别归类。世界是多元的，大学生思想政治教育模式也应是百花齐放、百家争鸣。根据大学生思想政治教育模式的性质和特点，可以分为不同的类别。不同的分类标准，分出的类别亦不相同。从大学生思想政治教育的目标看，可分为普遍教育模式和分层教育模式。从大学生思想政治教育的方式看，可以分为灌输教育模式和自主教育模式。从大学生思想政治教育的载体看，可以分为课堂教育模式、实践教育模式、文化教育模式、活动教育模式、环境熏陶模式、网络教育模式等。从大学生思想政治教育主客体看，可以分为单向教育模式、互动教育模式、自我教育模式。从大学生思想政治教育的特征看，可以分为显性教育模式、隐性教育模式。从大学生思想政治教育对象数量看，可以分为集中教育模式、个别交流模式等。胡锦涛在中共“十七大”报告中指出：“加强和改进思想政治工作，注重人文关怀和心理疏导，用正确方式处理人际关系。”中共“十八大”又进一步强调：“加强和改进思想政治工作，注重人文关怀和心理疏导，培育自尊自信、理性平和、积极向上的社会心态。”① 近年来，随着中共中央、国务院关于加强和改进大学生思想政治教育的一系列文件的出台，大学生思想政治教育新问题的不断涌现，大学生思想政治教育工作者视野的开放，大学生思想政治教育模式不断得到创新。出现了人文关怀模式、心理疏导模式、结合渗透模式、解决问题模式、开放教

---

① 胡锦涛：《坚定不移沿着中国特色社会主义道路前进，为全面建成小康社会而奋斗——在中国共产党第十八次全国代表大会上的报告》，《人民日报》2012 年 11 月 18 日。

育模式等。目前大学生思想政治教育模式研究已经从注重宏观层面向注重微观层面深入,随着教育模式分类标准的细化和科学化,教育工作的创新发展,大学生思想政治教育模式的分类还将有新的提法,还将出现新的模式。大学生思想政治教育模式的这些分类,只是分类的视角、标准不同,皆有一定的道理,没有也不应有统一和固定的分类。

3.传统大学生思想政治教育模式存在的弊端

新中国成立后特别是改革开放三十多年来,我国大学生思想政治教育模式不断创新发展,大学生思想政治教育成绩斐然,为培养社会主义事业建设者和接班人做出了巨大贡献。"二律背反"是德国哲学家伊曼努尔·康德的用语,指的是"两个互相排斥但同样可以得到论证的命题之间的矛盾"①。我国大学生思想政治教育取得巨大成就的同时,也存在着一些突出的问题。大学生思想政治教育效果往往经不起时间的考验、社会的考验和具体问题的考验,往往是学生一踏入社会,一遇到实际问题,"辛辛苦苦十几年,一夜回到解放前"。大学生思想政治教育的"5+2=0"现象引起了思想政治教育界的广泛关注和严正思考。理论与现实的矛盾对立造成的"二律背反"现象,使得不少大学生无所适从,无以应对,无奈连连,甚至走向了教育的反面。学界认为,我国传统的大学生思想政治教育模式总体上还存在以下弊端:"以灌输式、宽泛式的教育方法为主;学生思想政治教育工作者系统组织形式发展的局限性、封闭性;在封闭的小系统中走向泛化;'保姆式'的微观过程管理忽视、限制了学生主体性、主动性发挥与个性发展。其中突出表现为重教育者主体、轻受教育者主体;重思想政治教育的社会价值、轻思想政治教育的个体价值;重为政治服务的工具价值,轻完善人格和全面发展的目的价值等。"②总体上专家学者对我国传统大学生思想政治教育模式存在的弊端认识是到位的,分析是

---

① 转引自冯契、胡曲园等编:《哲学大辞典(马克思主义哲学卷)》,上海辞书出版社1990年版,第7页。

② 郭彩琴、洪娟:《高校思想政治教育模式研究综述》,《职业技术教育》2006年第35期。

深刻的，这为今后大学生思想政治教育模式的理论创新和实践创新奠定了基础。提升大学生思想政治教育的质量，继承发扬优秀的教育模式、克服工作中存在的弊端、推动教育模式的不断创新，这是大学生思想政治教育工作者必须破解的重要课题。

4.大学生思想政治教育质量提升模式的创新趋势

针对大学生思想政治教育出现的新情况、新问题和新特点，有学者提出了大学生思想政治教育模式创新的基本思路：概念创新、内容创新和方法创新。在此基础上，有学者进一步提出了大学生思想政治教育在机制、制度、形式、载体等方面的创新。总体上看，这些创新思路的提出还仅仅是微观层面的，还不是真正意义上宏观层面的教育模式的探讨。针对传统大学生思想政治教育的不足，有学者提出了教育模式的四种“转变”，即从对象型教育向主体型教育转变、从说教型教育向关怀型教育转变、从封闭型教育向开放实践型教育转变、从传统式教育向网络式教育拓展。① 大学生思想政治教育模式创新总体上向更加重视教育实效与价值实现、更加突出形式新颖和方法鲜活、更加注重人的本性与人的尊严、更加强化与时俱进和求实创新、更加强调科学规范与符合规律等方面发展。中共“十七大”和“十八大”连续强调思想政治工作注重人文关怀与心理疏导，可谓一针见血、入木三分，找准了我国思想政治工作的关键问题，抓住了我国当下和今后一个时期思想政治工作的牛鼻子。注重人文关怀与心理疏导，是我国大学生思想政治教育的薄弱环节，是大学生思想政治教育创新发展必须树立的工作理念，必须达到的工作要求，必须践行的工作模式，必须坚持的努力方向。就整体而言，注重人文关怀和心理疏导是今后我国大学生思想政治教育模式创新的切入点、着力点和突破点。

二、国外主要发达国家大学生思想政治教育模式的研究综述

“无论是处理国内改革发展稳定的问题，还是处理对外开放中的问

① 参见贺栋：《“思想道德修养与法律基础”课教学实效性的瓶颈问题研究》，《教育教学论坛》2012 年第 6 期。

题,我们都应该放眼世界,具有宽阔的眼光。"①国家发展如此,大学生思想政治教育理论创新、实践创新和模式创新亦是如此。同国内较丰富的大学生思想政治教育模式研究成果相比,由于文献查阅的限制、实践考察的阻碍等方面的原因,能够看到的国外大学生思想政治教育模式的研究成果相对较少,但仍有少部分学者对国外大学生思想政治教育模式有所研究,出现了一些有价值的成果。总体上看,大学生思想政治教育模式是随着时代的发展变化、社会的变革需求和教育内容的充实更新而不断推陈出新的,各国基于不同的道德教育理论建立了适合本国需要、独具特色的大学生思想政治教育模式。这里介绍几种学者研究国外主要发达国家大学生思想政治教育模式的成果。

依法施教模式。 西方发达国家经过长期的建设,已经形成了较完善的法律制度,基本建立了法治化国家,法制全方位地渗透到全社会的各个层面、各个角落。依法治校、依法施教成为高等教育的工作常态,大学生思想政治教育领域亦是如此。美国是西方发达国家的代表,其之所以成为世界综合实力最强大的国家,与发达的高等教育,有效的思想政治教育息息相关。美国政府十分重视大学生思想政治教育的立法工作,尊重法律和程序,是其价值观的主要体现。1957 年,前苏联第一颗人造卫星上天,美国政府很快就颁布了《国防教育法》;1991 年 4 月,布什政府签发了全美教育改革文件《美国 2002:教育战略》;1993 年克林顿政府又颁布了《2000 目标:美国教育法》。② 这些法律是美国对公民特别是大学生进行思想政治教育的依据,其颁布、宣传和实施的过程,本身就是思想政治教育开展的过程。法治精神是其思想政治教育的重要内容,亦是实施思想政治教育的基本要求。作为东方最发达的国家,日本十分重视思想政治教育的立法工作。1989 年修改的新《教学大纲》进一步"把尊重人的精

① 习近平:《领导干部要读点历史》,《人民日报》2011 年 9 月 2 日。

② 参见闵小平:《美国思想政治教育模式及其借鉴意义》,《安康师专学报》2002 年第 4 期。

神和对生命的敬畏之观念体现在家庭、学校和社会的具体生活之中”，把“提高学生的道德判断能力，丰富他们的道德心灵，培养道德实践能力”作为思想政治教育的目标。① 依法施教是发达国家大学生思想政治教育的重要特征。

服务引导模式。　寓思想政治教育于具体的服务工作中，这是西方发达国家大学生思想政治教育模式的重要特色。美国大学具有良好的为学生服务的服务中心和服务设施，一般的学校都配备学生活动指导员，并设有咨询处、宿舍顾问处、贷款和奖学金部、纪律顾问处和法律援助部门等机构，同时学校还聘请一些顾问，如社会工作者、心理咨询专家和精神病治疗专家等，了解并帮助学生解决各种实际问题，这种人性化的服务、帮助解决困难的做法，使学生感受到国家的温暖和社会的存在，公民的主体人格和爱国情怀也由此萌生。② 像美国这种寓思想政治教育于具体的服务工作中的做法在西方国家中并不鲜见，具体的服务工作往往蕴涵着丰富的思想政治教育内容，社会工作、心理咨询和精神治疗等本身就是一定形式的思想政治教育。寓于日常服务、实现常态化是世界发达国家大学生思想政治教育的重要模式。

隐形渗透模式。　大雪无痕，却隐藏着来年的无限生机。隐形教育是一种潜移默化的思想政治教育。在许多西方发达国家，大学生思想政治教育基本上达到了一种“无意识”的境界，大学生在不知不觉中受到教育，接受教育者的思维方式和价值观念。美国的大学生思想政治教育为了避免强迫“灌输”教育的弊端，按照“场景设置——引导角色进入——体验——选择”的模式，用这种非传统的思想政治教育形式传输实质性的思想政治教育内容。③ 如组织大学生参加社会活动、旁听审判大会、政

---

① 参见杨泽宇：《国外大学生品德教育的目标及启示》，《云南教育》（高教版）1999年第4期。

② 参见王冠中：《国外大学生思想政治教育模式及实施研究述评与思考》，《思想教育研究》2006年第2期。

③ 参见闵小平：《美国思想政治教育模式及其借鉴意义》，《安康师专学报》2002年第4期。

论咨询会和模拟总统选举等，大量投资建设美国国会大厦、华盛顿纪念馆、林肯纪念馆和杰弗逊纪念馆等社会政治环境，使大学生在不见形迹中认可并接受其意识形态。澳大利亚几乎每个城市都建有纪念馆和纪念碑，免费让学生参观，以此来加强爱国主义教育，增强爱国主义情怀。意大利的各种博物馆、陈列室和名胜古迹全部免费向学生开放，在耳濡目染中强化民族意识和爱国思想。大量具有意识形态教育意义的公共资源免费向学生开放，大量组织学生参加具有政治教育、思想教育和道德教育内涵的社会活动，体现了发达国家对大学生思想政治教育的重视和教育模式的成熟。隐形渗透模式是世界发达国家大学生思想政治教育的显著特征。

社会化教育模式。　社会化教育模式指思想政治教育不局限于学校，家庭、社会都是大学生思想政治教育的重要阵地。新加坡除在学校开展思想政治教育外，还把学校与家庭、社会相结合，把家庭、社会和大众传媒等作为思想政治教育的重要途径，开展全覆盖、深层次、高效率的立体化教育。学校与家庭、社会相结合，是新加坡大学生思想政治教育的成功经验。在前面关于世界其他发达国家大学生思想政治教育模式的阐述中，我们都可以看到社会化教育模式的影子。教育社会化是世界发达国家大学生思想政治教育的成功经验和重要模式。

总之，世界发达国家非常重视提升大学生思想政治教育的质量，其开放性的思想政治教育视野，依法施教的思想政治教育理念，公民化的思想政治教育内容，隐蔽性、服务型和社会化的思想政治教育方式，对于加强和改进我国大学生思想政治教育，创新大学生思想政治教育模式，不断提升教育质量和教育水平，具有极其重要的借鉴意义。

第二章　大学生思想政治教育的规律、原则与质量提升模式

大学生思想政治教育质量提升模式内涵与外延的剖析，为大学生思想政治教育模式创新奠定了坚实基础。在实践中还有两个相关的概念：大学生思想政治教育规律、大学生思想政治教育原则，这两个概念在大学生思想政治教育的理论研究和工作实践中经常提到和用到，也是与大学生思想政治教育模式容易混淆的概念。厘清这两个概念及其与大学生思想政治教育模式的关系，有助于更好地开展大学生思想政治教育质量提升模式的理论研究及实践探索。

第一节　大学生思想政治教育的基本规律

思想政治教育规律是在一切思想政治教育中普遍存在并贯穿于其过程始终的本质的必然的联系。思想政治教育规律是客观的，不以人的意志为转移，人们只能通过学习和实践去探索客观规律，按客观规律办事。大学生思想政治教育只有按客观规律办事，才能不断提升教育质量。思想政治教育的基本规律是思想政治教育学理论的核心问题。

一、大学生思想政治教育规律的内涵

探讨大学生思想政治教育的规律，首先要考察什么是规律。规律是

指事物发展变化过程中的本质的联系和必然的趋势。规律属于事物、现象之间普遍的、本质的和必然的联系,决定着事物发展的方向和趋势。关于思想政治教育的规律,学界分为不同观点,代表性的有:黄少成等“思想政治教育的规律就是指在思想政治教育的各种现象及思想政治教育的活动过程中内在的、本质的、固有的、必然的联系”①,姚庆武等“思想政治教育规律就是指由思想政治教育的矛盾所决定的思想政治教育各要素之间的本质联系和发展趋势”②。综合专家学者的观点,结合多年的理论研究和实践探索,我们认为思想政治教育的规律是指思想政治教育发展变化过程中的本质的、必然的联系。大学生思想政治教育的规律,是指大学生思想政治教育发展变化过程中的本质的、必然的联系。大学生思想政治教育的规律隶属于规律的范畴,具有一般规律的基本特征。

大学生思想政治教育的规律具有必然性。 无论何时何地,只要规律发生作用的客观条件没有发生变化,只要决定规律的本质原因没有消失,规律就必然会重复出现并发生作用。大学生思想政治教育的规律与其他规律一样,其存在、作用及发生作用的后果具有不可避免性。大学生思想政治教育诸要素之间存在着必然的纵横联系,某一要素如果出现发展变化必然引起其他相应要素的变化。根据规律的必然性原理,大学生思想政治教育工作者只能认识规律、发现规律、尊重规律、利用规律,不能创造规律、消灭规律和违背规律,只有这样才能提升大学生思想政治教育的质量。

大学生思想政治教育的规律具有普遍性。 世界是物质的,物质是运动的,运动是有规律的,没有规律的物质运动是不存在的。不论是自然界、人类社会还是人的思维,世界的运动变化和发展是有规律的。大学生思想政治教育作为自然界和人类社会的有机组成部分,在运动变化和发展的过程中,遵循其固有的规律。根据规律的普遍性原理,提升大学生思

① 黄少成、陈拥军、傅安洲:《论思想政治教育学研究对象单一性与思想政治教育规律多样性的对立统一》,《学校党建与思想教育》2003年第2期。

② 姚庆武、陈姬:《浅析思想政治教育的规律》,《康定民族师范高等专科学校学报》2004年第3期。

想政治教育的质量必须遵循大学生的思想运动规律和思想政治教育规律，按客观规律办事，而不能违背规律。违背客观规律，就会受到规律的惩罚，大学生思想政治教育就会事倍功半，或者无功而返，甚至走向反面。在客观规律面前，大学生思想政治教育工作者并不是无能为力被动应付，应认识和把握规律，并根据规律发生作用的条件和形式利用规律。

大学生思想政治教育的规律具有客观性。　规律具有客观性，人们既不能创造，也不能改变，更不能消灭大学生思想政治教育规律。同普通规律一样，大学生思想政治教育规律是客观的，不管承认不承认总是以其铁的必然性起着作用。根据规律的客观性原理，大学生思想政治教育工作者坚持一切从实际出发，实事求是，充分认识和尊重客观规律，按照客观规律办事。大学生思想政治教育工作者在实践中可以通过大量的外部现象认识或发现客观规律，并利用客观规律来解决大学生思想政治教育过程中的问题，实现预期的教育目的。

大学生思想政治教育的规律具有永恒性。　规律是现象中巩固的、稳定的东西。大学生思想政治教育的规律是教育现象中巩固的、稳定的东西。自现代高等教育诞生以来，大学生思想政治教育一直处在不断的变化与发展过程中，不同国家民族、不同历史阶段的大学生思想政治教育有着诸多不同，但蕴涵在大学生思想政治教育内部以及大学生思想政治教育与其他事物之间的本质的、必然的联系是恒久不变的。根据规律具有恒久性的特点，大学生思想政治教育模式创新应建立在对大学生思想政治教育规律的深刻认识、全面把握、充分尊重和有效利用的基础上。无论大学生思想政治教育模式如何创新，都应始终牢记按照客观规律办事这一“规律”。

二、大学生思想政治教育的基本规律

提升思想政治教育质量，必须遵守思想政治教育规律。思想政治教育有哪些基本规律？关于此问题学界有不同的意见。南京师范大学思想政治教育研究所所长王建华认为思想政治教育的基本规律有三条，即教育者的主导作用与受教育者的主体作用辩证统一的规律；协调自觉影响与控制自发影响辩证统一的规律；内化与外化辩证统一的规律。① 吉林大学马克思主义学院陈秉公教授认为思想政治教育基本规律包括社会适应规律、要素协同规律、过程充足规律、人格分析规律、自我同一规律。② 华中师范大学政法学院教授张耀灿认为思想政治教育过程有三大规律：教育要求与受教育者思想品德发展之间保持适度张力的规律，教育与自我教育相统一的规律，协调与控制各种影响因素使之同向发挥作用的规律。③ 石油大学李玉深教授认为思想政治工作的基本规律有外部与内部规律之分，外部规律可以概括为：一定社会的思想政治教育是由占统治地位阶级的政治所决定的，与社会的经济、政治的发展相适应，并为社会的经济、政治服务；内部规律为思想政治教育过程本身的规律，即灌输、疏导、解决思想问题与解决实际问题相结合。④ 咸宁学院黎群武教授认为思想政治教育基本规律就是主体思想与客体思想的作用和反作用的规律。⑤ 湖南师范大学陈成文教授认为思想政治教育的基本规律为教育者的教育活动一定要适合受教育者的思想政治品德状况的规律，简称为适应超越律。⑥ 中共长沙市委党校姚庆武教授等认为：思想品德形成发展规律和服从与服务于社会发展规律是思想政治教育的两条基本规律。⑦ 以上观点视角不同，各有其合理成分。我们认为，思想政治教育的基本规律是普遍规律，是在一切思想政治教育中普遍存在的、贯穿于思想政治教育始终的、本质的、必然的联系。思想政治教育的基本规律，首先是人的思想活动规律，这是认识思想政治状况、开展思想政治教育的基础。其次

---

① 参见王建华：《略论思想政治教育过程的规律》，《思想教育研究》1997 年第 5 期。

② 参见陈秉公：《思想政治教育学原理》，辽宁人民出版社 2001 年版，第 170 页。

③ 参见张耀灿、陈万柏：《思想政治教育学原理》，高等教育出版社 2001 年版，第 96 页。

④ 参见李玉深：《形势与政策》，中国石油大学出版社 1991 年版，第 205 页。

⑤ 参见黎群武：《论思想政治教育的前提规律》，《咸宁师专学报》1998 年第 2 期。

⑥ 参见陈成文：《论思想政治工作过程的具体规律》，《思想政治教育》（人大复印资料）2001 年第 3 期。

⑦ 参见姚庆武、陈姬：《浅析思想政治教育的规律》，《康定民族师范高等专科学校学报》2004 年第 3 期。

是教育者与被教育者相互作用的规律，这是发挥主客体的主观能动性，创造性地开展思想政治教育必须正确认识的规律。再次是思想政治教育过程的规律，思想政治教育在遵循一般的教育规律的同时，有其自身的发展规律，认清这些规律是做好思想政治教育的关键。最后是思想政治教育服务和服从于社会发展规律，揭示了思想政治教育的阶级性、服务性和目的性，是做好思想政治教育应有的自觉和高度。

思想政治教育是教育者根据一定社会的思想品德要求和受教育者思想品德形成发展的规律，对受教育者施加有目的、有计划、有组织的教育影响，促使受教育者产生内在的思想矛盾运动，形成一定社会所期望的思想品德的过程。人的思想活动是有一定规律的。思想活动总是由外部的刺激引发的，思想活动的幅度、频率和结果与外部刺激的强度、频率与性质成正比。外部刺激愈强，思想活动的幅度愈大；外部刺激愈多，思想活动愈复杂；外部刺激愈是积极的，思想活动的正能量愈大。思想活动由外部刺激引起，思想结果取决于人的世界观、人生观、价值观、道德情操和性格气质等。外部刺激是思想活动发生的条件，内在素质是外部刺激发生影响的依据。人的思想活动在时间上呈现周期性变化的规律，表现为波动稳定再波动再稳定的基本趋势。人的思想活动具有反复性，思想活动的过程是实践、认识、再实践、再认识的过程，直至从感性到理性的飞跃。思想政治教育过程中的教育者与被教育者的关系是有规律可循的。教育者是外因，被教育者是内因，外因是条件，内因是根据，外因通过内因发生作用。思想政治教育过程遵循教育要求与受教育者思想品德发展之间保持适度张力的规律；遵循教育与自我教育相统一的规律；遵循协调与控制各种影响因素使之同向发挥作用的规律。思想政治教育的作用是为人的全面自由发展和社会科学发展提供思想保证、精神动力和智力支持，服务和服从于社会发展要求是其基本规律。

大学生思想政治教育的基本规律，符合思想政治教育的一般规律，同时，更具有针对性，更加具体化。大学生思想政治教育在人的思想和行为活动的规律方面具有青年大学生的特点。教育者与大学生相互作用规律应充分考虑大学生的年轻有活力、进取有文化、开放讲民主、激情有理性等特点，这些特点也直接影响大学生思想政治教育过程的规律。大学生思想政治教育是政治性和文化性的高度统一，服务和服从于高等教育培养德才兼备合格人才的根本任务，这是思想政治教育服务和服从于社会发展规律在大学生思想政治教育领域的具体体现。深刻把握大学生思想政治教育的基本规律，是提升大学生思想政治教育质量的内在要求，也是大学生思想政治教育模式创新的本质要求。

第二节　大学生思想政治教育的基本原则

不以规矩，不成方圆。凡事遵循规矩、讲求原则才可能成功。大学生思想政治教育是一门科学、一种艺术、一项工作，提升大学生思想政治教育的质量需要遵循基本的工作原则，认清大学生思想政治教育的基本原则是做好这项工作的前提条件。

一、大学生思想政治教育原则的内涵

原则是说话或行事所依据的法则或标准。思想政治教育的原则是思想政治教育客观规律的反映，并贯穿于思想政治教育的全过程，是制定教育目标、安排教育内容、选择教育方法和确立教育关系必须遵循的基本要求。大学生思想政治教育的基本原则，是依据大学生思想政治教育的主要任务及其客观规律，在总结实践经验的基础上形成的实施思想政治教育必须遵循的重要准则。正确掌握和科学运用这些基本原则，是科学确定教育内容，选择正确教育方法，提高教育的吸引力、感染力、针对性和实效性，实现大学生思想政治教育目标的前提与保证。

根据教育目标、教育规律和教育实际确定大学生思想政治教育的基本原则，形成完整科学的原则体系。确定大学生思想政治教育的基本原则一般考虑如下因素：方向性、求实性、民主性、渗透性、引导性、层次性、

激励性、主体性和示范性等。方向性:坚持坚定正确的政治方向,与社会主义道路、社会主义制度、社会主义理论和社会主义核心价值体系等社会主义意识形态保持一致。求实性:坚持一切从实际出发,解放思想,实事求是,与时俱进和求实创新的思想路线,坚持理论联系实际的工作作风。民主性:严格遵循教育规律,充分发扬民主,尊重人权人格,调动教育双方的积极性,创造条件让大学生能够发挥、充分发挥自己的作用,并加以正确地引导。渗透性:把思想政治教育的内容尽可能地融入到大学生日常的学习、工作和生活中去,使思想政治教育春风化雨、滋兰树蕙。引导性:在思想政治教育的过程中不堵塞言路,不压制打击,针对大学生的思想症结,施以正确地教育引导,帮助他们提高思想政治觉悟。层次性:坚持一切从实际出发,根据大学生的个体性和差异性,区别对待,因材施教,分层次进行教育,达到有教无类的思想政治教育目标。激励性:坚持正面教育为主,采取鼓励教育手段,对大学生施加正强化的信息反馈,使其产生期望的行为反应,提供实现大学生思想政治教育目标的正能量。主体性:将大学生作为教育的主体,充分尊重其主体地位,调动自我教育的自觉性,形成大学生思想政治教育良性循环的教育生态。示范性:注重发挥先进典型的引领作用,施以生动形象的教育影响,促进大学生思想认识和政治觉悟的不断提高。

二、大学生思想政治教育的基本原则

大学生思想政治教育的基本原则内容丰富。在较长时期内我国加强和改进大学生思想政治教育的基本原则是:坚持教书与育人相结合、坚持教育与自我教育相结合、坚持政治理论教育与社会实践相结合、坚持解决思想问题与解决实际问题相结合、坚持教育与管理相结合、坚持继承优良传统与改进创新相结合。①

① 参见《中共中央国务院关于进一步加强和改进大学生思想政治教育的意见》,《中国教育报》2004 年 10 月 26 日。

坚持教书与育人相结合的原则。 德国教育家约翰·弗里德里希·赫尔巴特说过:“教学永远具有教育性。”①唐代文学家韩愈曾说,“师者,所以传道授业解惑也。”②从本质上说,教书即是育人,通过教书这种方式达到育人的目的。教书和育人在本质内涵上是同位一体的,只是后来教书活动出现异化现象,个别教师不管是认识上还是行动上都把教书看成是单一的知识传授,而不是综合性的育人活动。中共中央、国务院《关于进一步加强和改进大学生思想政治教育的意见》把教书与育人结合起来作为大学生思想政治教育的基本原则,有如下含义:一是还原教书活动的本真面目,强调教书与育人的有机结合,而不是割裂二者的辩证统一关系。二是强化教书活动中的育人目的性和主动性。在我国高校的课程设置方案中,思想政治理论课是帮助大学生树立正确世界观、人生观和价值观的主渠道,体现了社会主义大学的本质要求,适应新形势的要求进一步推动中国特色社会主义理论体系和社会主义核心价值观进教材、进课堂、进大学生头脑。形势与政策教育是思想政治教育的重要内容,高校形势与政策课亟需解决的是系统化与常态化相结合的问题,避免内容的随意性和工作的突击性。高校哲学社会科学课程负有思想政治教育的重要职责,其中的绝大部分学科具有鲜明的意识形态属性,对于帮助大学生坚定正确的政治方向,科学认识复杂的社会现象,提高道德修养和精神境界具有十分重要的作用。在这些课程的教学中要坚持和巩固马克思主义的指导地位,充分体现马克思主义中国化的最新理论成果,用科学的理论武装大学生,用优秀的文化培育大学生。高校各门课程都具有育人功能,从育人的角度和高度出发,把大学生思想政治教育融入到他们专业学习的各个环节,渗透到教学、科研和社会服务各个方面,深入挖掘各类课程的思想政治教育资源,寓思想政治教育于传授专业知识过程中。

坚持教育与自我教育相结合的原则。 教育是教与学相长的过程,

① 约翰·弗里德里希·赫尔巴特:《普通教育学·教育学讲授纲要》,李其龙译,人民教育出版社1989年版,第12页。

② 屈守元等编:《韩愈全集校注》,四川大学出版社1996年版,第1508页。

教育者的"灌输"和受教育者的"内化"的有机统一才能形成完整、有效的教育过程,实现思想政治教育的目标任务。坚持教育与自我教育相结合作为大学生思想政治教育的基本原则,强调的是调动教师和学生两个积极性,特别是在当下的大学生思想政治教育模式中,强调调动大学生自我教育的自觉性和主动性,探索指导式、启发式、讨论式等新模式,对于进一步提升大学生思想政治教育的质量具有重大而现实的意义。区分教育层次,坚持先进性导向与普遍性要求的有机结合。在教育目的上,树立以人为本的理念,得其大者可以兼其小,寻找社会发展与自身发展需要的最佳结合点,把个人与国家的前途命运结合起来,实现大学生的全面发展与培养社会主义建设者和接班人的有机统一。在教育对象上,强化因材施教的原则,坚持面向全体学生的基本目标和面向部分先进分子的较高目标的有机统一,坚持教育内容大众化的基本要求与较高层次的导向性要求有机统一。改革教育方式,变单向灌输式为交流互动式。从社会学的角度看,外部灌输是社会教化的过程,人的自觉性过程是个体内化的过程,只有教育者的"外授"与被教育者的"内练"有机结合,交流互动,和谐共鸣,才能实现教育目的。从思想政治教育宏观背景看,随着全球化进程的加快和网络等新兴媒体的崛起,大学生获取信息的方式与渠道多样化。他们一定程度上会出现对知识和信息的把握在量与质上超过、在时间上领先教育者的情况,教育者的权威性和话语权必然受到质疑,单向式灌输教育的合理性面临严峻的挑战,交流互动式的大学生思想政治教育势成必然。从大学生群体自身看,市场经济条件下他们的主体意识和平等意识不断提高,确立学生主体地位的尊重意识,形成师生相互尊重、相互促进的教育模式,有助于提高大学生思想政治教育的实效性。开放教育环境,坚持主导式教育与自主式选择有机结合。国内外形势的发展、高等教育与大学生自身情况的变化,决定了大学生思想政治教育环境不再是封闭、单一和简单的,而是开放、多元与复杂的。大学生思想政治教育应经得起时空的考验,在开放的环境中进行教育,做到两个坚定不移:坚定不移地弘扬主旋律,用社会主义核心价值体系引领大学生思想政治教育,占领思想政治教育阵地，增强社会主义意识形态的吸引力和凝聚力。坚定不移地变结论式教育为方法性教育，不仅在开放的教育环境中引导大学生树立与社会主义核心价值体系相适应的思想观念、政治观点和道德规范，更要帮助他们掌握认识、分析与解决问题的立场、观点和方法，通过自我体验、自我感悟、自我认知和自我教育，把教育内容内化为自觉的意识，升化为自觉的行动。

坚持政治理论教育与社会实践相结合的原则。 社会实践是大学生思想政治教育的重要环节和有效途径，对于促进他们了解社会、了解国情，增长才干、奉献社会，锻炼毅力、培养品格，增强社会责任感具有不可替代的作用。大学生思想政治教育是理论教育与实践教育相结合的过程，不经过实践教育的单纯理论教育就会显得苍白无力，大学生思想政治教育的质量就难以保证。我国大学生思想政治教育中理论教育比较系统、强势，实践教育相对零散、薄弱，需要进一步规范与强化。建立大学生社会实践保障体系，共建大学生社会实践基地，探索实践育人的长效机制。把社会实践纳入高校教育教学总体规划和教学大纲，规定学时和学分，提供必要的经费，做到规范、系统、科学、有效。探索建立社会实践与专业学习、服务社会、勤工助学、择业就业和创新创业相结合的管理体制，增强社会实践活动的效果，培养大学生的劳动观念和职业道德。继续组织并创新大学生军政训练，利用寒暑假开展主题鲜明、形式多样的社会实践活动。组织大学生参加社会调查、生产劳动、志愿服务、公益活动、科技发明和勤工助学等社会实践活动。重视社会实践基地建设，不断丰富社会实践的内容和形式，提高社会实践的质量和效果，使大学生在社会实践活动中受教育、长才干、做贡献，增强社会责任感。①

坚持解决思想问题与解决实际问题相结合的原则。 物质决定意识，现实影响思想。大学生诸多思想问题是由工作、学习和生活中的实际

---

① 参见《中共中央国务院关于进一步加强和改进大学生思想政治教育的意见》，《中国教育报》2004 年 10 月 26 日。

问题引起的，如果不能有效地帮助他们解决这些实际问题，由这些实际问题引发的思想问题也难以从根本上得到解决。“加强和改进思想政治工作，注重人文关怀和心理疏导，培育自尊自信、理性平和、积极向上的社会心态。”①提升大学生思想政治教育的质量，做到教育人、引导人和关心人、帮助人的有机结合。在社会主义市场经济条件下，学生上大学首要目的是学习成才，高校须加强教育管理，改善办学条件，提高教育教学质量，积极为他们的健康成长、顺利成才创造条件。我国还处于并将长期处于社会主义的初级阶段，在世界上还属发展中国家，大学生家庭条件参差不齐，经济困难影响正常深造的大学生还占有相当的比例，做好资助工作不仅是解决他们上大学的问题，也是开展思想政治教育的重要途径。办好教育政府责无旁贷，以政府投入为主，多方筹措资金，不断完善资助政策和措施，形成以国家助学贷款为主体，包括助学奖学金、勤工助学基金、特殊困难补助和学费减免在内的完善有效的助学体系。大学生就业体制的改革，形成了与社会主义市场经济体制相协调的“市场导向、政府调控、学校推荐、学生与用人单位双向选择”的就业机制。一部分大学生就业困难，帮助他们树立正确的就业观念并顺利就业，不仅是政府的责任、学校的义务，也是开展大学生思想政治教育的重要领域。建立健全大学生就业指导机构和就业信息服务系统，提供优质高效的就业创业方面的指导与服务。

坚持教育与管理相结合的原则。 教育是教师通过传授知识使学生形成一定的思想观念、道德观念、政治观念和法律观念等，而管理的目的在于规范学生的政治行为、道德行为和法律行为。大学生正确世界观、人生观和价值观的形成，离不开教育与管理的有机结合。提升大学生思想政治教育的质量，需要在教育的基础上加强管理，在管理的规范下改进教育，教育与管理相结合是大学生思想政治教育的基本原则。坚持教育与

① 胡锦涛：《坚定不移沿着中国特色社会主义道路前进，为全面建成小康社会而奋斗——在中国共产党第十八次全国代表大会上的报告》，《人民日报》2012 年 11 月 18 日。

管理相结合，把思想政治教育寓于学校的各项管理之中，学校的各项管理制度都体现思想政治教育内容的要求，大学生在自律与他律、约束与激励相结合的过程中提升思想政治觉悟和思想道德水平。坚持教育与管理相结合，首先做好思想政治教育，使大学生较高的思想政治觉悟和思想道德水平建立在个人高度自觉的思想基础之上。其次科学制定各项管理制度，把思想政治教育的目标要求有机渗透到各项管理制度当中，使大学生在长期的他律过程中，自觉把管理制度规范的要求内化为个人的自觉意识和习惯行为。

第三节　大学生思想政治教育规律、原则与模式的关系

大学生思想政治教育的基本规律、基本原则和质量提升模式之间既相互区别，又相互联系。认清三者之间的辩证关系，有利于正确认识大学生思想政治教育质量提升模式的内涵，有利于大学生思想政治教育质量提升模式的创新。

一、大学生思想政治教育的基本规律、基本原则和质量提升模式的区别

大学生思想政治教育的基本规律、基本原则和质量提升模式的内涵不同。思想政治教育的规律，指思想政治教育发展变化过程中的本质的、必然的联系。大学生思想政治教育的规律，指大学生思想政治教育发展变化过程中的本质的、必然的联系。思想政治教育的原则，是思想政治教育客观规律的反映，并贯穿于思想政治教育全过程，是制定教育目标、确立教育内容、选择教育方法、确立教育关系必须遵循的基本要求。大学生思想政治教育的基本原则，是依据大学生思想政治教育的主要任务和思想政治教育的客观规律，在总结实践经验的基础上形成的实施思想政治教育必须遵循的重要原则。大学生思想政治教育质

量提升模式，是以邓小平理论、“三个代表”重要思想和科学发展观为指导，全面贯彻党的教育方针，适应高等教育形势发展和任务需要，改革创新大学生思想政治教育构成要素的搭配和排列状态，使教育主体指导更加科学、客体接受更加自觉，内容更加宽领域高品位、形式更加多样，方法更加鲜活、渠道更加宽泛，队伍素质更高、载体更加新颖，更具吸引力、感染力和针对性、实效性，能有效地促进大学生的健康成长、顺利成才和全面发展，具有一定客观性、规律性、普遍性和指导性的思想政治教育理论模型和工作范式。

大学生思想政治教育的基本规律、基本原则和质量提升模式发挥作用的层面不同。大学生思想政治教育的规律具有必然性、普遍性、客观性和永恒性等特点，人们可以发现、认识、掌握和利用规律，但不能创造、消灭、修改和违背规律，尊重客观规律是提升大学生思想政治教育质量的本质要求。大学生思想政治教育的基本原则是大学生思想政治教育客观规律的反映，是开展大学生思想政治教育应遵循的基本要求，其基本的方向性、求实性、民主性、渗透性、疏导性、层次性、激励性、主体性和示范性等要求，在逻辑上与大学生思想政治教育客观规律并不处在同一层面上，而是对大学生思想政治教育客观规律的主观反映，随着大学生思想政治教育任务的发展变化而不断丰富完善。大学生思想政治教育质量提升模式是具有一定客观性、普遍性和指导性的工作方法论，它符合大学生思想政治教育的基本规律，遵循大学生思想政治教育的基本原则，在逻辑上是比大学生思想政治教育的基本原则更加具体化的工作范式。

二、大学生思想政治教育的基本规律、基本原则和质量提升模式的联系

从对大学生思想政治教育的指导作用来看，大学生思想政治教育的基本规律、基本原则和质量提升模式是从宏观到微观、抽象到具体的递进关系。大学生思想政治教育的基本规律，指大学生思想政治教育发展变

化过程中本质的、必然的联系。大学生思想政治教育的基本原则,是大学生思想政治教育基本规律在具体实践中的客观反映。大学生思想政治教育质量提升模式,指在大学生思想政治教育的基本规律指导下,依据大学生思想政治教育的基本原则,具有一定的客观性、普遍性、规律性、科学性、指导性和有效性的具体教育范式。三者是从宏观到微观、从抽象到具体的递进关系,对指导大学生思想政治教育创新发展的作用程度不同,都是不可或缺的。大学生思想政治教育的基本规律是制定大学生思想政治教育的基本原则和工作模式必须遵循的客观依据,大学生思想政治教育的基本原则和工作模式反映和体现了大学生思想政治教育的基本规律。大学生思想政治教育的基本原则是大学生思想政治教育质量提升模式创新应遵循的法则,大学生思想政治教育质量提升模式是大学生思想政治教育基本原则的具体化。只有遵循大学生思想政治教育的客观规律,才能制定出科学的大学生思想政治教育的基本原则。只有符合大学生思想政治教育的客观规律,遵循大学生思想政治教育的基本原则,才能创新大学生思想政治教育的有效模式,为提升大学生思想政治教育的质量提供坚强有力的保障机制。

大学生思想政治教育的基本规律、基本原则和质量提升模式都具有客观性、普遍性和指导性。大学生思想政治教育的基本规律,是大学生思想政治教育发展变化过程中本质的、必然的联系,不管人们是否认识到、承认不承认,皆不以人们的意志为转移,因而是客观的;是大学生思想政治教育整个发展变化过程本质的、必然的联系,因而具有普遍性。大学生思想政治教育的基本规律,既然是大学生思想政治教育发展变化过程本质的、必然的联系,揭示了大学生思想政治教育发展变化的普遍规律,因而对大学生思想政治教育的创新发展具有指导意义。大学生思想政治教育的基本原则,是大学生思想政治教育基本规律在实践中的客观反映,是大学生思想政治教育创新发展必须遵守的基本要求,而大学生思想政治教育的基本规律是客观的,因而大学生思想政治教育的基本原则也是客观的,具有普遍性和指导性。大学生思想政治教育质量提升模式,是在大学生思想政治教育的基本规律指导下，依据大学生思想政治教育的基本原则，在实践中创新总结的具体教育范式。它是对大学生思想政治教育有效形式的总结、提炼与升华，因而具有客观性和普遍性，对提升大学生思想政治教育的质量具有重要的指导意义。

第三章　大学生思想政治教育质量影响因素及其相互关系

凡事有因必有果,有果必有因。哲学上把现象和现象之间的这种“引起和被引起”的关系叫做因果关系,其中引起某种现象的现象叫做原因,被某种现象引起的现象叫做结果。现实中的因果关系是复杂的,存在一因一果、一因多果、一果多因、多因一果、多因多果等情况。根据对结果的影响方式和程度可以把原因分为直接与间接、主要与次要、重要与一般、偶然与必然等。大学生思想政治教育是一项系统工程,其教育质量的提升作为一种结果,影响因素是复杂多样的。大学生思想政治教育无论采取何种模式,其最终目的都落实到提升教育质量上来。探究大学生思想政治教育质量提升模式,对影响教育质量的诸多因素进行科学分析是必然选择。

大学生思想品德的形成过程是其自身思想矛盾运动转化的过程,是培养其知、情、意、行的过程,同时受到诸多主客观环境因素的影响。影响大学生思想政治教育质量提升的因素,是指对教育准备、教育实施及教育效果产生一定程度作用的各种事物的总和。大学生思想政治教育质量提升的影响因素是全方位、立体化和多层次的,并在不同层面施加不同的影响。

第一节　人的影响因素:教育者和教育对象

大学生思想政治教育实施者是人,教育对象也是人。大学生思想问题的发现、教育计划的制定、教育工作的实施、教育方法的科学性和教育效果的程度等,作为思想政治教育实施者的素质、能力和水平至关重要。大学生思想问题最终能否解决、解决的程度,与大学生认识、分析和解决问题的能力息息相关,最终要依靠大学生的内生动力来实现。人是影响大学生思想政治教育质量提升的第一因素。

一、教育者的素质影响大学生思想政治教育的质量

教师对大学生世界观、人生观和价值观的形成影响巨大,是大学生健康成长的指导者和顺利成才的引路人,是大学生思想政治教育质量提升的组织保证。被中央军委授予"忠诚党的创新理论的模范教员"荣誉称号的海军大连舰艇学院教授方永刚,能把人们印象中枯燥、乏味的政治理论课变成最受大学生欢迎的课程之一,能够讲上一两分钟就能把大学生的心"抓住",显然与方永刚个人的素质、魅力和高超的教育艺术是分不开的。向方永刚同志学习,"最根本的是坚持用党的创新理论武装头脑,改造主观世界","关键是要在运用党的创新理论推动实际工作上下功夫见成效","必须不断提高能力素质,增强贯彻落实党的创新理论的本领"。① 高校党政干部和共青团干部,思想政治理论课和哲学社会科学课教师,辅导员和班主任是大学生思想政治教育工作队伍的主体。广大教职员工负有对大学生进行思想政治教育的重要责任。他们根据所在岗位和责任分工,在大学生思想政治教育质量提升过程中具有不同的职责和

① 徐生、司彦文:《中央军委授予方永刚荣誉称号命名大会在京举行》,《解放军报》2007年6月30日。

要求。如果能够出现更多的像方永刚这样个人能力素质过硬的思想政治教育工作者,大学生思想政治教育质量提升就有了坚实的组织保证。大学生思想政治教育工作者的政治、思想、道德、知识、能力和身心素质等,影响大学生思想政治教育质量的提升。

(一)教育者的政治素质

政治素质是指人们在政治社会化的过程中所获得的对他的政治心理和政治行为发生长期稳定的内在作用的基本品质,是社会的政治理想、政治信念、政治态度和政治立场在人们心理中形成的并通过言行表现出来的内在品质。它是个人的政治方向、政治立场、政治观念、政治态度、政治信仰和政治技能的总和,是从事社会政治活动所必需的基本条件和基本品质。

政治素质是人的综合素质的核心。立德树人是教育的根本任务,不断提升思想政治教育的质量,提高大学生的政治素质,培养中国特色社会主义事业的建设者和接班人,"对于全面实施科教兴国和人才强国战略,确保我国在激烈的国际竞争中始终立于不败之地,确保实现全面建设小康社会、加快推进社会主义现代化的宏伟目标,确保中国特色社会主义事业兴旺发达、后继有人,具有重大而深远的战略意义"①。对此,大学生思想政治教育工作者责任重大,任务艰巨,责无旁贷,而其政治素质的高低直接影响大学生思想政治教育的质量。"全党同志特别是领导干部,必须坚定正确的政治立场、政治方向和政治观点,严守政治纪律,增强政治敏锐性和政治鉴别力,保证全党在思想上、政治上、组织上的高度统一。"②这既是对党员领导干部讲政治的要求,也是对大学生思想政治教育工作者政治素质的要求。大学生思想政治教育工作者必须具备良好的政治素质,在任何时间、地点和场合都具有鲜明的政治立场、正确的政治

---

① 《中共中央国务院关于进一步加强和改进大学生思想政治教育的意见》,《中国教育报》2004年10月26日。

② 江泽民:《在纪念中国共产党成立七十八周年座谈会上的讲话》,《人民日报》1999年7月1日。

方向、清醒的政治头脑、坚定的政治信念、较高的政策水平、较强的政治敏锐性和政治鉴别力。

（二）教育者的思想素质

思想素质是指人们在社会生活中形成的观念、见解及有关评价，主要包括世界观、人生观和价值观等方面的内容。俄罗斯作家车尔尼雪夫斯基说：要把学生造就成一种什么人，自己就应当是什么人。教育者本身的思想素质如何，是否具备科学的世界观、人生观和价值观，关系到大学生思想政治教育的效果。

教育者应树立马克思主义的世界观、人生观和价值观。世界观是人们对世界的总的根本的看法。由于人们的社会地位不同，观察问题的角度不同，形成不同的世界观。马克思主义世界观是辩证唯物主义和历史唯物主义世界观，揭示了客观世界的本质和人类社会发展的规律，承认世界的物质性、客观性，承认物质世界是按照自身的规律运动和变化的，人们的活动既要遵守客观规律，又能发挥主观能动性，通过实践认识和改造自然界和人类自身。人生观是对人生的目的、意义和道路的根本看法和态度，包括幸福观、苦乐观、生死观、荣辱观和恋爱观等，是世界观的重要组成部分，受世界观的制约。人生观的核心问题是如何认识和处理个人发展同社会进步的关系，评价人生观是否科学的根本标准是看它是否符合社会发展的标准。与西方国家个人主义为特点的人生观相反，马克思主义的人生观以集体主义为特点，把为人民服务视为人生的根本意义和价值所在，把实现社会主义和共产主义理想作为人生的最高目标。价值观是指一个人对周围的客观事物的意义、重要性的总评价和总看法。一方面表现为价值取向和价值追求，凝结为一定的价值目标；另一方面表现为价值尺度和价值准则，成为人们判断事物有无价值及价值大小的评价标准。人的价值观取决于世界观，是从出生起，在家庭和社会中积累形成的。人的价值观包括社会价值和个人价值。马克思主义认为，必须强调社会价值、个人价值的有机统一，只有这样来理解人的价值才是科学的价值观。

（三）教育者的道德素质

道德属社会意识形态，是人们共同生活及其行为的准则和规范。教育者的道德素质是指在从事教育劳动过程中，思想和行为应该遵循的道德规范和准则。以其昏昏岂能使人昭昭。良好的道德素质是大学生思想政治教育工作者的职业素质，是提升大学生思想政治教育质量的必然要求。

大学生思想政治教育工作者是高校教师的一部分，必须把忠诚人民的教育事业放在首位，恪守"爱国守法、敬业爱生、教书育人、严谨治学、服务社会、为人师表"的职业道德规范。① 另一方面，道德教育是大学生思想政治教育的重要内容，中共中央、国务院《关于进一步加强和改进大学生思想政治教育的意见》指出，在大学生中要"以为人民服务为核心、以集体主义为原则、以诚实守信为重点，广泛开展社会公德、职业道德和家庭美德教育，引导大学生自觉遵守爱国守法、明礼诚信、团结友善、勤俭自强、敬业奉献的基本道德规范"②。教师是大学生道德的启蒙者和塑造者，在开展思想政治教育的过程中，不仅要搞好言传，更要注重身教，以良好的道德素质潜移默化地影响大学生的心灵。

（四）教育者的知识素质

知识是人们在改造世界的实践中所获得的认识和经验的总和。人类的认识成果来自社会实践，其初级形态是零散的经验知识，高级形态是系统的科学理论。按其获得方式可区分为直接知识和间接知识。按其内容可分为自然科学、社会科学和思维科学知识。师者所以为师，须有其过人之处。大学生是社会较高层次的人力资源，对教师的综合素质特别是知识素质的要求较高。教师知识素质的高低，影响其在大学生中的人格魅力，影响其实际工作的能力，影响大学生思想政治教育的质量。

优秀的大学生思想政治教育工作者，具备较全面的知识素质，特别是

① 参见《高等学校教师职业道德规范》，《中国教育报》2011 年 10 月 13 日。

② 《中共中央国务院关于进一步加强和改进大学生思想政治教育的意见》，《中国教育报》2004 年 10 月 26 日。

专业素质。大学生思想政治教育工作者应是学者型的，在知识素质的要求上坚持专业化标准。专业化是指某项工作由专门人员经过专业培训，进而专门从事某项工作并不断提高的过程。适应大学生思想政治教育新形势、新情况的需要，大学生思想政治教育工作者应具备较强的思想政治教育学、教育学、管理学、心理学、历史学和职业咨询等方面的专业知识。思想政治教育具有意识形态性，大学生思想政治教育工作者对党的路线、方针、政策特别是对新时期党的教育方针应有较为全面的认识和深刻的理解，有较高的思想政治觉悟、理论政策水平和实际应用能力。知识素质是大学生思想政治教育工作者的必备素质，有利于在大学生思想困惑、心理障碍、人际交往、专业学习、发展方向和职业选择等问题上予以专业化的科学引导。

（五）教育者的心理素质

心理素质是人的重要素质之一，是先天因素与后天因素相互作用后的结果，是以生理素质为基础，在实践活动中通过主体与客体的相互作用而逐步发展和形成的心理潜能、能量、特点、品质与行为的综合。心理素质好的人，能对社会所要求的思想、政治、道德规范作出正确的理解和有效的吸收；能够做到意志坚定，不怕困难与挫折，在任何情况下，都能保持良好的思想品德；能够正视现实，摆正自己在社会的地位，正确处理个人与他人、集体和社会的关系。良好的心理素质是大学生思想政治教育工作者做好工作的基础。心理健康教育本身就是大学生思想政治教育的重要内容，大学生思想政治教育内在要求教师以健康的心理从事心理健康教育和其他教育内容的引导。

大学生思想政治教育工作者应具备如下心理素质：坚强的意志力，有较强的适应环境的能力，顺境中淡定自信但不自负，任何时候都不迷失自我，逆境中从容坚强但不麻木，相信办法总比困难多；良好的情感品质，有稳定的情绪、宽容的心理、完善的个性和较好的情感控制力；高尚的人格魅力，通过优良的政治品格、扎实的理论功底、执著的敬业精神和事事率先垂范来增强自身的吸引力和影响力。

（六）教育者的能力素质

能力素质是隐藏在人身上的一种能动力，包括工作能力、组织能力、决策能力、应变能力和创新能力等综合素质。能力素质这座“冰山”是由知识、技能等“水面”以上的智商部分和“水面”以下的世界观、人生观、价值观、自我定位与人格特质等情商部分构成的。知识技能等智商明显、突出并且容易衡量。真正决定一个人成功机会的是隐藏在“水面”以下的情商因素，它们难以捕捉，不宜测量。大学生思想政治教育是一项系统的复杂工程，是一门科学，对大学生思想政治教育教师素质的要求是全方位的。

美国劳工部对劳动力市场进行了分析和调查后提出：在当今技术时代，人们从事任何职业都应具有下述五项基本能力和三项基本素质。五种能力：合理利用与支配各类资源的能力，时间、资金、设备、人力等。处理人际关系的能力，能够作为集体的一员参与工作，向别人传授新技术。诚心为顾客服务并使之满意，坚持以理服人并积极提出建议，调整利益以求妥协，能与背景不同的人共事等。获取信息并利用信息的能力，获取信息和评估、分析与传播信息，使用计算机处理信息。综合与系统分析能力，理解社会体系及技术体系，辨别趋势，能对现行体系提出修改建议或设计替代的新体系。运用特种技术的能力，选出适用的技术及设备，理解并掌握操作设备的手段、程序，维护设备并处理各种问题，包括计算机设备及相关技术。三种素质：基本技能，阅读能力、书写能力、倾听能力、口头表达能力、数学运算能力等。思维能力，创造性思维，能有新想法；考虑各项因素以作出最佳决定；发现并解决问题；根据符号、图象进行思维分析；学习并掌握新技术；分析事物规律并运用规律解决问题。个人品质，有责任感，敬业精神；自重，有自信心；有社会责任感，集体责任感；自律，能正确评价自己，有自制力；正直、诚实、遵守社会道德行为准则。① 这些能力素质具有普遍意义，思想政治教育是在心灵深处耕耘，对教育者的能

① 参见王又军：《素质教育与考试改革》，《中国流通经济》2001 年第 1 期。

力素质要求更高。美国劳工部的这项分析和调查,对提升人们的能力素质具有重要启发。大学生思想政治教育工作者应努力提高这些方面的能力素质。

二、教育对象的素质影响大学生思想政治教育的质量

有教无类。教育面前人人平等,每个人都有接受教育的权利,教育没有高低贵贱之分。在现实当中人们经常看到同样的教师、一样的教法,不同的学生会产生不一样的教育效果。原因是多方面的,教育对象的素质无疑也是影响教育质量的重要原因,但这也正是教育对象需要教育的缘由,是教育的常态,对此我们不能求全责备。分析教育对象影响教育质量的相关素质,有利于增强大学生思想政治教育的针对性和实效性。

人的基本素质要求是相同或相似的,大学生思想政治教育工作者的政治素质、思想素质、道德素质、知识素质、能力素质和身心素质影响教育质量,作为被教育对象的大学生的这些素质亦影响教育效果。从受教育者的角度,除了智商影响教育效果外,情商对教育效果的影响更加深远。2013年5月14日,习近平总书记在天津和高校毕业生、失业人员等座谈时强调:"做实际工作情商很重要,更多需要的是做群众工作和解决问题能力,也就是适应社会能力。老话说,万贯家财不如薄技在身,情商当然要与专业知识和技能结合。"①习近平此时强调情商问题,一方面说明大学生情商的重要性,一方面反映了我国大学生的情商教育还是薄弱环节。情商主要指人的情绪、情感、意志和耐受挫折等方面的品质,是心理素质的核心部分,反映一个人控制自己的情绪、承受外界压力、把握心理平衡的能力,是衡量人的非智力活动能力的重要指标。美国哈佛大学心理学教授丹尼尔·戈尔曼把情商概括为五种能力:具有自我认知情绪的能力、调控自我情绪的能力、自我激励情绪的能力、了解他人情绪的能力、处理

① 转引自孙泽伟:《莫让情商成硬伤》,《云南日报》2013年5月17日。

人际关系的能力。① 因此,情商是人格、品德、思想和情操的集合,情商水平的高低在一个人的成功道路上发挥关键性的作用,决定人生事业的发展与成就。就大学生思想政治教育而言,除了智商是先天性的影响教育质量以外,后天形成的情商对大学生思想政治教育质量的影响更大。提高大学生的情商有利于提升大学生思想政治教育的质量,情商教育本身就是大学生思想政治教育的重要内容。

我国的大学生情商教育相对薄弱。从总体看目前情商教育在高校还处于"四无"状态:无目标,高校的素质教育改革大多沿用了传统的"德智体美全面发展"的理念,没有把情商教育列为专门的教育目标。无计划,大多数高校没有把情商教育列入教学计划,很少就情商教育进行专门的教育教学研讨。无教材,高校的思想政治理论课教学基本是坚持正面的理论灌输,"思想品德修养与法律基础"课部分内容虽与情商教育相关,但教育教学并未明确直接地与情商教育相联系。无方法,由于缺乏专门研讨,情商教育即使在思想品德课当中也处于若有若无、可有可无的状态,全凭教师个人的理解及教学处理来进行。"四无"状况决定了情商教育从总体看成为我国当代大学生教育的薄弱环节这种状况必须尽快改变。② 情商是影响大学生思想政治教育质量提升的重要因素,是我国大学生思想政治教育的薄弱环节,又是经过后天培养可以不断得到提高的。针对大学生的不同情商,加强大学生的情商教育,不断提高他们的情商水平,是提升大学生思想政治教育质量的切入点与突破口。

世界观、人生观和价值观是大学生思想政治教育的核心内容,是影响大学生思想政治教育质量的决定性因素,在大学生思想政治教育中具有基础性的地位。越是发展社会主义市场经济,越是推进改革开放,越是要加强大学生的世界观、人生观和价值观教育,努力增强大学生抵御各种腐

---

① 参见丹尼尔·戈尔曼:《情绪智商》,上海科学出版社 1997 年版,第 126、128 页。

② 参见张秀芝:《赏识:高校情商教育的切入点》,《湖南师范大学教育科学学报》2003 年第 4 期。

朽思想和生活方式侵蚀的能力。世界观是人生的总开关，有什么样的世界观就有什么样的方法论，把帮助大学生树立科学的世界观作为大学生思想政治教育的根本问题。只有树立科学的世界观，才能拥有科学的方法论，才能帮助大学生塑造健全的人格，构建健康丰富的精神生活，切实提高他们的思想政治素质。

科学地认识问题、正确地分析问题和有效地解决问题是大学生的重要能力与素质，对大学生思想政治教育质量具有根本性、持久性影响。大学生思想政治教育应帮助大学生树立正确的立场、辩证的观点和科学的方法，坚持不懈地创新对大学生开展唯物论、辩证法和认识论的教育，不仅要解决大学生的思想问题，更要教给他们自我分析、判断和解决思想问题的能力，使大学生在人生的道路上既有“干粮”，更有解决根本问题的“猎枪”，为大学生健康成长、顺利成才提供强大的思想保证和恒久的精神动力。

第二节　内容影响因素：真理性与可信性

思想政治教育是“帮助受教育者树立正确的世界观、价值观、人生观以及思维方式的教育，是对人们进行正确的思想观点和思想方法的教育”①。思想政治教育内容是“根据一定的社会要求和针对受教育者的思想实际，经教育者选择设计后有目的、有步骤地输送给受教育者的思想意识、价值观念和道德规范等信息”②。大学生思想政治教育质量提升的影响因素众多，影响程度不一。教育内容是教育对象直接面对、评价和接收的东西，是思想政治教育目标要求的载体，是影响大学生思想政治教育质

① 熊建生：《论思想政治教育内容形态的层次结构》，《思想理论教育导刊》2006 年第 9 期。

② 熊建生：《思想政治教育内容的内在属性和本质要求》，《江汉论坛》2009 年第 8 期。

量提升的根本性因素。思想政治教育内容对大学生思想政治教育质量提升的影响程度主要取决于其真理性和可信性。

一、大学生思想政治教育内容的真理性

有理走遍天下,无理寸步难行。对于在人们心灵"耕耘"的思想政治教育来说,真理的力量是保证教育效果的第一要素和坚实后盾。大学生是整个社会群体中文化层次较高的人力资源,经济改革使大学生思想活动呈现多样性、复杂性和自主性等特点,社会开放使大学生思想视野呈现高起点、宽领域与开放性等特点,教育内容的真理性对提升大学生思想政治教育的质量具有重要意义。

(一)大学生思想政治教育内容的真理性

1.大学生思想政治教育内容的真理性

真理是标志主观与客观相符合的哲学范畴,是客观事物及其规律在人们头脑中的正确反映。真理作为一种认识,它不是客观事物及其规律本身,而是对它们的正确反映。客观事物本身无所谓真理,只有人们对这些客观事物及其规律的认识才有真理和谬误之分。真理作为主观对客观的反映,通过思想、理论的形式,以概念、判断和推理等逻辑思维的方式表现出来。真理在形式上是主观的,在内容上是客观的,真理是主观形式和客观内容的有机统一。

任何真理都是对客观事物及其规律的正确认识,都包含不以人的意志为转移的客观内容,都同谬误有着原则的界限,都不能被推翻,这是确定的、无条件的和绝对的。人的认识按其本性来说,是能够正确反映客观世界及其规律的。客观存在按其本性来说,也是可以被人的思维正确反映的,因而人的认识每前进一步,都是对无限发展着的客观世界的接近,这一点也是绝对的,无条件的。人们对客观事物及其规律的正确认识具有确定性、无条件性,真理是绝对的、无条件的。同时,任何真理只是对无限宇宙的一个部分、一个片断的正确反映,任何真理都只是对客观事物一定程度、一定层次和一定阶段的正确反映,人们处在一定时空内对客观事

物的认识是有限的和有条件的,真理是相对的。真理是绝对性和相对性的辩证统一。

人类的实践活动不是主观意志的活动,而是依赖自然,符合规律,才能正确地认识世界,能动地改造世界。"人在自己的实践活动中面向客观世界,以它为转移,以它来规定自己的活动。""……外部世界、自然界的规律(这是非常重要的),是人的有目的的活动的基础。"①求真是一切科学,包括思想政治教育这门特殊的社会科学的生命力之所在。思想政治教育更是要千教万教,教人求真,千学万学,学做真人。思想政治教育内容求真,是指教育者向被教育者"灌输"的内容必须是客观真理。大学生思想政治教育内容的真理性,要求大学生思想政治教育工作者在教育内容的选择设计上,必须客观、真实和科学,以真理的魅力增强教育的说服力,教育引导大学生说真话、办真事、做真人。

2.大学生思想政治教育内容真理性的实践意义

有利于提升大学生思想政治教育的魅力。　马克思指出:"理论只要说服人,就能掌握群众;而理论只要彻底,就能说服人。"②真理本身具有魅力性,它承载着人们的价值观和精神追求。真善美是人类向往和追求的最基本的价值趋向和奋斗目标,其中"真"摆在第一位。在实践中,提升大学生思想政治教育的魅力性,首先要确定教育内容的真理性,以真理的魅力提升教育的魅力。大学生思想政治教育的真理魅力,是指思想政治教育工作者所宣讲的内容的客观性、真实性、科学性以及由此而来的吸引力、凝聚力和影响力。只有充分体现教育内容的真理魅力,大学生思想政治教育的影响力才能得到有效保证。

有利于增强大学生思想政治教育的效果。　高等教育的根本任务是培养人,培养社会主义事业的建设者和接班人是社会主义大学的历史使

---

①　列宁:《黑格尔〈逻辑学〉一书摘要》,《列宁全集》第55卷,人民出版社1990年第2版,第157页。

②　马克思:《〈黑格尔法哲学批判〉导言》,《马克思恩格斯选集》第1卷,人民出版社1995年第2版,第9页。

命和时代责任。思想政治教育是培养合格人才的方法与手段,思想政治教育内容是培养合格人才的载体和平台,思想政治教育效果是培养合格人才的前提和保证,不断提升教育质量是大学生思想政治教育的永恒课题。真理魅力有其客观性,但由于人们的感受能力不同,真理也有其主观性。真理并不等同于真理的魅力,真理的魅力也不等同于真理魅力的发挥。坚持教育内容的真理性,有利于提升大学生思想政治教育的实效性,但思想政治教育内容真理魅力的发挥还受各种条件的制约,在实践中,大学生思想政治教育内容的真理性转化为实效性,还需要做好技术和操作层面的工作,更好地体现和发挥思想政治教育的真理魅力。

有利于破解大学生思想政治教育的难题。　中国共产党十分重视大学生思想政治教育,改革开放特别是中共十三届四中全会以来,党中央坚持"两手抓、两手都要硬"的方针,切实加强和改进对大学生思想政治教育工作的领导。大学生思想政治教育在培养高素质人才、推动高等教育改革发展、维护学校和社会稳定等方面发挥了重要作用。但在实践中,总体上思想政治教育的吸引力不够强,部分大学生接受思想政治教育的兴趣不高;思想政治教育感染力不够强,部分大学生接受思想政治教育的效果还不显著;思想政治教育凝聚力不够强,大学生思想政治教育为合格人才培养提供思想保证和精神动力方面还有许多工作要做。造成这种局面的原因是多方面的,其中思想政治教育内容的真理性有待进一步提升是重要原因。在开放的教育环境里,大学生思想政治教育对象具有较高文化层次,不断提升思想政治教育内容的真理性,有利于破解大学生思想政治教育过程中的现实难题。

3.大学生思想政治教育内容真理性的实践误区

把真理性的教育内容神化、教条化。真理是人们在实践的基础上对事物的本质及其规律的正确揭示。由于受到当时客观条件和各种主观因素的影响,人们对某一具体事物的真理性认识,无论是在广度和深度上都是有限的。随着人们实践活动的深入与拓展,原先人们所获得的真理性认识就必须在新的实践基础上不断地加以修正、丰富、完善和发展,做到与时俱进。作为检验认识是否正确的标准,必须具有把主观和客观联系起来的特点,只有实践才具备这一特点,真理则不具备实践这样的特点,因而就不能作为检验其认识是否正确的标准。在实践中,人们往往自觉不自觉地把一些经典作家的具体观点神化,作为绝对真理灌输给教育对象,把一些经典作家的具体观点教条化,用来指导一切工作,结果在缤纷多彩的现实世界中遇到许多解释不通、解释不了和解释错误的问题,影响了大学生思想政治教育的质量。

把真理性的教育内容虚化、简单化。真理力量的彰显还需要宣讲的魅力来支撑。在大学生思想政治教育实践中,原本真理性的教育内容经过一些教师的宣讲,反而引起大学生的不感兴趣、不予相信,甚至有抵触情绪,这往往是大学生思想政治教育教师的水平和能力所限,把真理性的教育内容虚化、简单化造成的,影响了大学生思想政治教育的质量。解决这个问题,坚持以理服人和以情感人、以文"化"人的有机结合。一方面以人格的魅力征服大学生,让大学生喜欢从事宣讲的教师,进而喜欢教师的宣讲。树立以人为本的理念,增强平等交流的意识和服务意识,使大学生在平等交流中产生共鸣,在贴心的沟通中增进感情,主动参与和接受教育。另一方面增强宣讲的艺术魄力和文化含量,党的创新理论宣传楷模、原海军大连舰艇学院政治系中国特色社会主义理论教研室教授方永刚的理论宣讲就很有艺术性,他在阐述构建和谐社会的含义时说,"'和'就是人人张嘴有饭吃,'谐'就是人人都有说话的权利。"通俗易懂、生动形象,一下子把和谐的道理说到大学生的心坎上。大学生思想政治教育内容真正入耳入心,就要做好"艺术"地转化,把科学理论转化为大学生爱听易懂的朴实道理,把党的方针政策转化为大学生认可管用的行动思路,把过多的专业术语通俗化,把过长的逻辑论证简明化,用鲜活生动的语言来阐明科学严谨的教育内容。

把真理性的教育内容孤化、一元化。生活中有一种为人们广为认同的常识,要比较和验证某一事物,通常情况下是以同一质的事物作为标的。正像人们所常说的那样,不怕不识货,就怕货比货,没有比较就没有鉴别等。这启迪我们:真理的检验标准正是同质事物的真理性认识本身。在大学生思想政治教育实践中,往往把思想政治教育内容孤化、一元化,在向大学生“灌输”的思想政治教育内容中绕圈子,没有适当引入其他同质事物作为参照标的。开放是世界大势,势不可当,大学生可以通过多种渠道了解各种信息,包括教师向大学生“灌输”的思想政治教育内容和世界中存在的其他同质事物。教师“灌输”的思想政治教育内容中原本存在的缺陷与世界其他同质事物的可取之处产生碰撞、比较和鉴别,造成大学生对教师“灌输”的思想政治教育全部内容的真理性、科学性、可亲性和可信性不同程度地降低,影响了大学生思想政治教育的质量。

(二)大学生思想政治教育内容的真理性对教育效果的影响

教育内容的真理性是思想政治教育的本质要求。 思想政治教育是指“一个阶级或集团为了建立或巩固其政治统治而进行的符合本阶级或集团根本利益的、包括一定的政治、法律、哲学、道德、艺术和宗教思想的意识形态理论的教育”①。可以看出,思想政治教育兼具政治性和文化性,但不管是政治性还是文化性,思想政治教育要达到目的,教育内容必须具有真理性。真理性针对思想政治教育的内容而言,是指教育者用以宣传和教育群众的东西必须符合客观实际,正确反映事物的本质和规律,经得起实践的检验。这样的内容具有科学的真理性,能产生征服人心的力量。这是思想政治教育赖以存在、发挥作用、持久有效和卓有成效的关键。失缺了教育内容的真理性,思想政治教育就会没有效果,降低地位,丧失存在的价值。

教育内容的真理性是思想政治教育效果的根本保证。 思想政治教育内容的真理性从根本上决定着思想政治教育的效果。思想政治教育是教育人、说服人的工作。说服人就要摆事实,讲道理,以理服人。“理”要“服人”首先就要有理、在理、合理。大学生思想政治教育要取得令人信

---

① 杨生平:《关于思想政治教育概念的理解问题》,《首都师范大学学报》1998年第6期。

服的效果，最根本和首要的就是要求大学生思想政治教育工作者所宣讲的“理”是科学的正确的道理，是客观真理。“马克思学说具有无限力量，就是因为它正确。”①“马克思主义是打不倒的。打不倒，并不是因为大本子多，而是因为马克思主义的真理颠扑不破。”“我坚信，世界上赞成马克思主义的人会多起来的，因为马克思主义是科学。”②

教育内容的真理性是思想政治教育质量提升的时代要求。 当前，我国经济社会发展进入了结构转型期、改革攻坚期、发展关键期和矛盾凸显期，社会主义现代化建设的伟大实践不断向思想政治教育提出新的问题和新的要求，迫切需要思想政治教育能够担负起时代的重任，与时俱进服务于社会主义现代化建设。大学生思想政治教育与时代接轨、与现代化同步，是社会主义现代化建设对高等教育提出的必然要求，也是大学生思想政治教育与时俱进、提升质量的必由之路。必须看到，大学生思想政治教育取得丰硕成就的同时，也存在着一些突出的问题，特别是思想政治教育内容的真理性在一定程度上存在着失位的现象：思想政治教育的内容陈旧、落后；思想政治教育内容的变化性、随机性过大；思想政治教育内容与现实实践相脱节。这些问题导致思想政治教育的可亲性和可信度降低，吸引力和感染力下降。

（三）以理服人是大学生思想政治教育的基本原则、本质要求和主要方式

以理服人是思想政治教育的基本原则。 原则是指说话或行事所依据的法则和标准。思想政治教育原则是对思想政治教育客观规律的反映，贯穿于思想政治教育全过程，是制定教育目标、确立教育内容、选择教育方法、确立教育关系必须遵循的基本要求。大学生思想政治教育要“坚持解决思想问题与解决实际问题相结合。既讲道理又办实事，既以

① 列宁：《马克思主义的三个来源和三个组成部分》，《列宁全集》第23卷，人民出版社1990年第2版，第41页。

② 邓小平：《在武昌、深圳、珠海、上海等地的谈话要点》，《邓小平文选》第3卷，人民出版社1993年版，第382页。

理服人又以情感人，增强思想政治教育的实际效果”①。在思想政治教育过程中，在以情感人的基础上，最终靠真理的力量说服人。

以理服人是思想政治教育的本质要求。 以人为本，是现代思想政治教育的终极追求和根本理念。只有真正贯彻“以人为本”的理念，始终坚持和落实尊重人、理解人、关心人、激励人、促进和实现人的全面发展，才能做好大学生思想政治教育。尊重人、理解人、关心人、激励人是以人为本的理念在大学生思想政治教育实践过程中的具体体现，促进和实现大学生的全面发展是思想政治教育的根本任务和终极目标。尊重人和理解人，关心人与激励人，最终靠真理的力量来实现大学生思想政治教育的根本任务和终极目标。无论教育内容如何变化，方法如何创新，渠道如何多样，环境如何和谐，大学生思想政治教育质量的提升必须依靠真理的力量解决最终问题，必须始终把以理服人作为大学生思想政治教育的本质要求来开展工作。

以理服人是思想政治教育的主要方法。 方法是人们在认识世界和改造世界的过程中所采用的方式和手段。思想政治教育的方法是教育者把反映特定阶级的立场、观点、思想意识、行为规范和价值观念等社会意识形态转化为被教育者个体的经验、品质、追求与行为习惯而使用的方式和手段。在长期的实践中，大学生思想政治教育涌现了许多行之有效的科学方法，其中正面教育、以理服人是重要的方法。大学生思想政治教育工作者坚持民主、平等、交流的原则，通过摆事实、讲道理，以理服人。在进行说理教育时，注意讲究教育的对象、层次、时机和场合，辅之以情感交流、解决实际问题为衬托，才能增强真理的魄力，提升教育效果。

二、大学生思想政治教育内容的可信性

“酒香也怕巷子深”、“产品好还需广告做得好”是现代广告业的新理

---

① 《中共中央国务院关于进一步加强和改进大学生思想政治教育的意见》，《中国教育报》2004 年 10 月 26 日。

念。在大学生思想政治教育实践过程中，往往会出现单纯讲道理并没有取得应有的效果，大学生对思想政治教育无兴趣、不爱听、听不进，甚至出现心理上的反感和行动上的抗拒，大学生思想政治教育的可亲性降低、可信性下降的局面。大学生思想政治教育内容仅有真理性还不够，还需要增强可亲性和可信性。真理的力量还需情感的力量、人格的力量和艺术的力量，才能充分发挥其教育作用。

（一）大学生思想政治教育内容的可信性

在思想政治教育实践过程中，常常会发生这样一种现象，思想政治教育所倡导的内容是真实的，具有真理性，受教育者却难以置信。社会上有些信息是虚假的，甚至是有害的，却让受教育者坚信不疑。这种真实的未必让人相信、虚假的未必让人怀疑的异化现象表明，思想政治教育内容仅有真理性一面还不够，还需要在真理性基础上的可信性的充分展示。思想政治教育的可信性，是指思想政治教育内容在真理性基础上的被受教育者所信服的程度。

大学生思想政治教育内容的可信性产生于大学生对思想政治教育内容的反馈感应过程中，在这一过程中，大学生对思想政治教育内容的接收并不是消极、被动的，教师开展思想政治教育的内容亦不能随心所欲地左右大学生的思想。大学生总是根据自己的认识水准将接收到的思想政治教育内容过滤后，有选择地汲取那些他认为可信的内容。内容的真理性是大学生思想政治教育的核心和灵魂，是大学生思想政治教育实践活动必须遵循的根本原则，之所以出现思想政治教育内容可信性下降的现象，主要有如下原因：原本一些未经实践检验的不具有真理性的思想政治教育内容当做真理性的内容对大学生进行传授，随着时间的推移和实践的检验，思想政治教育内容的可信性在大学生心中有所下降，以往这方面的教训深刻；一些具有真理性的思想政治教育内容，往往因为大学生与教师之间的情感不到位、教师的人格出现负面影响、教师的工作水平所限等影响了宣讲内容的可信性，思想政治教育的专业性很强，不是任何人随便就能从事的工作；随着信息科技的飞速发展，传播介质的多样性，传播渠道的多元化,信息来源的复杂性,一部分大学生不能用正确的立场、观点与方法来分析和解决问题;我国正处于社会主义的初级阶段,经济全球化的趋势日益明显,复杂的信息生态环境影响着思想政治教育真理性内容的正常接受,大学生思想政治教育内容的可信性面临严峻的挑战。

(二)大学生思想政治教育内容的可信性对教育效果的影响

教育内容的可信性是思想政治教育的生命之源。生命力是事物维持和延续生命活动的能力,是生存发展的能力。"思想政治教育的生命力,是指思想政治教育保持本身存在和促进自身不断发展的能力,是思想政治教育存在的必然性、科学的思想政治教育理论基础和构成、思想政治教育完善自身能力的科学统一。"①真善美是思想政治教育的初级境界、普遍境界和高级境界的有机统一,构成了思想政治教育的可亲性、可学性和可信性的有机统一。如果思想政治教育给受教育者的印象不是真、善、美,而是假、恶、丑,不可亲、不可学、不可信,受教育者就会反感思想政治教育、远离思想政治教育、拒绝思想政治教育,思想政治教育质量提升就会落空。教育内容的可信性是思想政治教育的生命力所在。

教育内容的可信性关系到高校根本任务的完成情况。高等教育承担着为社会主义现代化建设培养合格人才的重任,思想政治教育为大学生健康成长、顺利成才保驾护航。大学生思想政治教育与时代接轨、与现代化同步,是社会主义现代化建设对高等教育提出的必然要求,也是大学生思想政治教育与时俱进、提升质量的必由之路。如果大学生思想政治教育失却了可信性,就会影响大学生思想政治教育的效果,更谈不上思想政治教育质量的进一步提升,为大学生健康成长、顺利成才保驾护航、提供思想保证和精神动力的任务就会难以完成,以人为本,德育为先,教书育人,立德树人,培养社会主义事业的建设者和接班人的根本任务就会落空。

---

① 易明:《思想政治教育生命力问题探微》,《中共铜仁地委党校学报》2009 年第 3 期。

（三）专业化、专家化和职业化是大学生思想政治教育教师队伍的建设取向

世界上最难的是做人的工作。大学生思想政治教育是做人的工作，再好的教育内容也需要高素质、高水平的教师来完成“灌输”。专业化、专家化、职业化是大学生思想政治教育教师队伍建设的必然选择。

思想政治教育教师队伍专业化、专家化、职业化建设，是大学生思想政治教育学科发展的需要。思想政治教育学科是对思想政治教育实践活动进行理性思维而形成的一门学说，是关于思想政治教育工作者如何对受教育者的思想，尤其是政治思想进行有目的、有计划、有组织地理论知识传授、思想品德培养和道德情操陶冶的学科。大学生思想政治教育作为思想政治教育学科的有机组成部分，只有坚持专业化标准，才能有效开展；只有坚持专家化标准，才能提高教育水平；只有坚持职业化标准，才能保证有足够数量的高水平教师长期专门从事大学生思想政治教育。

思想政治教育教师队伍专业化、专家化、职业化建设，是大学生思想政治教育创新实践的需要。思想政治教育学科有别于其他学科的一个显著特点，是它以人的思想的形成、发展和变化的最一般规律为研究对象，具有其他学科无法替代的特殊功能和自身特有的基本规律，因而不是任何人都可以从事的。目前一些大学生存在的思想问题不能提前预见，预见了不能有效解决，解决了也不持久；疑点、难点和热点问题不能为大学生很好地沟通与解答；世界观、人生观和价值观等根本性问题不能从理论与实践的结合上给予科学有效的解决。这些问题长期解决得不好，大学生思想政治教育教师队伍的专业化、专家化、职业化水平不高是重要原因。大学生思想政治教育创新发展，必须走专业化、专家化和职业化的路子。

思想政治教育教师队伍专业化、专家化、职业化建设，是大学生思想政治教育实现目标的需要。当前大学生思想政治教育受到市场经济体制完善过程中各种社会矛盾的影响，受到进一步对外开放而引发的各种社会思潮的冲击，这些影响和冲击是新时期大学生思想政治教育所面临的新形势，也是传统大学生思想政治教育模式所无法解决的。这就要求建

设一支专业化、专家化、职业化的教师队伍才能更好地运用马克思主义基本原理揭示这种矛盾形成的根本原因和发展的基本规律，找出解决的办法，促进大学生思想政治教育目标的实现。

按照专业化的标准，逐步建立大学生思想政治教育教师职业准入制度。大学生思想政治教育的性质和任务决定了从事这项工作的应是一支政治素质高、理论功底强、业务能力精、专业程度高、能保证高校社会主义办学方向的专业化队伍。从思想政治教育岗位的“准入机制”着手，设立职业标准“门槛”，以保证专职队伍的整体素质。1984 年教育部在 12 所院校设置了思想政治教育专业，开始招收和培养思想政治教育专业的本科生。经过近 30 年的发展，全国已经有一批高校设置了思想政治教育专业，形成了学士、硕士、博士齐全的专业教育体系，培养了大批高素质的思想政治教育专门人才。新聘的大学生思想政治教育教师坚持从思想政治教育专业毕业生中选拔，并且具备中共党员条件和硕士以上学位，较强的责任心和奉献精神，较强的组织管理能力、协调沟通能力和语言文字表达能力。对现在岗的大学生思想政治教育教师进行专业知识和职业技能的培训，逐步达到全部取得相应职业资格证书。

按照专家化的标准，建立健全大学生思想政治教育教师专业学习培训制度。大学生思想政治教育创新发展，必须有一批把思想政治教育作为一项事业来追求、专业知识广博、实践经验丰富、师德高尚的学者型、专家型的教师队伍。辅导员是大学生思想政治教育教师队伍的重要力量，从专业化的标准来衡量这支队伍显得还比较薄弱：数量不充足、水平须提高、稳定应加强。从根本上稳定辅导员队伍，不能只盯着让这些辅导员怎么出去，如何转岗，而应该从制度上为广大辅导员建设一个专业平台，进行专业化的建设和培养，催生职业化的队伍，让每一位辅导员都有自己侧重的专业领域，并可以把这个专业当成一直追求的事业，使其拥有广阔的职业发展空间，这就是最好的出口，从根本上解决了辅导员的职业定位问题，就会出现教授、专家、学者型的辅导员。根据教育部《关于加强高等学校辅导员、班主任队伍建设的意见》和《普通高等学校辅导员队伍建设的规定》,高校制定辅导员队伍建设规划,并纳入师资队伍建设总体规划,通过成立辅导员工作教研室、与重点大学联办相关硕士学位班等多种途径,着力培养学习型辅导员团队。举办辅导员岗位培训,对其进行思想政治教育、国际国内时事政策、法制安全知识、心理知识、管理能力、就业指导、学生工作技能等专题培训,努力使辅导员成为思想教育、成才规划、心理咨询和就业指导的专家。

按照职业化的标准,建立健全大学生思想政治教育教师队伍的政策保障机制。大学生思想政治教育教师职业化是指该工作成为一种专门职业,有自身不可替代的职业要求和职业特点,有相应的职业培训机构和职业标准保障制度,有相应的社会地位和经济地位。高校制定相关政策,在政治上、工作上与生活上关心和爱护大学生思想政治教育教师,努力创造良好的政策环境,使他们热爱思想政治教育职业,从事思想政治教育职业,钻研思想政治教育职业,献身思想政治教育职业。为他们提供良好的工作环境和生活条件,解除后顾之忧。制定一系列配套政策,大力改善其待遇和条件,通过分配制度改革,保证大学生思想政治教育教师的收入达到专任教师的平均水平,充分调动工作积极性,提高大学生思想政治教育工作的吸引力。解决好他们的职务晋升、职称评聘问题。在职务竞聘、职称评定等方面提供政策保障。在职称评聘时,把思想政治教育教师单列指标,这是稳定队伍的重要举措。考虑思想政治教育工作的特殊性,可以将指导学生社会实践、心理健康教育、职业指导服务和时事政策教育等计入工作量。重视对他们的评价和激励,建立切实可行的思想政治工作制度,明确岗位职责和任期目标责任,制定工作考核指标,把学生评价、同行评价和领导评价结合起来。建立表彰奖励制度,优秀大学生思想政治教育教师除进行表彰奖励外,应作为学校党组织的后备力量进行培养和锻炼,使从事这一专业的人员热爱自己的岗位,忠诚自己的岗位,从而吸引更多的优秀人才加入这支队伍。①

① 参见邢亮、王芳:《高校辅导员队伍建设的新视野》,《中国成人教育》2008 年第 1 期。

第三节　过程影响因素:大学生思想政治教育的多种途径

大学生思想政治教育过程,是教育者根据一定社会的思想品德要求和大学生思想品德的形成和发展规律,对大学生施加有目的、有计划、有组织的教育影响,促使大学生产生内在的矛盾运动,以形成一定社会所期望的思想品德的过程。实施大学生思想政治教育的途径丰富多彩,课堂教学、社会实践、校园文化、网络教育、心理教育和解决实际问题等是主要途径。能否充分有效地利用好大学生思想政治教育的多种途径,影响大学生思想政治教育质量的提升。

一、课堂教学是大学生思想政治教育质量提升的主渠道

高校作为对大学生进行有目的、有计划教育的场所,从事教育教学活动责无旁贷。课堂教学是高校开展专业教学和实施德育的主要途径和基本模式。高校开设的课程类型不同,在大学生思想政治教育过程中发挥不同的作用。

(一)思想政治理论课在大学生思想政治教育中的主渠道作用

"高等学校思想政治理论课是大学生思想政治教育的主渠道。"①我国是社会主义国家,必须用马克思主义意识形态占领高校思想文化阵地。目前,我国高校普遍开设了思想政治理论课,即《马克思主义基本原理概论》、《毛泽东思想和中国特色社会主义理论体系概论》、《中国近现代史纲要》、《思想道德修养和法律基础》。理论的成熟是政治上成熟的标志,思想政治理论课系统地向大学生传授科学理论,是帮助大学生树立正确

---

① 《中共中央国务院关于进一步加强和改进大学生思想政治教育的意见》,《中国教育报》2004年10月26日。

世界观、人生观和价值观的重要途径，体现了社会主义大学的本质要求。作为在校大学生的必修课，充分发挥好思想政治理论课的主渠道作用，是大学生思想政治教育质量提升的重要保证。

思想政治理论课现状与大学生思想政治教育主渠道作用还不相适应，对大学生的吸引力和感染力不强，针对性和实效性不高。一是思想政治理论课内容须与时俱进，时代性还不强。思想政治理论课有的内容与中学政治课内容简单重复；有的内容多年没有更新，不适应时代的变化特点，不能解释、指导丰富多彩的社会现实；有的内容与大学生的需求与期待存在较大差距。二是思想政治理论课联系实际不够，实践性不强。思想政治理论课总体上理论教育较强，实践教学薄弱。有的高校思想政治理论课基本上是单纯的课堂理论传授，缺少必要的实践教学环节；有的高校思想政治理论课有实践教学环节，但因缺少经费，实践教学只是学生的个人行为，学生上交一篇“考察报告”就完成了实践学分，实践教学流于形式，缺少实际效果。三是思想政治理论课师资力量较薄弱，有效宣讲能力不强。有的高校思想政治理论课教师引进把关不严，导致部分教师教学科研水平甚至思想政治素质不高；有的思想政治理论课教师没有把“学术有自由、课堂有纪律”作为自觉行动，往往把一些不合适的内容在课堂上向大学生讲授；思想政治理论课教师因总体数量不足导致教学工作量较大，长期讲授公共课的思维定式和行为习惯，部分思想政治理论课教师的科研动力不足，科研水平不高，不能较好地达到以科研促进教学的目的。四是思想政治理论课教学方法落后，互动性不强。“灌输式”是当下我国高校思想政治理论课教学的主要特点。教师课堂上独唱式的教学方式多，讨论、辩论等互动式的教学方式少；宣讲式教学方式多，实践体验教学方式少；知识性、闭卷式的考试方式多，实践性、开放式、重点反映大学生实际思想政治素质的考核方式少。这些问题虽然非主流，对大学生思想政治教育质量的提升却有着较大影响，需要认真加以解决。

加强高校思想政治理论课建设，充分发挥主渠道作用。按照充分体现当代马克思主义最新成果的要求，全面加强思想政治理论课的学科建设、课程建设、教材建设和教师队伍建设，进一步推动邓小平理论、“三个代表”重要思想和科学发展观进教材、进课堂、进大学生头脑工作。在教学内容上，充分联系改革开放和社会主义现代化建设的实际，联系大学生的思想实际，把传授知识与思想教育、系统教学与专题教育、理论武装与实践育人结合起来。在教学方法上，充分吸收国内外先进的教学经验，加大现代教育技术手段的应用，尊重大学生的主体性，更多地采用启发式、交流式、案例式和研究式等教学模式。在实践教学环节上，加大人力、物力和财力的保障，重在建立实践教学的长效机制，建立长期稳定的实践教学基地，开展卓有成效的实践教学活动。在师资队伍建设上，充实加强教师队伍，做到数量充足，素质较高；加强教师的业务培训，提高教育教学能力和科学研究水平；实施名师工程，创造条件，培养一批政治素质好、学术水平高与教学效果佳的思想政治理论课教师和德育专家。

（二）各类课程对大学生思想政治教育质量提升的影响

大学开设的课程类型繁多，对大学生思想政治教育质量提升具有不同程度的影响。“形势政策教育是思想政治教育的重要内容和途径，哲学社会科学课程负有思想政治教育的重要职责，高等学校各门课程都具有育人功能，所有教师都负有育人职责。”①“形势与政策”课作为思想政治理论课的重要组成部分，也是大学生的必修课。开好“形势与政策”课，可以帮助大学生学会正确运用马克思主义的立场、观点和方法观察形势、分析形势与认识形势，深刻理解党的路线、方针和政策，确立为中国特色社会主义而奋斗的政治方向。哲学社会科学中的绝大部分学科都具有鲜明的意识形态属性，对于帮助大学生坚定正确的政治方向，正确认识和分析复杂的社会现象，提高思想道德修养和精神境界具有十分重要的作用。高校的各门课程都有育人功能，发掘好各类课程的思想政治教育资源，寓思想政治教育于各类课程的教学过程中，引

① 《中共中央国务院关于进一步加强和改进大学生思想政治教育的意见》，《中国教育报》2004 年 10 月 26 日。

导大学生在学习科学文化知识的过程中，自觉地加强思想道德修养，提高思想政治觉悟。

目前，我国高校在挖掘各类课程的思想政治教育资源、发挥各类课程的育人功能方面还存在较多问题。就“形势与政策”课而言，虽然是思想政治理论课的重要组成部分，但从学校方面来看，在精力上、时间上、经费投入及政策支持上明显不如“马克思主义基本原理概论”、“毛泽东思想和中国特色社会主义理论体系概论”、“中国近现代史纲要”与“思想道德修养和法律基础”四门课程。管理上有的高校由教务部门负责，有的由宣传部门牵头，有的由学生工作部门主管，有的由社会科学部或马列部来抓，有的由政教专业所在院（系）落实，管理体制亟待理顺。有的高校“形势与政策”课在机构设置、师资培训与聘请、教学管理的日常开支、图书资料的购置、音像制作、科研经费等落实不到位，经费投入严重不足。从教师方面看，由于学校不重视、投入少、管理乱，教师往往不把“形势与政策”课当做一门完整意义上的课程对待，不愿从事“形势与政策”课的教学，即使从事这门课程教学，念报纸、读文件，照本宣科，生硬灌输，缺乏和学生的沟通与交流，缺乏社会调查及社会实践，手段上较少使用现代化教学设备，使学生感到枯燥，学习积极性不高。就哲学社会科学课程而言，这些课程蕴含着丰富的育人资源，并没有引起学校和教师的充分认识和高度重视，更多地是把这些课程作为普通课程来认识对待，对大学生进行思想政治教育的重要职责没有充分履行好。就其他各门课程而言，不同的课程具有不同程度的思想政治教育资源和功能，学校往往只是简单地作为普通课程来组织教学，教师只是简单把其作为普通课程来授课，教书与育人有机结合得不够好，在教书的过程中并没有履行好育人的职责。高校在发挥思想政治理论课之外的其他各类课程的思想政治教育功能方面还需要进一步加强。

以大学生思想政治教育需要为导向，加强各门各类课程建设。“形势与政策”课在认识高度和重视程度上与其他思想政治理论课同等对待，加大经费投入和精力投入，保障课程建设需要。加强理论性与时代性相结合的“形势与政策”课教材建设，探索系统性与专题性相结合的教学模式。加大课程师资培训，定期邀请专家为大学生作专题形势报告。紧密结合国际国内形势变化和大学生关注的热点、难点问题，制定形势与政策教育教学计划，认真组织实施。哲学与社会科学类课程坚持和巩固马克思主义在意识形态领域的指导地位，充分体现马克思主义中国化的最新理论成果，用科学的理论武装大学生，用优秀的文化培育大学生。发挥哲学社会科学的优势，紧密围绕大学生普遍关心的改革开放和现代化建设中的重大问题，做好释疑解惑和教育引导工作。广大教师以高度负责的态度，率先垂范、言传身教，以良好的思想、道德、品质和人格魅力给大学生以潜移默化的影响。在组织教学过程中，自觉把思想政治教育融入到大学生专业学习的各个环节，渗透到教学、科研和社会服务各个方面。坚持学术研究无禁区，课堂讲授有纪律，不在讲台上散布违背宪法和党的路线方针政策的错误观点和不当言论。

二、多种实施途径影响大学生思想政治教育的质量

课堂教学在大学生思想政治教育中发挥主渠道作用，大学生思想政治教育的途径是立体化、多层面的，不同程度、不同侧面地对大学生的思想施加影响，对提升大学生思想政治教育的质量发挥重要作用。

（一）大学生思想政治教育质量提升的主要途径及其影响

从高校特点和大学生自身状况来看，大学生思想政治教育的主要途径除课堂教学外，影响和作用较大的还有社会实践、校园文化、网络媒体、心理咨询、党团组织和社团活动等。社会实践是大学生思想政治教育的重要环节，对于促进大学生了解社会、了解国情，增长才干、奉献社会，锻炼毅力、培养品格，增强社会责任感具有不可替代的作用。校园文化具有重要的育人功能。网络是弘扬主旋律、开展思想政治教育的重要手段。心理健康教育和心理咨询辅导可以有针对性地帮助大学生处理好学习成才、择业交友、健康生活等方面的具体问题。思想政治教育既要教育人、引导人，又要关心人、帮助人，努力解决大学生的实际问题才能卓有成效。

党团组织在大学生思想政治教育中发挥重要作用。①

多年来，我国高校大学生思想政治教育多条途径并用，较好地发挥了综合效用。但与大学生思想政治教育质量提升的新形势、新要求相比，各种途径还需进一步改进和加强。在社会实践方面，社会实践往往是共青团和学生工作部门负责组织的大学生的业余活动，还没有成为由学校教学部门组织的教育教学的必备环节，存在着实践基地不固定、实践经费不充足、实践时间不确定、实践过程重形式、实践实施缺机制等问题。在校园文化方面，校风、教风、学风的总结、凝炼与宣传不够，校训、校歌等千校一面，没有特色，对大学生的陶冶作用降低。校园文化活动丰富性有余，思想性不足。校园内对各种研讨会、报告会和讲座的管理往往是有制度，无落实，流于形式，各种有害文化和腐朽生活方式对大学生有一定程度的影响。在网络教育方面，主流价值体系在网络上的影响力不足，对大学生的健康成长和顺利成才有负面影响的信息在网络上大有市场，教给大学生正确利用网络资源、科学分析社会现象、有效解决实际问题的方法还显欠缺。在心理健康教育和心理咨询辅导方面，对大学生心理问题的发现、预警和干预的机制不健全，心理健康教育和心理咨询辅导的主动性不够，一些隐性的心理问题不能及时发现和疏导，个别大学生因心理问题引发过激行为。党团组织的先进性和战斗堡垒作用、党团员的先锋模范作用的发挥还需进一步加强。学生班级作为大学生教育管理的有效载体呈弱化的趋势，寓教于班级活动的模式需要进一步巩固和提升。学生社团的管理指导失之于松、失之于软的问题仍然存在。这些问题影响大学生思想政治教育的效果。

（二）发挥各种途径对提升大学生思想政治教育质量的正能量作用

深入开展社会实践。　把社会实践纳入学校教育教学总体规划和教学大纲，规定学时和学分，提供必要的经费。建立固定与不固定相结合的

① 参见《中共中央国务院关于进一步加强和改进大学生思想政治教育的意见》，《中国教育报》2004年10月26日。

大学生社会实践基地，配备专门的指导教师，形成实践育人的长效机制。认真组织大学生参加军政训练，切实解决大学生的军训工作逐渐流于形式的局面，真正把军训办成大学生入学教育的第一课。利用好寒暑假，开展形式多样的社会实践活动，加强指导，注重实效，不搞形式。

大力建设校园文化。　重视总结、提炼和实践的有机结合，建设体现社会主义特点、时代特征和学校特色的校园文化，形成优良的校风、教风和学风。把大学生文化素质教育和思想政治教育有机结合起来，开展丰富多彩、积极向上的学术、科技、体育、艺术和娱乐活动，把德育与智育、体育、美育有机结合起来，寓教育于文化活动之中。重视校园人文环境和自然环境建设，完善校园文化活动设施，建设好大学生活动中心。加强宣传文化社科阵地的规范管理，有效防范各种有害文化和腐朽生活方式对大学生的侵蚀和影响。

占领网络教育阵地。　将管理、服务与教育有机结合起来，利用校园网为大学生学习、生活提供服务，进行教育和引导，不断开辟与拓展思想政治教育的渠道和空间。发挥主导作用，建设好融思想性、知识性、趣味性和服务性于一体的主题教育网站，开展生动活泼的网络思想政治教育，形成网上网下思想政治教育的合力。加强信息的掌控和运用，密切关注网上动态，了解大学生的思想状况，加强同大学生的沟通与交流，及时回答和解决大学生提出的各种问题。加强网络管理，运用技术、行政和法律的手段，严防各种有害信息在网上传播。加强网络思想政治教育队伍建设，牢牢把握网络思想政治教育的主动权。

深入开展心理健康教育。　搞好定期与日常的大学生心理健康状况调研活动，及时掌握第一手资料。结合大学生实际，开展谈心活动，有针对性地帮助大学生处理好学习成才、择业交友和健康生活等方面的具体问题，提高思想认识和精神境界。制定大学生心理健康教育计划，确定教育内容和方法，形成系统教育和个性教育的有机结合。建立健全专门的机构，配备足够数量的专兼职教师，积极开展大学生心理健康教育和心理咨询辅导，引导大学生健康成长。

加强人文关怀，解决大学生的实际问题。　加强管理，从严治教，改善办学条件，提高教育教学质量，为大学生成长成才创造条件。加强对经济困难大学生的资助工作，不断完善资助政策和措施，形成以国家助学贷款为主体，包括助学奖学金、勤工助学基金、特殊困难补助和学费减免在内的完善的助学体系，帮助经济困难大学生完成学业。重视就业问题，帮助大学生树立正确的就业观念，引导他们到基层与西部、到祖国需要的地方建功立业。建立健全大学生就业指导机构和就业信息服务系统，提供优质高效的就业创业服务。

发挥党的政治优势和组织优势，开展大学生思想政治教育。　重视学生党员发展工作，坚持标准，保证质量，把优秀大学生吸纳到党的队伍中来。加强大学生党员的先进性教育，引导他们严格要求自己，提高党性修养，充分发挥好先锋模范作用。探索大学生基层党组织建设的新路，实现低年级有党员、高年级有党支部的工作目标。创新大学生党支部活动方式，丰富活动内容，增强凝聚力和战斗力，使其成为开展思想政治教育的坚强堡垒。

发挥共青团和学生组织作用，推进大学生思想政治教育。　全面实施大学生素质拓展计划，组织开展丰富多彩的思想政治教育活动。加强对优秀团员的培养，做好推荐优秀共青团员入党工作。坚持党建带团建，把加强团的建设作为高校的一项重要任务。发挥学生会、研究生会的作用，在共青团的指导下，针对大学生特点，开展生动有效的思想政治教育活动，把广大学生紧密团结在党的周围，更好地发挥桥梁和纽带作用。

依托班级、社团等组织形式，开展大学生思想政治教育。　班级是大学生的基本组织形式，是大学生自我教育、自我管理和自我服务的重要载体。加强班集体建设，组织开展丰富多彩的主题班会等活动，发挥团结学生、组织学生和教育学生的职能。加强对大学生社团的指导和管理，帮助选聘指导教师，支持和引导自主开展活动。重视思想政治教育进大学生生活社区、学生公寓和网络虚拟世界，选拔大学生骨干参与学生公寓、网络管理，发挥大学生自我教育的积极性、主动性和创造性。

第四节　环境影响因素:学校、家庭、社会和大众传媒

环境是事物周围的情况和条件。大学生思想政治教育环境是指影响思想政治教育进行和大学生思想道德形成的一切外部因素的总和。环境是重要的教育力量,良好的环境有利于思想政治教育的顺利进行,有利于大学生优良思想品德的形成。影响大学生思想政治教育的环境因素一般有学校、家庭和社会。随着科学技术的发展和社会的进步,以网络为代表的大众新传媒对思想政治教育开展和大学生思想道德形成的影响日益明显。

一、学校环境对大学生思想政治教育质量的影响

高校通过专门的课程对大学生进行思想政治教育,通过专门的活动进行体验教育和情感教育,通过校园文化进行陶冶教育。学校环境影响大学生思想政治教育的因素主要有:课堂教学,在大学生思想政治教育过程中发挥主渠道作用,是高校进行大学生思想政治教育的优势和特色;制度管理,通过制度规范和管理帮助大学生提升思想政治教育素质;文化熏陶,良好的学风、教风和校风给大学生思想政治素质带来潜移默化的影响;活动引导,集思想性、知识性和趣味性于一体的校园活动,有利于提升大学生的身心健康和综合素质;校园环境,文明优雅、布局合理的校园环境有利于陶冶大学生的情操,形成良好的育人氛围。

大学阶段是世界观、人生观和价值观形成的关键时期,高校教育环境对大学生思想政治教育的影响也是关键性的。大学是大学生迈入社会的最后阶段,我国现行的学校教育包括学前教育、初等教育、中等教育和高等教育四个阶段,高等教育是建立在中等教育基础上的高级专业教育,处于学制体系的最高阶段,是人生学历教育的最后阶段。大学生作为高等教育的“产品”,其质量如何直接影响到个人的发展前途和对社会的贡献

大小。德才兼备是“产品”质量的基本要求，高等教育阶段的思想政治教育关系到“产品”的质量是否合格。多数人的世界观、人生观和价值观的形成在青年时期，主要集中在高中特别是大学阶段。这个时期，个体在生理、心理和社会认知水平上向成人靠近，智力接近成熟，抽象逻辑思维水平提升，道德观、理智感和审美观有了长足的进步，是世界观、人生观和价值观逐步成型的关键时期。高等教育对大学生思想政治素质的提升负有重要责任。立德树人是教育的根本任务，加强和改进大学生思想政治教育，对于提高他们的思想政治素质，培养中国特色社会主义事业的建设者和接班人，具有重大而深远的战略意义。

二、家庭环境对大学生思想政治教育质量的影响

家庭环境即家庭教育环境，主要是指家庭教育内容和教育方式方法。人的一生离不开家庭，家庭和父母在人成长成才过程中发挥着非常重要的影响。对于已经离家求学的大学生来说，家庭仍然对他们的学习工作和生活经常产生重要影响。“在影响大学生思想政治状况的‘社会设置’因素中，家庭对大学生‘道德伦理’、‘理想信念’、‘恋爱婚姻’、‘处理事务’等四个方面的影响均处于第一。”①大学生愿意在决定人生命运的重大事项上征求家庭的意见。大学生思想政治教育质量的提升，离不开家庭教育环境的优化。

家庭环境对大学生思想政治教育的影响是巨大的。作家老舍曾说：“家庭教育从私塾到小学，到中学，我经历过起码有廿位教师吧，其中有给我很大影响的，也有毫无影响的，但是我的真正的教师，把性格传给我的，是我的母亲。母亲并不识字，她给我的是生命的教育。”②大学生虽然已经离家独立求学，并且是生理上的成年人，在心理上也接近成熟，但家庭教育一直会影响他的大学四年或五年，乃至一生。家庭是温馨的港湾，

---

① 邓希泉:《大学生思想政治教育主要影响因素的实证分析》,《广西青年干部学院学报》2005 年第 11 期。

② 老舍:《我的母亲》,《半月文萃》第 1 卷,桂林立体出版社 1943 年版,第 9—10 页。

父母是最可信赖之人。父母具有生育之恩、养育之恩和教育之恩,割舍不断的是血缘。大学生从小一直成长在父母的呵护中,在他们眼中父母的话最值得信赖,父母的行动是无声的教育,即使长大成人,成为大学生,仍是如此。大学生思想政治素质的提高,仍然离不开父母的教育、家庭的影响。父母人生阅历丰富,是大学生的第一任和终身老师。我国现阶段大学生父母的年龄一般在四十多岁,这个时期年富力强,阅历丰富,思想成熟,对孩子的教育影响更理智和有效。这种成熟的经验和特殊的身份,对大学生思想政治素质的提升产生积极的影响。孩子在父母眼里永远是孩子,对孩子的关爱与影响是永远的。大学生虽已成人,但在父母眼中永远没长大,一直需要父母的呵护和引导。尽管孩子已经离家求学,已经长大成人,但父母会一直关爱、呵护、引导孩子,这是爱的天性使然。大学生思想政治素质的提高需要父母的引导和家庭的影响。

三、社会环境对大学生思想政治教育质量的影响

社会环境是指人类生存及活动范围内的社会物质、精神条件的总和。广义包括整个社会政治经济和文化体系,狭义仅指人类生活的直接环境。社会是一个相互联系的复杂系统,做好大学生思想政治教育不能脱离现实社会背景闭门造车。当下大学生思想政治教育背景主要体现出全球化、市场化、大众化、一体化四个特点。全球化特点系指国际间的政治、经济、文化和科技等方面的交流日益密切广泛,特别是世界经济活动超越国界,通过对外贸易、资本流动、技术转移、提供服务、相互依存与相互联系而形成全球范围的有机经济整体。市场化特点是指我国社会主义市场经济体制逐步完善,市场法则深入到社会生活的各个领域,人们的思想、行动往往带有鲜明的社会主义初级阶段和市场经济等时代特征。大众化特点是指我国高等教育自2002年开始毛入学率超过15%,进入了国际上公认的大众化教育阶段,人们上大学难的矛盾逐步缓解,大学生就业难的矛盾日益突出。一体化特点是指社会是开放的体系,高校不再是象牙塔,大学生的学习、生活及教育环境形成国际和国内、校内和校外、学校和家庭、

现实和虚拟各个方面相互联系、密不可分的统一体。用开放的视野审视，国际经济全球化、国内经济市场化、高等教育大众化、教育环境一体化是当下做好大学生思想政治教育必须面对的从宏观到微观层面的基本背景。①

大学生思想政治教育社会环境的开放性，要求大学生思想政治教育具有开放性。多年来，我国大学生思想政治教育为培养社会主义事业建设者和接班人提供了可靠的精神动力和思想保证，取得了巨大成就。当下我国大学生思想政治教育还存在着与开放性的社会环境不相适应的问题，由此带来思想政治教育目标单一性、形式单向性、方法灌输式、评价知识性的不足。中共中央、国务院《关于进一步加强和改进大学生思想政治教育的意见》把理想信念、爱国主义、基本道德规范、大学生全面发展作为大学生思想政治教育的基本内容。在社会主义初级阶段，大学生思想政治教育目标至少包括两个层次：对多数大学生来说，引导他们学会做人，成为文明修养、人际关系良好，国家民族意识、社会公民意识、民主法制意识较强，具备社会主义道德观和共同理想的合格公民，这是基本目标。对大学生中的积极分子，培养他们具备科学世界观、人生观和价值观，树立共产主义道德观和远大理想，成为坚定的马克思主义者，这是最高目标。在实际工作中，往往自觉不自觉地把对一部分学生的较高教育目标作为对所有学生的普遍教育目标来要求，忽视了教育目标的层次性，形成了事实上的单一目标要求。大学生思想政治教育经过长期实践，取得了丰硕的理论成果和实践经验，但总体上思想工作难做、有效方法不多。剖析根源，缺乏交流的单向性教育、我讲你听的灌输式教育是重要原因，是授人以“鱼”还是授人以“渔”的问题没有从根本上解决好。思想政治教育实践性很强，但目前对大学生思想政治教育效果的评价总体上存在着知识性评价多且相对容易、实践性评价少且相对较难的问题。高校

① 参见邢亮、乔万敏、李家普：《大学生思想政治教育的开放性视野》，《社会科学战线》2010年第9期。

普遍开设思想政治理论课和形势与政策课，并作为必修课程有一定的学分要求，大学生普遍思想重视且成绩良好，而大学生思想政治教育内容包括日常的思想教育、道德教育、政治教育和法制教育等，这些方面的日常教育、实践教育效果很难量化，大学生重视程度和践行力度都不足，在实践中长期形成对大学生德育知识性评价的多，实践性评价的少的局面，一定程度上影响了大学生思想政治教育效果。

四、大众传媒对大学生思想政治教育质量的影响

随着人类生活水平的提高，报纸、广播和电视得到普及，特别是现代科技的飞速发展，互联网成为人类社会的第四媒体。当今时代，报刊书籍作为传统媒介，结合时代特点不断推陈出新，很多理论性、可读性强的报刊书籍问世。广播电视利用其覆盖面广、舆论性强的特点，党的路线方针政策得到有效宣传贯彻。互联网的出现，以其信息量大、便利快捷、交流互动、隐性民主和影响广泛等特点，成为时下最受人们欢迎的第四媒体，成为对大学生思想有着广泛、深刻、持久影响的重要载体。

我国正处在建设工业化、进入信息化社会的关键时期，网络作为信息的重要载体和传播途径，在帮助大学生获取知识、增强本领与顺利成才的同时，日益严重的信息异化现象对大学生思想政治教育提出了新的课题。所谓异化就是"主体创造了客体，但客体却不受主体支配，演化成一种不受主体控制的，甚至成为敌视和控制主体的异己力量"①。人类创造了信息，信息却失去本真面目，在为人类服务的同时，有时成为奴役、支配人类的新手段，这便是人类社会面临的崭新问题——信息异化。大学生正处在世界观、人生观和价值观形成的关键时期，又处在互联网高度发达的数字化环境中，面对网上海量信息、复杂信息和诱惑信息的冲击，面对现实世界、理想世界与虚拟世界的碰撞，他们的选择判断能力还难以适应，无所适从，影响其健康成长与顺利成才，这就是大学生网络信息异化。信息

① 邢亮、王芳：《信息异化与大学生网络思想政治教育》，《探索》2006年第5期。

异化问题如果不加以有效解决，提升大学生思想政治教育质量就会难以落实。

大学生信息异化主要表现在：信息恐慌、信息依赖、信息崇拜、信息毒害和信息犯罪。解决大学生信息异化的问题就要适应这种变化，积极推进大学生思想政治教育进网络，占领网络高地。加强大学生网络思想政治教育，树立主体意识，引导大学生在人与信息的关系中准确定位；树立政治意识，增强大学生的政治敏锐性和明辨是非的能力；树立阵地意识，把校园网建设成为大学生思想政治教育的主阵地；树立时代意识，提高大学生正确使用信息的能力；树立法制意识，用法律的强制力来规范、约束大学生的网络信息活动。

第四章　国外大学生思想政治教育的现状、模式及启示

在讨论“国外大学生思想政治教育模式”这个问题之前，首先需要搞清楚除了像中国这样的社会主义国家之外，其他国家尤其是西方发达国家有没有思想政治教育。“说到底，思想政治教育是一项教育实践活动。它是统治阶级为夺取和巩固政权，维护社会的稳定和促进社会发展，培养合格的阶级接班人和社会成员而进行的社会教化的一个方面。它的内容十分广泛，包括政治教育、法制和纪律教育、道德教育、思想（世界观、人生观、价值观）教育、宗教教育、人格教育等等，涉及思想意识、文化心理和行为模式等各个层面。”①从这一概念的内涵与外延来看，思想政治教育具有普遍性，其实质和目的都是为一定阶级服务的，它不是哪个国家、哪种社会和哪个民族的专利，而是人类阶级社会中普遍存在的一种实践活动。国外许多国家没有“思想政治教育”这个名词，但思想政治教育实践这个事实是客观存在的，他们往往以爱国教育、公民教育、法制教育、民族振兴教育、传统文化教育等不同名称和各种形式开展此类教育。总之，思想政治教育作为人类特有的实践活动形式，在当代世界是普遍存在的，不仅中国有，外国也有；不仅社会主义国家有，当代各种社会意识形态国家都有。世界各国都在进行思想政治教育，并且在人才培养的过程中始终占据非常重要的地位。思想政治教育在不同历史时期、不同民族和国

---

① 陈立思：《当代世界的思想政治教育》，中国人民大学出版社 1999 年版，第 2 页。

家的称谓不同，开展的具体形式、教育模式各有特点。开放的世界需要相互交流，思想政治教育有规律可循，研究和借鉴国外大学生思想政治教育的经验与模式，对提升我国大学生思想政治教育质量具有积极的推动作用。

第一节　国外大学生思想政治教育的现状评析

“21世纪什么最宝贵，人才！”电影《天下无贼》幽默的台词蕴含着一个哲理：“科学发展最宝贵的资源是人才。”①在经济全球化、政治民主化和文化多元化的世界大势之下，各国综合国力的竞争归根到底是人才的竞争。如何加强和改进思想政治教育，培养青年学生树立国家所倡导的主流价值观念，形成共同的理想信念，成为国家和社会所需要的合格人才，已成为国外学校教育的重要组成部分。思想政治教育是动态的和开放的，一个国家或民族与其他国家或民族的思想政治教育既相互独立又相互联系，各有不同的特点和经验，彼此可以互相学习和借鉴。

一、国外大学生思想政治教育的现状

世界各国普遍对青年学生进行国家和社会所倡导的政治立场、政治方向、政治观点以及世界观、人生观和价值观的教育，使其认同社会的公共道德和行为规范，形成共同的理想和信念，关心并积极参与社会事务，以国家和社会利益为重，成为社会稳定和发展的正能量。思想政治教育的重要性得到广泛认同，日益受到各国政府的高度重视。思想政治教育作为上层建筑的一部分，受到经济、政治、文化和科技等诸多因素的影响，因此国外的思想政治教育处于不断发展变化与创新的过程中。国外近现代思想政治教育的发展从时间上可以划分为第二次世界大战结束到20

① 仲祖文：《科学发展最宝贵的资源是人才》，《人民日报》2008年11月13日。

世纪50年代末期、从20世纪60年代初期到70年代末期、从20世纪80年代初到现在三个阶段。①

第一个阶段:从第二次世界大战结束到20世纪50年代末期。二战结束后,东西方国家虽然分歧和冲突严重,但两次世界大战的教训使对抗双方都尽力避免导致世界范围大规模战争的再次爆发,其对抗通常以局部代理人战争、科技和军备竞赛、外交领域的斗争和意识形态的暗战等方式进行,既相互遏制又不诉诸武力,因此称之为“冷战”。这时期的意识形态壁垒分明,形成了反共和反美两大阵营,充满了爱国主义、理想主义和英雄主义色彩,并成为相关国家思想政治教育的主要内容,并体现在大学生思想政治教育之中。

第二个阶段:从20世纪60年代初期到70年代末期。这个时期是资本主义国家经济发展的黄金时期,但社会的固有矛盾也不断出现。从60年代初期,民权运动和妇女运动风起云涌,到60年代末期,掀起了席卷全球的“新左派运动”。它以存在主义和法兰克福学派等社会批评思潮为其思想支柱,是资本主义社会政治不平等、经济不平衡、种族歧视和文化危机等深刻矛盾的体现。为了切实解决和避免这些问题,各国政府开始对思想政治教育高度重视。许多学者开始研究思想政治教育,相关学科的研究手段和方法也被借鉴到思想政治教育研究当中,思想政治教育协调社会与个人关系的社会功能逐步增强。思想政治教育的学科化和专业化建设也不断加强,社会学、心理学和政治学的专家学者从各自的领域对思想政治教育进行研究,在价值澄清论、道德发展阶段论、政治社会化理论等方面取得了一大批研究成果。包括高等教育在内的学校教育改革也逐步与思想政治教育紧密结合起来。事物的发展总是在曲折中前进。由于国际共产主义运动的历史较短,对什么是社会主义、怎样建设社会主义等问题的认识还需要进一步提高,不少社会主义国家这一时期的意识形

---

① 参见陈立思:《当代世界的思想政治教育》,中国人民大学出版社1999年版,第15页。

态教育走向极端,有的表现为国家层面的论战,呈现封闭僵化、教条主义等特点,甚至沦为"阶级斗争"的工具,思想政治教育的人本主义思想消失殆尽。这种局面不可避免地影响到学校教育,大学生思想政治教育往往带有这个时代的鲜明色彩。

第三个阶段,从20世纪80年代初期到现在。70年代中期世界经济危机的不良影响逐渐消失,到80年代初期,各国的经济形势普遍大为好转,但各自固有的社会危机依然没有解决。为了保证完成经济和政治振兴目标,各国政府不断调整经济、政治和文化教育政策。美国政府从里根到克林顿都提出了"振兴美国"的口号,现任总统奥巴马也提出了"梦想"、"变革"和"我们不能等待"等口号。[①] 德国和日本也力求改变"经济巨人、政治矮子"的形象,为了应对21世纪综合国力和科技文化的竞争,极力倡导资本主义社会的爱国主义、理想主义和英雄主义。其他社会主义国家也相继开展了政治、经济和文化等诸多领域的革新与开放,提倡个人和社会和谐的价值观念。部分第三世界国家经济腾飞、物质生活不断丰裕,开始着手解决经济发展过程中的道德失范和道德沦丧的问题,着力促进精神文明建设。这些变化无不体现在相关国家同时期的思想政治教育中,影响着青年学生的成长成才。

由此可以看出,尽管有地区、民族和社会制度的差异,不同国家无一例外都非常重视大学生思想政治教育的理论与实践。一个国家、一个阶级要想维护社会的稳定,处理好社会矛盾,一个非常重要的方面就是要广泛深入扎实地开展道德教育,而思想政治教育则是最重要的手段,其成效也往往最突出。思想政治教育是有阶级性的,属意识形态范畴,它把国家和民族的利益放在首位,能够通过价值观的一致来实现政治上的一致,进而形成全社会的凝聚力。发达国家的思想政治教育非常重视理论联系实际,结合不同社会现实和社会矛盾采取不同的思想政治教育策略和手段,

① 参见柳洪杰:《奥巴马提连任口号"我们不能等待"》,《中国日报》2011年10月26日。

很好地发挥了思想政治教育的社会功能。思想政治教育在世界范围内得到越来越广泛的重视。

二、国外大学生思想政治教育的特点

（一）思想政治教育的地位与作用得到重视和发挥

随着经济全球化的不断推进，不同制度国家之间广泛开展了经济、科技和文化等方面的交流。在这些交流、融合之中，各个国家不但没有忽视、淡化思想政治教育，反而更加重视、加强思想政治教育，并把它作为巩固本阶级政治地位和促进社会发展进步的重要手段。世界各国大都把爱国主义、公民意识、国民精神、价值观、法制和宗教等作为思想政治教育的重要内容，高度重视，加大投入，积极从本民族的传统文化中汲取营养，强化本国的意识形态，以期在世界意识形态领域中占有一席之地。

世界诸多国家高度重视国民的思想政治教育，把它作为国家教育政策的重要基础，使之具有战略地位。新加坡在1984年开设了“儒家伦理课程”，把儒家精神加以现代意义上的转换和升华，形成完整的民族道德体系。美国许多州的大学都硬性规定，必须拿到政治科目的学分才能拿到学位。有的国家还专门建立了“社会道德委员会”等机构，实行专人负责道德教育的有关工作。英国1988年颁布的《国家课程》把培养“有德行、智慧、礼仪和学问”的绅士作为教育的出发点，在政府规定的普通学校八项基本目标中，有四项是思想政治教育目标。法国教育部1977年在题为《法国教育体制改革》的文件中指出，教育的最终目的在于培养自由社会的公民。法国统一的教育计划规定公民思想品德教育始终是学校一项“不能回避”和“义不容辞”的任务，在学校开设了共和国公民的伦理与道德课程，其目标“在于使每个人获得自由和负有责任，在于培养集体观念，使每个公民成为有教养的人”。日本学校早在明治维新时期就设立了“修身科”，对学生进行思想政治教育。战后特别是近年来，鉴于日本青少年思想道德水平下降、犯罪率日益上升等事实，日本各界纷纷呼吁加强思想政治教育。日本在《二十一世纪教育目标》规划中强调“只有重视思想素质的培养，才能保证人才的健康成长”。日本将“二战”后教育实现目标由“智、德、体”的顺序改为“德、智、体”，呼吁学校思想品德教育应与其他学科有相同的地位，设置为必修课。①

社会主义国家思想政治教育虽然经历波折，但思想政治教育的地位和作用一直得到重视和发挥。特别是20世纪末面对苏联解体、苏东剧变的严峻形势，思想政治教育的地位和作用进一步得到巩固和加强。1989年，越共提出了坚持社会主义道路，坚持马列主义、胡志明思想，坚持无产阶级专政和党的领导，坚持社会主义民主，坚持爱国主义与无产阶级国际主义相结合、民族力量和新形势下的时代力量相结合“五项基本原则”，规定了革新、教育的“社会主义定向”。越南教育法规定教育是“具有人民性、民族性、科学性和现代性的以马列主义与胡志明思想为基础的社会主义教育”②。古巴把大学生思想政治教育放在关系社会主义生死存亡的高度来认识，特别是苏东剧变后，面对美国的军事打压、经济封锁与和平演变的严峻形势，认识到必须加强思想政治工作，保卫古巴政权和社会主义事业。现任国务主席劳尔·卡斯特罗说：“我们现在比任何时候都更加需要把思想政治工作置于保卫祖国战斗使命的高度。”③朝鲜劳动党认为，思想政治教育在社会主义教育中占有最重要的地位，只有搞好思想政治教育，才能把学生培养成为树立革命的世界观、具备共产主义新人的思想道德风貌的革命人才。“在大学生中加强思想政治工作，是关系到革命的未来和民族兴旺盛衰的重要问题。”④

（二）思想政治教育的意识形态化特征日益明显

随着东西方冷战的结束，很多人认为再谈意识形态的问题已经过时

① 参见李义军：《国外思想政治教育现状分析及启示》，《国外理论动态》2008年第9期。

② 赵大兴：《越南高校政治理论课教育的现状与特点》，《边疆经济与文化》2007年第12期。

③ 戴小江：《古巴大学生思想政治教育的特点及启示》，《中国电力教育》2009年第1期。

④ 孙启林：《朝鲜重视大学生的思想政治教育》，《外国教育研究》1991年第2期。

了。不了解的人认为,思想政治教育在国外仅仅是一门思想和心理沟通的艺术,其意识形态、政治理念已经淡化,甚至已经被消除。事实上,意识形态在思想政治教育中没有被遗忘和淡化,很多国家虽然没有思想政治教育这个名称,但在实施教育过程中仍然带有甚至强化意识形态色彩。

意识形态是"社会的思想上层建筑,是一定社会或一定社会阶级、集团基于自身根本利益对现存社会关系自觉反映而形成的理论体系;这种理论体系包括一定的政治、法律、哲学、道德、艺术、宗教等社会学说、观点;意识形态是该阶级、该社会集团政治纲领、行为准则、价值取向、社会理想的思想理论依据"①。意识形态的本质决定了它具有极强的社会政治倾向性,反映了一个阶级或社会集团对自身根本利益的认识,是不同阶级和社会集团相互区别的重要标志。无论何时何地,意识形态所反映的社会的、阶级的和集团的利益是不以人的意志为转移而客观存在的。在当代社会,虽然原来美苏争霸的两极格局被打破,不同社会制度国家之间开展了政治、经济、文化和科技等方面的广泛交流与合作,彼此各个领域之间的渗透和融合也不断加强。但是,不同社会制度、不同国家之间的局部对抗从来就没有停止过,从过去比较单纯的政治、军事对抗,发展到今天的综合国力、科学技术的竞争。当代世界,资本主义国家对不同意识形态国家采取的"和平演变"和"颜色革命",以及社会主义国家的核心价值观教育等都是意识形态斗争的具体表现。

纵观世界,各国都在大张旗鼓、旗帜鲜明地宣扬自己的意识形态。美、英、法、德、日等传统发达国家宣传西方式的民主、自由和资本主义制度的优越性;新加坡、韩国等新兴发达国家则宣传自己的资产阶级民主建国理念;俄罗斯则毫不隐晦地宣称自己要在资本主义道路上奋勇前进;现有的社会主义国家也不同形式地探索、宣传自己国家特色的社会制度、政治理论和发展道路。可以说,思想政治教育的存在必然会传播灌输本阶级、本集团的意识形态,消除和削弱敌对意识形态的影响,而且这种意识

① 宋惠昌:《当代意识形态研究》,中共中央党校出版社 1993 年版,第 9 页。

形态化会不断地存在下去。在美国,无论学校、家庭、社会还是大众传媒,无论政党还是宗教团体,都能充分利用一切场合和时机宣传美国的生活方式和价值观念,甚至美国新总统的就职演讲就是一种形式的思想政治教育,"每一代美国人,都必须为作为一个美国人意味着什么下定义","我们必须像家庭供养子女那样供养自己的国家"。① 综观美国前总统克林顿的演说,可以看到其中贯穿了政治鼓动、爱国宣传和价值灌输。学校是人才培养的摇篮,各国普遍强化从小学到大学各个阶段的学校思想政治教育,其意识形态化特征日益明显,培养符合本国利益和统治阶级与集团要求的建设者和接班人。

(三)思想政治教育的政治功能更加强化

各国意识形态的差异、分歧和对抗,必然导致思想政治教育的意识形态化。思想政治教育必须服务于一个国家的主导意识形态,意识形态的首要功能是政治功能,所以思想政治教育的政治功能也在不断强化。国家从来就是为一定的阶级、政治集团服务的,当今世界依然存在不同的国体和政体,尤其是资本主义和社会主义国家之间意识形态斗争的存在,所以思想政治教育的政治倾向也是显而易见的。通过思想政治教育,一方面可以促进社会共同体的统一和团结,可以团结凝聚共同的社会成员,可以排除干扰、稳定人心、统一行动。另一方面,一定阶级和社会集团通过思想政治教育可以引导、鼓舞人们为了共同的社会理想和行动纲领而奋斗,成为人们发展前进的思想先导。苏联解体、东西方"冷战"消失之后,思想政治教育淡化政治功能在部分人中占有一定市场,其实质是淡化意识形态,这是典型的"巴掌山挡住了双眼",没有透过表面现象看到问题的本质。事实上,世界各国尤其是资本主义国家,都没有淡化意识形态的倾向,他们充分利用信息技术的优势,通过互联网、广播电影电视、报刊杂志等各种传媒,不断向不同意识形态国家传播、灌输西方国家的价值取

① 转引自李义军:《国外学校思想政治教育现状分析》,《国外理论动态》2008 年第 9 期。

向、生存态度和认知方式,造成一种文化扩张、思想渗透的态势,以期达到"和平演变"和"颜色革命"的目的。社会主义国家在发挥传统思想政治教育优势的基础上,随着经济革新取得的成就不断革新思想政治教育的手段与内容,提高其意识形态在世界的话语权和影响力。警钟常鸣,居安思危,未雨绸缪,教给大学生正确分析与处理问题的立场、观点和方法,不被西方资产阶级所谓的民主、自由的口号与表象所蒙蔽,是强化大学生思想政治教育的政治功能、培养德才兼备合格人才的必然要求。

思想政治教育的政治功能日益强化的一个突出表现是弘扬爱国主义精神。"爱国主义是由于千百年来各自的祖国彼此隔离而形成的一种极其深厚的感情。"①爱国主义教育成为各个国家思想政治教育发挥政治功能的主旋律。爱国主义是一面团结凝聚各国人民共同奋斗的精神支柱,面对国家这样的社会共同体,只有爱国主义才能团结不同阶级、不同民族和不同集团,找到他们利益的共同点。美国作为一个移民国家,民族众多,信仰复杂,通过爱国主义教育形成了强烈的民族意识。新加坡作为一个"弹丸"国家,人口较少,民族较多,通过共同价值观大讨论,使华人、印度人和马来人凝聚成共同认知的"新加坡人"。西方国家的爱国主义教育基本上是从唯心主义出发,为资本主义制度辩护,将西方生活方式理想化,为西方青年描绘出一幅仁慈的现代资本主义的神奇"图画",同时对社会主义国家采取敌视的态度。西方国家的学校让青年接受这样的反差:资本主义国家民主、自由和富裕,社会主义国家则专制、僵化与贫穷。西方国家学校的历史和地理课,往往歪曲或根本不谈人民的革命运动和人民起义,美化殖民政策。不列颠帝国被描绘成把文化和进步带给被它征服和奴役的人民。日本帝国主义对中国的野蛮侵略在日本教科书中被歪曲为"进入"。美国学校的历史教课书,歌颂征服新土地的开拓者的所谓浪漫主义精神,却不提对印第安人的灭绝杀害。由此可见,西方国家对

① 列宁:《皮季里姆·索罗金的宝贵自供》,《列宁全集》第35卷,人民出版社1985年第2版,第187页。

青年学生进行爱国主义教育的政治性很强，为维护这些国家统治阶级的利益，巩固他们现有社会制度和价值观念服务。思想政治教育的政治属性具有普遍性，世界各国的爱国主义教育莫不如此。朝鲜把爱国主义和国际主义教育作为大学生思想政治教育的重要内容。作为美洲唯一的社会主义国家，古巴共产党特别注意用美国干涉古巴政权的行径来教育大学生，努力培养他们的爱国主义情操。

（四）思想政治教育的理论研究更加专业化

思想政治教育是伴随着阶级的产生和国家的出现而产生和发展起来的。世界各国不仅重视思想政治教育，而且还特别注意方式、方法的研究与学习。自20世纪70年代以来，教育学、社会学、心理学、伦理学、政治学、法学和逻辑学等学科不断交叉、渗透与细化，有了新的发展和进步。从学科渗透交叉的角度对思想政治教育的对象、内容、环境和媒介等进行微观和宏观研究，有助于提高思想政治教育学科的创新性和实效性。随着国家之间学术交流的日益频繁，许多学者走出国门，交流合作、学习共享日益频繁，推进了思想政治教育学科的繁荣发展，思想政治教育的专业化和学科化研究不断深化。

长期以来由于偏见和封闭，我们对于外国尤其是发达国家的思想政治教育的情况了解甚少。发达国家事实上非常重视思想政治教育，有较成熟的思想政治理论和实践体系。他们虽然没有设置明确的学科，但是思想政治教育深深地渗透于政治学、社会学、伦理学和教育学等学科之中。通过这种教育使统治阶级的思想意志和观点渗透到社会公众之中，使社会成员普遍接受，并使其认识到这一制度的规则和基本价值标准，进而懂得如何适应在所处的社会制度中生存与发展。外国尤其是西方发达国家的教育家和理论家特别注重对各国思想政治教育的调查比较研究，从中发现新方法，获得新认识。在思想政治教育过程中积累了丰富经验，总结了大量的教育理论、方式和方法，涌现出大量的科研成果，公开出版和发表了许多学术价值高、参考价值大的专著、论文和知识读物，在世界各国、各地区产生了广泛深刻的影响。

为了使国民适应现代社会尤其是未来社会发展的要求，各国非常重视思想政治教育方法的研究。国外思想政治教育取得的成果，和他们重视思想政治教育的专业化、学科化建设与研究有关。许多国家设立了专门的机构，专人负责道德教育的有关工作。日本、美国和新加坡等国政府都拨出专款，资助道德教育的调查和研究。虽然各个理论流派提供的方法不同，但是理论与实践紧密结合，形成了良性互动，促进了思想政治教育学科的专业化建设，思想政治教育的研究群体也迈向专业化和职业化。

（五）思想政治教育的隐蔽性和渗透性不断增强

思想政治教育作为塑造灵魂的科学，在中外文化相互激荡、科学技术突飞猛进、国际间竞争日益激烈的今天，愈来愈显示出其重大意义，引起了世界各国的普遍重视。西方国家的思想政治教育更加重视政治功能，其思想政治教育的任务是以不同方式传播、灌输统治阶级的意识形态，肃清敌对意识形态的影响，甚至向社会主义国家实施“和平演变”，向第三世界国家输出“颜色革命”。在这一过程中，思想政治教育方式方法的隐蔽性和渗透性不断增强，一定程度上取得了预期的效果。

在教育的方式上，西方国家普遍由重视单一的灌输向灌输与渗透并重转变。许多国家思想政治教育传统上由政府主管，形式上以说理与灌输为主，途径主要是家庭和学校。在第二次世界大战后，教育形式和方法逐渐多样化，除灌输和说理的方式外，还有大量的实践活动和环境熏陶教育。它以教育对象的“无意识”作为教育过程的开端，以期实现“有意识”的教育目的。灌输理论是指一种理论不会自发地在人们头脑中产生，需要有意识地从外部灌输。许多国家不断对公民进行隐蔽的思想灌输和教育渗透，美国和西欧国家的学校经常通过职业指导与心理咨询等方式对学生施加影响和引导，实际上也是进行思想政治教育。日本极其重视隐蔽课程的作用，对教师的学历、仪表和言谈举止都有规定。美国的思想政治教育一般被称做公民教育。美国历代资产阶级政治家、思想家和教育家都十分重视对本国人民进行公民教育，并在长期的教育实践中逐步形成了以资产阶级政治思想为核心的公民教育理论体系，包括政治价值观教育、公民宗教教育、行为规范教育、施政纲领教育等基本内容。美国公民教育的特点是强调对教育对象进行渗透性和隐蔽性的教育，基本做法是把政治和道德教育等内容渗透到文学、历史、地理和社会等学科之中，渗透到课外和校外活动以及教师的工作职责之中。从表面上看，美国没有专门的思想政治教育学科与相关课程，但实际上处处渗透着思想政治教育的内容。利用这种隐性的方式把思想政治道德观教育的内容灌输到教育对象的头脑之中，使其容易接受并潜移默化，提高了思想政治教育的实效性。美国高校的思想政治教育历来十分重视隐性教育的整体性，一是力求课堂学习与环境教育活动相一致，二是校园环境与社会环境相一致，校内生活的伦理准则、价值观念与社会相一致。美国政府每年将几十甚至上百亿美元的巨资投入到传媒和出版事业，在宣扬资产阶级的世界观、人生观和价值观方面发挥了重要作用。对于公共环境，美国政府更是不惜血本来进行文化设施建设。国会大厦、白宫和华盛顿纪念馆等免费向公共开放。旧金山许多街道都以华盛顿、杰斐逊等重要历史人物命名，整个旧金山的街道几乎成了美国的名人志。这种环境和场所从不同的角度和侧面体现着“美国精神”，青年学生正是在自然的生活中，接受了无形的道德教育。新加坡的大学生思想政治教育十分重视隐性教育的作用，据统计，新加坡每年开展的全国性运动大约有二十多个，最常见的有敬老周、礼貌月、民族文化月等。在此过程中，政府讲究实际效果，力戒哗众取宠，极大地提高了国民的基本道德素质，促进了经济社会的发展。此外，教师仪表、师生关系、教学态度、校歌校训、校内舆论和校园环境等对学生思想品质形成的作用不亚于正式的课程。

（六）思想政治教育趋向于社会价值和个人价值并重

21 世纪以来，人类社会进入了一个崭新的阶段。从总体看，坚持社会价值与个人价值并重成为各国大学生思想政治教育价值取向的发展趋势。随着国际竞争的加剧，各国更加注重发展教育事业，根据社会发展的需要不断进行教育改革，同时也更加重视青年学生的思想政治教育，教育理论呈现新的特点，其中一个重要表现就是高度重视教育对象的个人价值和主体地位。传统教育理论往往把个人价值与社会价值对立起来,把教育对象仅仅看做是单纯的教育客体,把教育当做一种机械地“装填容器”的过程。现代教育实践使人们逐渐认识到人的价值和人在教育中的主体地位,人的问题逐渐成为教育理论研究的中心课题。现代教育理论认为,人是教育中最基本的着眼点,满足人的自身生活和发展需要,促进人的自由全面发展是教育的最高目的。在这种教育理论指导下,西方国家的思想政治教育在教育价值、师生关系、教育方法等方面发生了重大的变革,取得了较大成效。个人主义在西方资本主义国家曾经十分盛行,但是,近些年来西方国家对以中国为代表的东方文化产生了浓厚的兴趣,特别是东方传统文化当中的集体主义的思想。在社会导向上,西方国家也不再单纯地鼓吹个人主义,而是把个人和社会两种价值取向并列并重,但集体主义终归不会取代占据西方文化核心地位的个人主义。与西方国家相反,具有东方传统文化的国家一直以来都是以家族或者集团的利益为重,形成了所谓的家族本位和集体本位的社会结构模式,但是以家庭、集体为本位的东方文化传统国家也开始关注个人价值。

进入21世纪,各国的思想政治教育理念更加先进,更加推崇以人为本的教育理念。美国自20世纪80年代以来陆续制定了教育改革的文件,呼吁强化学生个人价值与学校价值目标上的社会共性取向,其公民教育注重贴近生活,调动教育对象的内在因素。俄罗斯的教育指导思想从所谓的原苏联教育学转向民主化的人道主义的教育学,强化了道德教育和公民教育的人道主义原则,突出了以人为本的思想内涵,思想政治教育转而突出人本主义。以新加坡为代表的亚洲“四小龙”在经济腾飞时期,无一例外地推行“国家至上,社会为先,家庭为根,社会为本”的价值观教育。但是从20世纪80年代以后,这些国家和地区对大学生进行思想政治教育的时候,变得越来越尊重学生本人的存在价值。许多学者也开始研究东方传统文化中所包含的集体本位价值观能否适应现代社会的需要,能否应对现实生活的挑战。许多东方传统文化国家也开始寻求社会价值与个人价值的平衡。纵观当今世界的思想政治教育,坚持社会价值与个人价值并重已经成为基本导向，各国开展大学生思想政治教育，在帮助大学生树立科学的世界观、人生观和价值观的过程中，在教育引导大学生如何正确处理个人与社会的关系时，趋向坚持社会价值与个人价值并重的原则。

第二节　国外大学生思想政治教育的主要模式

“模式一般被理解为一定事物通过程式化的处置而成为同类事物的典范或定型化的活动形式和操作样式，它是实践中不断探索、逐步积累、相对定型的典型经验的集中概括与反映，为处理其他同类事物提供了可供借鉴与应用的一般操作样式。”①“思想政治教育模式，则是包括一定观点和理论、一系列原则、策略、方法和途径在内的思想政治教育实施体系。成功的思想政治教育模式，不仅能使学生认同传授者的价值观念和道德标准，维护现行的社会制度和政治模式，而且还可以有效地抵制、削弱、甚至肃清敌对意识形态的影响。”②国外道德研究的理论较多，由于学者研究的出发点不一样，理论架构也差别较大。通过对国外思想政治教育成功模式的考察、分析，对提升我国大学生思想政治教育质量有重要的借鉴意义。

一、国外思想政治教育的理论研究——五种典型的道德教育模式

国外道德教育研究的理论和模式种类繁多，这里介绍几种最主要的思想政治教育模式，这些模式既是国外学者的理论研究成果，也一定程度反映了国外思想政治教育实践模式。

---

①　王玄武：《比较德育学》，武汉大学出版社2003年版，第123页。

②　周晓波：《美国思想政治教育模式的分析与借鉴》，《辽宁工业大学学报》（社科版）2009年第12期。

（一）价值观澄清模式

20世纪中叶，美国社会面临着移民社会、工业化程度迅猛加快等因素带来的价值多元化的冲击，价值观冲突现象日益剧增，许多美国公民期待在多样化的价值观下保持自己选择价值观的自由。在这种背景下产生了价值观澄清理论与模式，该学派以美国纽约大学教授路易斯·拉思斯、梅里尔·哈明和西德尼·西蒙等人为代表。价值观澄清模式是指使受教育者通过价值评价和选择学习，获得最合适和清晰的个人价值观的一种思想政治教育模式，目的在于塑造人的价值观。它是一种尊重人们自由选择自己价值观的权利，以培养人们对价值观的反省能力、选择能力为重点的教育模式。价值观澄清理论的提出，一方面是针对战后西方日益严重的道德问题，特别是针对学校思想政治教育中的灌输模式所带来的种种困难。另一方面它也是多元文化社会发展的必然结果。

以路易斯·拉思斯、梅里尔·哈明和西德尼·西蒙为代表的价值澄清学派认为：传统的价值教育方法是以成人的行为方式为模板，把儿童限制在成人认可的价值中选择。由于其中的灌输味道太浓，导致了实际效果并不理想。课堂教学应该是柔性的、随意性的和激励性的讨论，而不是价值观念的坚持性、预定性的兜售、推销与强加。其理论的最大特点是强调个人价值选择的自由，将价值教育的重点从价值内容转移到澄清个人价值的过程上去。教师的任务是帮助学生澄清他们自己的价值观而非将教师认可的价值观传授给学生。"价值澄清不同于传统学校价值教育方法的地方在于它不是向学生传递某种本身就是模糊不清的所谓正确的价值，而是强调通过一系列价值澄清策略教给学生一些澄清自己价值的技巧和自我评价、自我指导的能力，并使他们把这种能力转化为行为。"①

（二）道德认知模式

道德认知模式是继价值观澄清模式之后在美国最有影响的一种模

① 戚万学：《冲突与整合——20世纪西方道德教育理论》，山东教育出版社1995年版，第275页。

式，它是由瑞士学者让·皮亚杰提出，而后由美国学者劳伦斯·柯尔伯格进一步研究深化的。劳伦斯·柯尔伯格在让·皮亚杰研究儿童道德判断的基础上建立了包括道德发展的哲学、道德发展的心理学以及道德教育的实践策略在内的庞大理论模式，是当代思想政治教育理论中流行最为广泛、占据主导地位的思想政治教育学说。让·皮亚杰的贡献主要体现在理论建设上，劳伦斯·柯尔伯格的贡献则体现在从实践上提出了一种可以操作的思想政治教育模式。该模式假定人的道德判断力是按照一定的阶段和顺序从低到高发展，道德教育的目的在于促进儿童道德判断力的发展及其与行为的一致性，要求根据儿童已有的发展水平确定教育内容，运用冲突的交往或围绕道德两难问题的小组讨论等方式，创造机会让学生接触和思考高于当前阶段的道德理由和道德推理方式，造成学生认知失衡，引导学生在寻求新的认知平衡之中不断提高道德判断水平。

道德认知理论认为，道德教育是引导学生通过与其道德环境因素相互作用的活动，从事积极的道德思维，诱发认知冲突，从而促进道德认知水平的发展，使学生不断发展或建构自身的道德观，促进其道德判断和道德思维能力的发展。道德判断是一种本质的自发的思维过程，必须在冲突的道德情境中，才能提高他们对这些冲突价值观的批判能力。“儿童道德成熟的标志是他做出道德判断和提出自己的道德原则的能力，而不是遵从他周围的成人的道德判断能力。”①为了弥补道德认知发展模式的不足，劳伦斯·柯尔伯格进一步主张将道德讨论与课程教学相结合，并在道德讨论中增加一些对现实生活中道德问题的讨论，使道德判断的发展能更有效地影响学生的行为。美国道德认知学派面向阶段发展的道德教育方案而采取的主要途径是：道德讨论课，渗透于社会学习、法律教育、心理学和性教育等课程领域的“隐藏课程”活动，重新组织学校环境，让学

① 瞿葆奎：《教育学文集——教育与人的发展》，人民教育出版社 1989 年版，第 721 页。

生参与学校民主管理活动。

（三）社会学习模式

社会学习模式由美国心理学家阿尔波特·班杜拉 1977 年提出并创立的，它着眼于观察学习和自我调节在引发人的行为中的作用，重视人的行为和环境的相互作用，研究个人认知、个人行为与社会环境因素三者及其交互作用对人类道德行为的影响。按照班杜拉的观点，以往的学习理论家一般都忽视了社会变量对人类行为的制约作用。他们通常是用物理的方法对动物进行实验，并以此来建构他们的理论体系，这对于研究生活在社会中的人的行为来说，似乎不具有科学的说服力。由于人总是生活在一定的社会条件下，所以阿尔波特·班杜拉主张在自然的社会情境中而不是在实验室里研究人的行为。社会学习理论认为，不仅加诸个体本身的刺激物可以让其获得或失去某种行为，观察别的个体的社交化学习过程也可以获得同样的效果。例如，小孩看到幼儿园老师夸赞彬彬有礼的小朋友，并且给其糖果吃，等到他（她）见到幼儿园老师时也会彬彬有礼，小孩的其他特质也是从社会环境中学习而来的。

阿尔波特·班杜拉认为，社会学习模式应强调以下几点：第一，注重青少年道德行为的形成问题。与以往的教育模式不同，社会学习模式主张儿童个体如何在成人榜样的影响下学习特定的道德行为，注重研究儿童道德行为形成的社会因素，没有把儿童的道德判断水平与儿童的年龄发展阶段对应起来。第二，强调榜样的示范作用。社会学习模式坚信榜样的力量，坚信多种示范行为必有其教育效用，认为儿童的品德主要是榜样示范向儿童心理内化的结果。第三，强调动机的激发作用。阿尔波特·班杜拉把人的行为动机分为对结果的期望和对自身行为效能的期望，开创了对自身效能期望研究的先例。他认为人们仅有对目标或结果的期望动机是不够的，只有当人们感觉到这一目标不仅是可望的而且是自己可能做到的，才能更有效地敦促人们去为之奋斗。“社会学习模式主张通过以下途径培养青少年的道德行为：净化社会环境，关注大众传媒对儿童品行的各种正负效应，提倡向儿童供给优质的精神食粮；要求成人行为检点，为人师表，树立现实生活的榜样人物。”①

（四）体谅关怀模式

体谅关怀模式是20世纪70年代初期在欧美流行的一种思想政治教育模式，由英国学者彼得·麦克菲尔和美国的内尔·诺丁斯等创立。与道德认知发展模式强调道德认知发展不同，体谅关怀模式反对那种过于偏重理性和道德认知的思想政治教育模式，道德教育不应该是培养学生的道德判断和推理能力，更应该使人学会如何体谅和关怀别人，学会爱与被爱。体谅关怀模式把道德情感的培养置于中心地位，强调把思想政治教育活动和生活实际结合起来，强调在生活实践中学会关心，重视对学生道德体验、道德动机的培养等，这都是其他思想政治教育模式难以相比拟的。彼得·麦克菲尔和内尔·诺丁斯通过对中小学道德教育进行深入调研，认为对儿童和青少年的关心导致了道德水平的下降，教育者特别是学校教育者不应该以老师的身份进行道德教育，而是以关怀者的身份进行道德教育，只有让学生体验到被关心而不是被帮助，教育对象才会与教育者产生共鸣。体谅关怀模式以培养学生的关心、体谅他人的品质为目的，重视道德体验，是以对具体道德情景的讨论为途径，以构建和谐的道德关系为重点的德育模式。在具体的实际操作过程中，彼得·麦克菲尔等人还编制了一套颇具特色的系列教科书《生命线》，并配套编制了教师指导用书《学会关心》。在丛书中，彼得·麦克菲尔特别强调情境教育的重要性，认为离开具体的情境，道德教育必然失败。

（五）理性构筑模式

美国的詹姆斯·谢弗于20世纪70年代提出了理性构筑模式，认为道德教育受价值观理论的指导，而价值观又具有相对性，应当在民主与多元的社会背景下来理解道德问题。理性构筑模式的目的在于帮助教师对

① 周晓波：《美国思想政治教育模式的分析与借鉴》，《辽宁工业大学学报》（社科版）2009年第12期。

价值观问题的讲授有一个清晰的认识。教师要明白，道德教育的目的在于帮助学生在头脑中形成一个能识别、澄清并对价值观冲突进行分析的框架，使学生和老师一样在较长时间内对价值问题有清晰的看法。作为教师，应当多思考、多研究，多掌握一些价值观分类的理论，做到能够在实践中区分学生行为的性质，是道德问题还是非道德问题？是个人爱好还是基本价值倾向？是内在的观念还是外在的操作等。在詹姆斯·谢弗看来，教育的方式复杂多变，教育的情景千差万别，应该着重把握教育的共同基础，所以理性构筑模式侧重为教师构筑理性基础，而非提供具体策略。

二、美国、英国、日本和新加坡等国的大学生思想政治教育模式

世界上每个国家的思想政治教育都各有其特点，美国、英国、日本和新加坡四个国家的思想政治教育模式具有一定的代表性，同时这些国家在国际生活中又与我国的关系较为密切。通过对这四个国家的研究，能够对当今世界大学生思想政治教育模式的基本特点以及发展趋势进行总体把握。

（一）美国的大学生思想政治教育模式

美国的思想政治教育具有鲜明的阶级性。从争取国家民族独立到成为世界头号资本主义强国，美国一直非常重视思想政治教育。美国的思想政治教育具有极强的社会适应性，根据美国的政治、经济和文化条件的变化，不断调整教育的内容、方法和理论。作为一个没有悠久历史的移民国家，美国的思想政治教育没有一个统一的名称，大学里也不使用“思想政治教育”的概念，但在公民教育、道德教育、法制教育、价值观教育、宗教教育和历史教育等名目下，从事了大量实质性的思想政治教育，整个大学教育中蕴涵着明显的思想政治教育目的。美国前总统理查德·米尔豪斯·尼克松曾提出：“我们的信仰一定要同一种发动十字军们的热忱结合起来，不仅保护住我们自己，而且要改造世界——包括共产党世界在内——并且不经过一场战争，而赢得力争自由、个人尊严和真正经济进步

而进行的战斗。”①美国思想政治教育的政治功能逐渐强化，成为确保资产阶级统治地位、巩固和发展资本主义制度的重要工具。

在思想政治教育方法方面，通过学校教育和社会教育将显性课程与隐性课程结合起来，充分发挥宗教、政党与政治活动、家庭、社区与社团及大众媒介的作用。学校教育是美国当代思想政治教育的重要阵地和主要途径。美国的大学课程设置全面，历史课程是大学生的必修课，在专业课程中也渗透思想政治教育的内容。在大学生教育方面，虽然美国各个州的高校德育课程存在多样性，但是都包含着共同的基本内容：公民课、社会课、历史课和人文课等，对大学生进行具有美国特点的世界观、人生观、价值观和时事政策等教育，其他课程也始终十分注重思想品德教育。美国的大学教育一方面帮助学生实现社会化，让他们掌握从事某种职业的基本技能。另一方面塑造学生与所学专业相关的价值观，在专业教学中渗透德育内容。美国教育界十分重视隐蔽课程对学生思想品德成长的影响。一是力求课堂教育与环境教育活动的互相补充，二是促进校园环境与社会环境相互协调。美国许多大学有自己的校旗、校训和校徽。正是采用较隐蔽的形式，使大学生在潜移默化中接受和认可其意识形态。美国大学的学生工作及学生课外活动成为实现育人目标的重要载体，主要有三个特色：一是非学术性评议咨询活动，类似于我国大学的心理咨询或热线电话活动，内容涉及社交技巧、人际关系和规章制度等。二是法制化的校纪管理，美国大学生看似十分自由，实际具有严格的行为规范要求。三是学生社团和课外活动作为大学生的第二课堂，渗透着美国的价值观教育，培养大学生自我管理、自我教育和社会生存的能力。社会教育是美国思想政治教育的重要途径，其社会性的思想政治教育主要通过宗教、政党、社区和家庭等途径来完成。思想政治教育不仅局限在学校范围内，学校只是社会生活的一种方式，国会、政党、教会、学校、企业和社区等都负有道德教育的职能。重视个性的发展，注重爱国主义教育，培养公民的社

① ［美］理查德·尼克松：《六次危机》，商务印书馆1972年版，第110页。

会责任感是美国思想政治教育的重要内容。首都华盛顿是一个巨大的思想政治教育博物馆，华盛顿纪念碑、林肯纪念塔、罗斯福纪念馆和独立纪念碑等全部免费开放，建筑物的周围是干净整洁的自然环境，各种建筑物处处都渗透着美国意识。

（二）英国的大学生思想政治教育模式

英国的大学没有统一的思想政治教育目标，但是政府规定的普通学校八条基本条目中，就有四条是关于思想政治教育的，可见政府对大学生思想政治教育的重视。大学生思想政治教育的主要内容有公民教育、道德教育和历史教育。随着国内外政治斗争形势的变化，英国政府日益重视对公民进行政治教育，并主要以公民教育的形式出现。1934 年英国成立公民教育协会，倡导给青年以“民主主义社会公民所必需的道德品质方面的训练”，基本内容是“一种社会责任感，一种为了公共利益而泯灭个人利益、阶级利益以及全心全意为社会工作的意志”。[①] 公民教育主要进行有关社会责任和公民权利与义务的教育。道德教育的目标是培养合格的英国公民。历史教育主要目的是使学生树立认同感，树立正确的世界观、价值观和历史观。思想政治教育内容的制定源自三个方面：一是学生的需要，即通过对学生相关要求的调研和反馈，修改补充思想政治教育内容。二是社会反馈，研究人员深入企业、家庭、政府和宗教界等，征求社会对学校的意见。三是开展道德基础理论的研究，积极进行理论研究来指导学生的思想与道德。

英国大学生思想政治教育具有隐形教育的特点，主要途径包括家庭教育和学校教育。随着英国社会生活的变化，家庭教育在大学生思想政治教育中的地位逐渐降低，学校教育的重要性日益凸显，成为大学生思想政治教育的主阵地。学校思想政治教育的主要途径有宗教教育、道德课、体育课和各种社会活动、教师品行示范影响等。“英国思想政治教育的

① 陈立思主编：《当代世界的思想政治教育》，中国人民大学出版社 1999 年版，第 141 页。

主要方法:其一,英国是个基督教国家,宗教教育在英国思想政治教育中发挥重要的作用。宗教课程是学校教育的必修课程,现代宗教教育和道德教育相结合,主要目的是培养公民权利和责任意识。其二,英国学校非常重视校园文化对学生思想观念和道德品质的影响。通过校园文化活动可以增强学生的主体参与意识,增进团结,增强学生的集体责任感、荣誉感,培养集体主义精神。其三,英国思想政治教育注重社会实践活动。通过角色模仿、舞蹈演出、展览、网站、辩论等社会实践活动,激发学生的积极性和创造性。通过形式多样的社会实践活动,使学生认识自己的特长,提高了学生的综合素质。"①除了学校之外,英国还通过社会途径开展大学生思想政治教育,主要通过大众传播媒介、社会科学研究机构、社区和政党活动等。

(三)日本的大学生思想政治教育模式

学校是日本对大学生进行思想政治教育的主阵地,并能够把学校教育与家庭、社会的教育有机结合起来。学校的思想政治教育是根据文部省的要求进行安排,教师尽量选用生动、实际且符合学生需要的材料来讲授。与中小学不同的是,思想政治教育在大学阶段得到更高程度的重视。大学生思想政治教育方法以道德教育为中心,教育内容渗透于学校的各项活动中,并通过正规课程、各科渗透、实践教学、心理咨询和就业教育等方面进行思想政治教育。"日本思想政治教育的主要方法:第一,课程设置全面化。日本学校不仅开设道德课程,而且在各专业课程中渗透思想政治教育的内容。日本学校通过学科的交叉与渗透,提高了思想政治教育的有效性。第二,重视学生的课外活动。通过举行丰富多彩的集体活动,培养学生热爱集体、忠于集体的观念,同时发展学生的个性和创造力。第三,开展丰富多彩的社会活动。学校鼓励学生参加社会公益活动,同时利用大众传媒、社区和图书馆等多种途径来开展思想政治教育。"②

---

① 李志辉:《当代国外思想政治教育模式及其借鉴意义》,《河北理工大学学报》(社会科学版)2011年第11期。

② 同上。

日本大学生思想政治教育明显带有面向世界的特点。作为一个资源有限的岛国，要在激烈的世界竞争中有立足之地，必须积极参与国际事务，争取其政治大国的地位。所以，日本的思想政治教育要求在深入了解本国传统文化的同时，广泛了解异国文化，主动为国际社会做出积极的贡献，以争取国际社会的信任和支持，其国际化思想在大学生思想政治教育中尤为突出。大学生思想政治教育内容是全面而丰富的，包括政治教育、世界观教育、人生观教育、国际化教育、健康教育和人格教育等。思想政治教育的中心内容是维护资本主义制度和资产阶级民主，政治色彩十分突出。

（四）新加坡的大学生思想政治教育模式

1965年新加坡获得独立，在短时间内迅速崛起，取得了举世赞叹的发展成就，这与其高度重视思想政治教育不无关系。前总理李光耀指出：政府始终把反复灌输相同的基本价值观念和生活态度放在首位。也就是说，新加坡高度重视对国民的思想政治教育并把它作为基本国策毫不动摇。“新加坡思想政治教育的主要方法：一是思想政治教育具有层次性和统一性。针对学生身心发展规律和认识能力的不同，制定了合理的适合不同年龄层次的教育计划和纲要，从而提高了思想政治教育的有效性。二是注重培植公民的国家意识，把思想政治教育提升到重要地位。新加坡政府在思想政治教育中具有特殊的地位和作用，政府积极参与和指导思想政治教育，提高了思想政治教育的社会化水平。三是新加坡注重思想政治教育环境的建设。学校是和社会生活紧密相连的特殊环境，在学生思想政治观点及品德的形成中，具有独特的地位和作用。新加坡的学校思想政治教育非常注意与家庭和社会的结合，并产生了良好的效果。四是加强法制建设。新加坡政府重视法制建设在思想政治教育中的作用，通过立法和制定政策，强制人们遵守共同的行为规范，从而形成良好的社会秩序和社会风尚。”①

① 李志辉：《当代国外思想政治教育模式及其借鉴意义》，《河北理工大学学报》（社会科学版）2011年第11期。

学校教育与家庭、社会教育相结合是新加坡学校道德教育的成功经验。新加坡思想政治教育的主要途径是学校教育和社会教育。学校教育主要进行基本理论和观念的系统化教育，表现为德育和群育两个层面。德育的目标是培养效忠国家、忠于事业、奉献社会的责任心以及廉、诚的个人行为，群育则包括合群、合作、共处、容忍和宽容精神的培养。新加坡的思想政治教育服从和服务于国家现代化的总任务，内容主要包括公民教育、生活与成长课、宗教教育和传统伦理道德教育。社会教育则是从家庭到社会，全国各行各业的思想政治教育活动，包括社会认同工程和文化再生运动。社会认同工程培养热爱新加坡，有国家意识、社会责任感和正确价值观念，能及时对自己、家庭、邻居、社会和国家尽自己的义务，能明辨是非的良好而有用的“新新加坡人”。还有文化再生运动。文化再生运动的主旨是反对全盘西化，倡导东方传统价值观，特别是经过改造和选择了的现代新儒学。在对待东西方文化的态度上，坚持技术上依赖西方，精神上固守东方，对儒家文化批判地吸收，抵御西方腐朽价值观入侵。

第三节　国外大学生思想政治教育模式的启示

随着信息化社会的到来和经济全球化进程的加快，我国社会主义市场经济建设得到了飞速发展，大学生思想政治教育的重要性日益凸显。大学生作为国家的未来、民族的希望，其能否健康成长、顺利成才与思想政治教育密切相关。我国的思想政治教育历史源远流长，积累了许多宝贵的经验。随着社会政治、经济和文化的发展，思想政治教育滞后的问题日渐突出。如何进一步加强和改进大学生思想政治教育？如何转变传统说教、灌输的教育方式，注重对大学生心理需求和认知能力的培养？如何形成学校、家庭和社会的思想政治教育合力？如何探讨思想政治教育的普遍规律和共同本质？这些问题必须在今后的实践中切实加以解决，才能进一步提升大学生思想政治教育的质量。学习借鉴国外大学生思想政治教育的模式，有利于我国大学生思想政治教育拓宽渠道、丰富形式、创新模式。

一、政府应放眼世界，高度重视大学生思想政治教育

随着改革开放的推进和经济体制的转型，我国社会出现经济成分和经济利益多样化，生产方式和生活方式多样化，社会组织和分配形式多样化等现象，这给思想政治教育带来新的问题、新的挑战。受经济全球化和市场多元化的影响，社会的价值取向呈多元化态势，大学不再是世外桃源，大学生受到全方位、立体化与多层面的社会影响。改革开放使我们走上了社会主义强国之路，大学生思想政治教育应当放眼世界，了解、吸收和借鉴国外的先进经验和有效做法，不断革除旧有弊端，创新教育模式，提升教育质量。虽然世界各国的思想政治教育都是紧密结合本国实际开展的，都有各自国家的特色，但是教育的本质和规律具有普遍性，都有值得相互借鉴的地方。例如，新加坡是个华人占70%左右的多民族社会，与我国同为亚洲国家，有相似的文化根基。新加坡的国民教育价值观在某种程度上与中国有相似之处。对新加坡思想政治教育模式进行探讨，借鉴其成功经验，将有助于促进我国大学生思想政治教育的创新发展。

搞好大学生思想政治教育，培养德才兼备的合格人才，政府行为是关键。政府高度重视，承担责任，实施坚强领导，切实把大学生思想政治教育提高到战略地位上来。通过行政、法律、经济和文化的手段支持与引导好大学生思想政治教育。制定明确的思想政治教育政策，做到旗帜鲜明、坚定不移，保持政策的科学性与连续性。纵观世界发展历史，任何国家在任何时期，凡是政府对思想政治教育放任自流的，社会就会动荡混乱，青少年犯罪率就高，国家政治、经济和文化目标就不会实现。反之，凡是政府重视思想政治教育，并采取了切实可行的措施，社会就安定团结，青少年就会健康成长，国家的政治、经济和文化目标就能够实现。西方发达国家曾因片面追求高科技而忽视青年人的思想政治教育，造成公民道德败坏、家庭崩溃等社会问题。现在各国普遍重视和采用不同的方式和途径

来提高思想政治教育的效益。轻视思想政治教育不仅会影响人才培养质量，还会影响国家政治、经济发展目标的实现，这样的教训在发达的资本主义国家中都曾有过。冷战时期，前苏联卫星率先上天，美国朝野震动，很快便颁发了一部《国防教育法》，加强了科学、数学和外语等“新三艺”课程，压缩了历史、地理与公民教育等教育课目。这种片面重智育轻德育的政策使美国教育质量连年下降，学生道德状况以及学校风气恶化。1983年美国教育改革委员会提交报告使用了“国家在危急中”这样的标题。此后美国政府开始重新认识思想政治教育的地位。一些大学相继成立了官方资助的专门的道德教育研究机构。“美国在1993年颁布了《2000年目标:美国教育法》的全美教育改革计划，并且在1996年和1997年的国情咨文中强调，要恢复美国的国际竞争力，必须从培养人才开始，学校必须进行品格教育，必须把美国学生培养为好公民，这些政策有力地推进了美国品格教育的进程。”①

二、坚持“灌输式”与“渗透式”相结合，显性教育与隐性教育并重

必须始终毫不动摇地坚持灌输理论，这是世界各国思想政治教育的一条重要经验。美国是一个文化、生活多元的国家，思想政治教育的核心内容却是一元化，即宣扬资本主义制度的优越性、反共产主义教育、公民权利与义务的教育、国民精神的教育等。我国不少学者把灌输等同于“生硬的说教”、“填鸭式”，这种认识的错误在于把灌输片面地理解为某种具体的方式方法而非思想政治教育实践的本质。在新的形势下，进一步研究、理解马克思主义灌输理论的科学含义，探索先进思想社会化的有效途径，消除人们对灌输理论的误解，不断创新灌输方法，拓展灌输空间，讲求灌输效果，从硬性灌输向软性灌输转换，达到预期的灌输效果。

---

① 曲科军:《国外道德教育的特点及其启示》,《学校党建与思想教育》2007年第11期。

西方国家普遍重视由单纯的灌输向灌输与渗透并重转变。美国思想政治教育的方式、方法多样化，除了理论灌输之外，还有大量的实践活动与环境熏陶，实现了灌输与渗透、显性和隐性教育的结合，隐性渗透的教育方式能够使思想政治教育收到潜移默化的教育效果。美国的思想政治教育为了避免强迫灌输某种意识形态的负面效应，把其渗透在历史学、政治学、经济学、心理学以及现代社会和社会问题等学科中，把现场教学作为大学生思想政治教育的补充形式。德国大学开设了社会学、伦理学和公民学等专业课，对大学生进行渗透式的思想政治教育。英国大学在各门课程中有意“安排”思想道德教育的内容，让大学生接受社会所要求的政治观点和道德规范。借鉴国外的经验，应不断创新思想政治教育方式，运用各种喜闻乐见的手段，寓教于乐，增强思想政治教育的愉悦性、知识性和多样性，逐步实现灌输与渗透并重的转变。在大学生思想政治教育的过程中，注重理论与实践的结合，通过丰富的教学内容和多样化的教学手段，激发大学生思考与专业有关的社会伦理问题。

三、强化大学生思想政治教育的政治功能，不断提升意识形态教育的效度

前苏联解体、冷战结束之后，有人主张在思想政治教育中淡化政治教育，其实质是淡化意识形态。纵观当今世界，各国都在旗帜鲜明地宣扬本国占统治地位的意识形态。西方资本主义国家充分利用信息技术优势，通过互联网、广播电影电视及各种新闻媒介，不断向不同意识形态国家传播他们的价值取向、生存态度和认知方式，宣传资本主义如何优越，不断进行文化扩张、思想渗透，进行“和平演变”，实施“颜色革命”。新加坡、韩国一方面毫不含糊地宣传自己的资产阶级民主建国理念，一方面又抵制“西方”思想的侵蚀。尽管我国大学生思想政治教育走过弯路，还存在一些突出问题，但大学生思想政治教育的政治功能必须强化，这是思想政治教育的政治属性决定的，是我国培养德才兼备合格人才的保证，也是各

国大学生思想政治教育的普遍做法和成功经验。

“社会主义核心价值体系是兴国之魂，决定着中国特色社会主义发展方向。要深入开展社会主义核心价值体系学习教育，用社会主义核心价值体系引领社会思潮、凝聚社会共识。”①中共“十八大”对加强社会主义核心价值体系建设作了重大战略部署，为大学生思想政治教育改革和发展指明了方向。在对大学生进行思想政治教育的过程中，坚持思想政治教育的政治功能和意识形态性不动摇，不被西方资产阶级所谓的“民主”、“自由”口号所蒙蔽。“中国特色社会主义道路，中国特色社会主义理论体系，中国特色社会主义制度，是党和人民九十多年奋斗、创造、积累的根本成就，必须倍加珍惜、始终坚持、不断发展。全党要坚定这样的道路自信、理论自信、制度自信！”②当前形势下，强化大学生思想政治教育的政治功能，必须在大学生中开展以社会主义核心价值体系为主要内容的“三个自信”教育，倡导富强、民主、文明、和谐，倡导自由、平等、公正、法治，倡导爱国、敬业、诚信、友善，积极培育和践行社会主义核心价值观，引导大学生坚信中国特色社会主义理论，坚定中国特色社会主义信念，坚持走中国特色社会主义道路，自觉抵御西方敌对势力对我国的“西化”和“分化”。

四、坚持以人为本，充分体现大学生思想政治教育的人文关怀理念

21世纪，人类社会进入合作更加广泛、交流更加全面、影响更加深刻的阶段。大学生思想政治教育坚持以人为本，高度重视教育对象的个体价值和主体地位，这是世界大学生思想政治教育的发展趋势和显著特点。美国教育家约翰·杜威主张把德育与生活有机结合起来，在丰富多彩、充满个性的生活之中培养学生良好的品德和优良的个性，这一理论已经得到广泛的应用。德国现代存在主义哲学主要代表人卡尔·西奥多·雅斯

① 胡锦涛：《坚定不移沿着中国特色社会主义道路前进，为全面建成小康社会而奋斗——在中国共产党第十八次全国代表大会上的报告》，《人民日报》2012年11月18日。

② 同上。

贝尔斯曾说：人是教育的出发点，真正的教育应该是“人与人的主体间的灵与肉的交流活动”而不是“理智知识和认识的堆集”①。我国大学生思想政治教育应追寻世界潮流，坚持与时俱进，坚持与“世”俱进，坚持以人为本，注重人文关怀和心理疏导，充分尊重大学生在教育过程中的个人价值和主体地位。

中共“十八大”修改的新党章中把科学发展观和马列主义、毛泽东思想、邓小平理论、“三个代表”重要思想一道确立为党的行动指南。科学发展观的核心是以人为本，大学生思想政治教育贯彻落实科学发展观的基本要求就是坚持以学生为本的教育理念，把发展人的主体性放在中心地位，改变传统的教育观念和传授习惯，不断创新教育方法和教育模式。把大学生看做是有生命的个体，有个性的主体，关注他们的发展需要，关注他们的物质利益和客观需求，努力探索尊重、关心和理解的新方法，建立双方之间平等的、互动的教育方式，提高大学生参与思想政治教育的积极性、主动性和创造性。帮助大学生自我修养、自我完善，实现主体性的最大发展，提高大学生思想政治教育的效果。充分尊重大学生在思想政治教育中的主体地位，结合时代发展和现实要求培养大学生的民族意识和爱国精神，重视大学生个性的健全与和谐发展，培养他们的群体意识和社会责任感。

五、重视道德认知能力的培养，提升大学生的自我教育能力

道德认知理论认为，道德教育是引导学生通过与其道德环境因素相互作用的活动从事积极的道德思维，诱发认知冲突，从而促进道德认知水平的发展，使学生不断发展或建构他们的道德观，促进其道德判断和道德思维能力的发展。注重学生道德认知力的发展，是当代国外大学生思想政治教育的理论成果和实践经验，强调道德认知力的发展能够提高大学

① [德]卡尔·西奥多·雅斯贝尔斯：《什么是教育》，邹进译，三联书店 1991 年版，第 116 页。

生的道德水平,对改进我国的大学生思想政治教育具有积极的意义。联合国教科文卫组织要求“应该使每一个人借助于青年时代所受的教育,能够形成一种独立自主的、富有批判精神的思想意识,以及培养自己的判断能力,以便由他自己确定在人生的各种不同的情况下他认为应该做的事情”①。

我国传统大学生思想政治教育往往过于注重灌输,忽视了对大学生道德认知能力的培养。大学生经常性地处于被动教育状态,自我教育意识较差,自我教育能力不足,影响了大学生思想政治教育的质量。借鉴国外大学生思想政治教育道德认知模式,置于一定的思想政治教育认识情境,帮助大学生用正确的立场、辩证的观点和科学的方法认识问题、分析问题和解决问题,进一步培养他们的道德认知和实践能力,切实保证大学生真正具备较高的道德素质,达到独立自主地判断问题和解决问题的目的。社会实践是大学生自我教育的有效形式,高校应不断丰富课程安排、社会实践活动等,为大学生提供接触社会、自我教育的平台,培养大学生的公民意识、社会责任和使命感,发展大学生的道德知识迁移和应用能力、道德推理能力、行为选择能力、理解他人的交际能力和创造能力。

六、家庭、学校和社会形成合力,构建全方位的大学生思想政治教育格局

动员包括学校、家庭、社会和大众传媒等在内的全社会的力量积极参与大学生思想政治教育,全方位形成教育合力,这是国外大学生思想政治教育的有效模式。“学校、家庭、社会是一个有机整体,它们之间相互区别又相互联系。学生的道德教育启蒙,首先受教于家庭,良好的家庭美德为学生健康成长奠定了坚实的基础。社会是个大学校,如果社会的道德

① [美]雅克·德洛尔:《教育——财富蕴藏其中》,联合国教科文组织总部中文科译,教育科学出版社1996年版,第85页。

环境恶劣，再好学校的学生也会在社会的染缸中染上杂色。当前，在市场经济冲击下，道德滑坡、伦理困惑、理想失落、公德淡漠，已给思想道德教育提出了许多新的课题。净化育人环境需要家庭、学校、社会各方面的大力合作，形成一个理想、法制与纪律相互作用、不断协调、目标一致的综合德育网络，需要建立自律和监督相统一、引导和约束相结合、道德和法制相辅佐的大德育运行机制。"①我国大学生思想政治教育实现从孤立的教育环境到形成合力的教育系统的转变，在学校通过各科教学及学术活动进行思想政治教育，同时让家庭和社会形成合力，建立社会各方合作机制，促进大学生思想政治教育的社会化。

发挥高校在大学生思想政治教育中的主导作用，进一步建立完善大学生道德教育体系。"各级各类学校不仅要建立完备的文化知识传授体系，而且要把德育放在首位，确立正确的政治方向。"②我国大学生思想政治教育应进一步建立与完善理论体系和操作体系，积极开展与外界的交流，建立高校引领下的各行各业开展思想政治教育的工作体系，使高校、社会和家庭达成一致性。大学生思想政治教育合力的形成离不开政府的主导作用，政府应采取有效措施，根据学校、家庭和社会的不同地位和作用，予以必要的政策支持，有效推进整体教育，形成全社会开展思想政治教育的多元化格局。重视社会环境的合力，大学生思想政治教育是一项全社会参与的系统工程，良好的社会环境对大学生思想道德的形成和发展具有重要作用。大力优化社会环境，在发挥学校作用的同时，充分调动社会组织、社区和家庭等在大学生思想政治教育中的作用，使各种环境协调一致，形成学校、家庭和社会纵横联系的教育网络，实现大学生思想政治教育合力的最大化。重视文化传媒的思想政治教育功能，充分利用报纸、书刊、广播、电视、电影和网络等现代大众传媒的作用，采取灵活多样

---

① 陈菲：《当代国外学校道德教育状况及其对我国的启示》，《学校党建与思想教育》2010 年第 3 期。

② 江泽民：《在庆祝中华人民共和国成立四十周年大会上的讲话》，人民出版社 1989 年版，第 10 页。

的宣传手段，牢牢把握正确的舆论导向，提高大学生思想政治教育的实效性。政府重视传统文化产业的价值传播功能，发挥文化产业的思想渗透作用，积极创造大学生喜闻乐见的文化产品来传达思想教育的内容，拓展思想政治教育的覆盖面。

第五章　我国大学生思想政治教育模式的历史演进

培养什么人、如何培养人，始终是我国高等教育事业发展中必须解决好的根本问题。大学生总体上是情感丰富、求知欲强、自我意识不断增强，但同时情绪化倾向、逆反心理又十分明显的特殊群体，思想政治教育对大学生的成长成才具有特别重要的意义。中国共产党自建立以来就把思想政治工作广泛地应用到各个领域。我国高校大学生思想政治教育的模式具有鲜明的时代性，取决于党在不同时期所面临的历史使命和时代背景。历史的血脉不能割断。创新大学生思想政治教育模式，必须建立在对以往大学生思想政治教育及其模式的总结与分析、提炼和借鉴的基础之上。

第一节　新中国建立之前党开展大学生思想政治教育的模式

新中国建立之前，中国共产党还不是执政党。红军长征胜利到达陕北后，先后在延安举办了抗日军政大学、陕北公学等几所大学，对大学生思想政治教育开始有了具体的实践。这一时期大学生思想政治教育模式是党在马克思主义科学理论指导下，立足于中国革命伟大实践的基础上形成的。党的主要任务是带领中国人民进行新民主主义革命，开展大学生思想政治教育实践虽然是初始的，但却是坚实的和有益的，奠定了党开展大学生思想政治教育的基础。对这一时期的大学生思想政治教育历史进行总结，有助于继承和发扬党的思想政治工作的优良传统，推动大学生思想政治教育模式的创新。

一、从北伐战争到遵义会议时期党的思想政治教育模式

从北伐战争到遵义会议，是党独立开展思想政治教育的初始时期。这一时期，党虽然没有独立开展大学生思想政治教育的实践，但党的思想政治工作却伴随着党的建设、军队建设和根据地建设逐步形成发展，并在党、军队和根据地的建设与发展过程中发挥了极其重要的作用，对以后特别是新中国建立之后的大学生思想政治教育模式产生了重要影响。

（一）奠定了党的思想政治工作模式的基础

北伐战争时期，党以苏联红军为榜样开展思想政治教育。在黄埔军校和国民革命军中建立了政治部，设立了党代表，以反帝反封建的革命目标来教育学员和部队官兵。“那时军队设立了党代表和政治部，这种制度是中国历史上没有的，靠了这种制度使军队面貌焕然一新。一九二七年以后的红军以至今日的八路军，是继承了这种制度而加以发展的。”① 后来的中国人民解放军同样是继承了这种制度，并在广度和深度方面有了更大的发展。中国共产党在开展工农运动、传播马克思主义的过程中，以黄埔军校及国民革命军中的思想政治教育实践为基础，探索并积累了军队思想政治教育的经验。1927 年 9 月的“三湾改编”奠定了党的思想政治工作基本模式形成的实践基础，不仅开创了支部建在连上和实行军内民主制度的组织形式，而且创立了我军的政治工作制度，为建设一支新型的人民军队奠定了基础。

（二）形成了党在思想政治工作史上的第一个纲领性文献

1929 年 12 月 28 日召开了中国共产党红军第四军第九次代表大会，

---

① 毛泽东：《和英国记者贝特兰的谈话》，《毛泽东选集》第 2 卷，人民出版社 1991 年第 2 版，第 380 页。

又称古田会议。《古田会议决议》系统地总结了党和军队政治工作的基本经验，着重批判了单纯军事观点、军阀主义、极端民主化、非组织观点、绝对平均主义、主观主义、个人主义等错误倾向，阐明了政治工作的地位、作用和基本原则，是党在思想政治教育史上第一个纲领性文献，是党开展思想政治教育的里程碑。它明确了红军作为无产阶级革命军队的性质、宗旨和任务，规定了党指挥枪的原则，阐明了军事与政治的关系，确立了红军宣传工作的任务和要求，总结了红军政治工作的要求与方法，论述了对红军进行马列主义及党的正确路线教育的方法与原则。① 1934 年，党在瑞金召开了红军第一次全国政治工作会议，周恩来、朱德、王稼祥等党和军队的领导人系统地阐述了“政治工作是红军的生命线”的科学论断，在党的思想政治教育历史上产生了重大而深远的影响。这一时期，红军的政治工作也受到了王明“左”倾错误的干扰破坏，加上军事指挥失误，导致第五次反“围剿”斗争失败。

二、从长征胜利到新中国建立之前党开展大学生思想政治教育的模式

从长征胜利到新中国建立之前是党开展思想政治教育富有成效的时期之一。这一时期党开展思想政治教育的模式主要以党中央在延安时期为代表。延安时期在学校开展思想政治教育是党的思想政治教育历史的重要组成部分，对当代的大学生思想政治教育模式产生了积极而深远的影响。

（一）思想政治教育体现鲜明的时代特征

树立坚定正确的政治方向是延安时期学校思想政治教育的一大特色。抗日军政大学教育方针开宗明义地规定：坚定正确的政治方向。1937 年卢沟桥事变，日军大举入侵。中国进入全面抗战时期，战火中许

① 参见褚艳华：《浅析党的思想政治教育发展史及其启示》，《科技信息》2011 年第 24 期。

多大学遭到破坏。抗日救国成为时代的最强音，延安成为革命的圣地。“在延安创办大学，为党和军队培养干部，培养边区政府需要的各种人才，成为党在特殊时期的重要任务，也是延安各类大学迅速成立并得到快速发展的直接原因。”①带有强烈的时代烙印是延安时期创立的大学所具有的鲜明特色，这一时期大学生思想政治教育内容适应社会发展和变迁的需要，紧扣抗日主题，为党和军队干部的培养，为边区政府需要的各类人才的输送，为团结群众、凝聚力量和争取抗战胜利发挥了重要作用。

（二）队伍建设是思想政治教育质量的保证

延安时期，中央设立专门的干部教育部，吸收有丰富经验且德才兼备的人进入思想政治教育队伍中，负责在全党开展思想政治教育。这些“思想政治教育工作者走进各级各类有关学校，系统地学习马列主义，尤其是马列主义关于思想政治教育的学说，并着重进行了理论素养和思维能力的训练，成为各级思想政治教育理论骨干，然后再返回工作岗位，带动更多的人去学习和研究党的思想政治教育工作”②。这一时期的实践证明，高素质的工作队伍是思想政治教育取得实效的重要保证。

（三）学校思想政治教育模式进行了初步探索

中共中央到达延安后，为适应斗争形势的需要，先后在延安举办了抗日军政大学、陕北公学等几所大学，为未来的解放战争和国家建设培养了大批治军、治国人才。通过学校的系统教育和在职学习开展对领导干部的思想政治教育。党中央特别抽调那些在党内久经考验的干部来担任学校的领导，毛泽东、周恩来、陈云、张闻天和朱德等中央领导人亲自授课，调动了广大学员的积极性，保证了教育的水平和质量。延安时期，党运用民主的方法是思想政治教育的基本模式，即使在改造日本战俘的日本工农学校，为了改变学员的世界观，“学校根据学员的具体情况，制定了‘日

① 陆翠岩、董丁戈：《延安时期大学校园文化及其当代启示》，《理论学刊》2010 年第 2 期。

② 赵江涛、安晓建：《延安时期党的思想政治教育理论创新与经验总结》，《西安政治学院学报》2009 年第 22 期。

人管日人'和'学生自治'的原则,在政治上给学员以充分信任,使学校充满民主、愉快的气氛,促进了日俘学习和思想的转变"①。开展识字运动、冬学运动,建立夜校、半日学校等各种形式的学校,调动了教育对象的热情和积极性,为实现党的思想政治教育目标起到了非常重要的作用。

(四)围绕中心工作和主要任务开展思想政治教育

延安时期学校的思想政治教育在教育目的和内容上,是根据不同时期的主要任务和中心工作来确定的。党中央到达延安后不久,抗日战争爆发,民族矛盾成为主要矛盾。毛泽东在陕北公学开学典礼上所作的《目前的时局和方针》中讲道:"学习的人、教育的人,都是为着一个目的,这就是挽救民族与社会危机。"②在教育内容上,充分挖掘和创新媒介载体在思想政治教育中的作用。各级各类学校开设思想政治教育相关课程。学员们经常一边学习,接受教育,一边从事生产并参与战斗。同时,校园生活也丰富多彩,学员们学唱歌、唱戏、扭秧歌等,寓思想政治教育于各项活动之中。

(五)思想政治教育的方法不断创新

丰富多样的教育方法是思想政治教育取得实效的催化剂。典型教育法在延安时期发挥得淋漓尽致。从中汲取经验,不断发现、培养学生敬仰的模范人物,增强思想政治教育效果。唱歌、唱戏、写标语、写墙报、演讲和参加生产等是延安时期学校思想政治教育的重要方法。延安时期发挥把媒体与文艺相结合的舆论宣传作用的做法。③ 在教学方法中,采取启发的、研究的、实验的方式发挥学生在学习中的主动性与创造性。在教学中,陕甘宁边区及其近郊地区的事迹材料,经过各种调查研究的方法充分加以利用,利用一切可以利用的时机巧妙地设计教育情境。遇到重大节

① 王东维:《延安时期思想政治教育要素的有效性研究》,《思想理论教育》2010 年第 7 期。

② 毛泽东:《目前的时局和方针》,《毛泽东文集》第 2 卷,人民出版社 1999 年版,第 63 页。

③ 梁飞飞:《论延安时期党在学校的思想政治教育及其当代启示》,《神州》2011 年第 11 期。

日与重要事件，毛泽东等领导人会出席发表演讲，开展对学员的思想政治教育。毛泽东在积极分子会议上，在纪念鲁迅逝世周年大会上，在陕北公学和抗日军政大学的开学典礼上，在五四运动纪念会上，在一二·九运动纪念大会上等多种场合宣传党的路线方针政策。

第二节　新中国建立之后至改革开放前大学生思想政治教育的模式

新中国成立后，最早见诸文字的有关思想政治教育的内容是在《中国人民政治协商会议共同纲领》中："中华人民共和国的文化教育为新民主主义的，即民族的、科学的、大众的文化教育，应当提高人民文化水平，培养国家建设人才，肃清封建的、买办的、法西斯主义思想，发展为人民服务的思想。"①这一规定为从新民主主义革命向社会主义革命转变时期的大学生思想政治教育提供了基本指导方针。1958 年，提出了"党的教育工作方针，是教育为无产阶级的政治服务，教育与生产劳动相结合"，"共产主义社会的全面发展的新人，就是既有政治觉悟又有文化的、既能从事脑力劳动又能从事体力劳动的人"。②"文化大革命"期间，在错误理论的指导下，思想政治教育遭受严重挫折。大学生思想政治教育目标被严重扭曲，思想政治教育成了政治斗争的工具，提高大学生的阶级斗争和路线斗争觉悟成为思想政治教育的目标。1976 年粉碎"四人帮"以后，大学生思想政治教育开始步入正轨。

一、从新中国成立到"三大改造"完成时期的大学生思想政治教育

1949 年 12 月，全国教育工作会议召开，时任教育部部长马叙伦阐述

① 《中国人民政治协商会议共同纲领》，教育部社会科学司编《普通高校思想政治理论课文献选编（1949—2006）》，中国人民大学出版社 2007 年版，第 1 页。

② 《中共中央国务院关于教育工作的指示》，《人民日报》1958 年 9 月 19 日。

了新民主主义教育的总方针："新中国的教育应该是反映新中国的政治经济，作为巩固与发展人民民主专政的一种斗争工具的新教育。"①这个阶段特别强调教育为无产阶级政治服务，教育与生产劳动相结合。毛泽东提出了又红又专的大学生思想政治教育要求。1953年毛泽东提出"身体好、学习好、工作好"②的"三好"标准。开展"三好"活动，评选"三好"学生，成为学校思想教育工作的指导方针。

(一)探索思想政治理论课作为大学生思想政治教育主渠道的模式

新中国成立之初，政务院明确了马克思主义理论课在大学生思想政治教育中的主导地位，即规定《政治经济学》、《辩证唯物主义与历史唯物主义》、《新民主主义论》是各高校的公共必修课，以利于高校进行思想改造，肃清帝国主义和剥削阶级的思想影响。因此，高校开设马克思主义理论课是改造旧大学、建设新型人民大学的重要标志，是开展大学生思想政治教育的一项重大举措。1950年10月，全国高校政治理论课主要讲授《社会发展史》和《新民主主义论》。这一时期，高校对政治理论课的授课内容、教学原则和方法作了初步探索，产生了新中国高校政治理论课教学体系的雏形。③

(二)初步建立大学生思想政治教育专门机构和专职人员制度

为了使大学生思想政治教育顺利开展，1952年10月，教育部专门做出《在高等学校有重点地实行政治工作制度》的决定，提议在高校建立政治辅导处，配备政治辅导员，开展大学生思想政治教育，并逐步在全国高校推广普及。从此高校开展大学生思想政治教育有了专门的组织机构，初步形成了适合高校实际的大学生思想政治教育工作制度。经过近三年的努力，有62所高校先后设立了政治辅导处，对加强大学

① 马叙伦：《第一次全国高等教育会议开幕词》，《人民教育》1950年第3期。

② 毛泽东：《在接见青年团第二次全国代表大会主席团时的指示》，《人民日报》1953年7月3日。

③ 参见薛晓萍、王辉、潘立勇：《建国以来高校思想政治教育的发展轨迹》，《河北科技大学学报》(社科版)2007年第4期。

生思想政治教育起到了一定的作用。政治辅导处与辅导员制度的设立标志着在党的领导下，我国大学生思想政治教育专门机构和专职人员制度的初步建立，同时确立了高校大学生政治辅导员队伍的地位和作用。①

（三）探索在政治运动和社会实践中开展大学生思想政治教育

为了完成民主革命的遗留任务，巩固政权和维护政治稳定，党和国家领导全国各族人民开展了土地改革、镇压反革命、抗美援朝和“三反”、“五反”等政治运动。与此相适应，各级教育部门和高校党组织卓有成效地开展了大学生思想政治教育。组织大学生在土地改革中接受思想政治教育，通过学习关于土地改革的文件精神，提高对于土地改革重要性的认识，并以工作队员的身份，深入农村各地，投身于土地改革的实践。大学生积极参加镇压反革命运动的实践，开展宣传工作，参与检举揭发。大学生以实际行动支援前线，寄送数以千万计的慰问信，捐赠大量慰问品给志愿军，争相报名参加志愿军或进入军事院校，纷纷要求奔赴前线，为保家卫国做贡献。结合“三反”、“五反”运动在全国高校大学生中组织思想改造学习，以自我批评为主，辅以师生间相互热忱的帮助。

（四）建立大学生思想政治教育的领导机构和工作制度

新中国成立以后，高校建立了党委。系一级的大学生思想政治教育由党总支领导，党总支书记或一名副书记具体负责。同时，各高校在大学生中普遍建立了青年团和学生会组织。随着高等教育事业的发展，中央和各地组织部门调配了一大批党员干部进入高校担任领导职务，工作机构得以健全。1954 年 10 月，中共中央宣传部为武汉大学要求撤销政治辅导处的问题发出通知：“已有条件直接从健全行政和党的工作机构着手加强全校的思想政治领导，在这种情况下，可以考虑撤销政治辅导处。

① 参见韩华：《建国初期大学生思想政治教育的历史考察及其启示》，《思想教育研究》2010 年第 8 期。

政治辅导员是深入学生群众进行政治思想工作的基本力量，可以根据工作需要酌量保留全部或一部分，在教务处或系主任领导下进行工作。”①虽然撤销了政治辅导处，但是大学生政治辅导员制度一直延续至今。总的来看，新中国成立初期各高校基本形成了党委统一领导，校长负责，各级党团组织、人事、保卫等部门和政治理论课教师、辅导员互相配合，共同开展大学生思想政治教育的工作制度，为全国高等教育事业的发展打下坚实的政治基础。

二、十年社会主义建设时期的大学生思想政治教育

1957—1966 年是党领导人民开展社会主义建设的时期，也是高校大学生思想政治教育曲折发展的时期，高校培养了一大批热爱党、热爱社会主义祖国的各方面专业人才。这个时期，强调政治挂帅，又红又专，提出用“团结、批评、团结”的方法开展思想斗争，正确处理人民内部矛盾。1957 年 2 月，毛泽东发表了《关于正确处理人民内部矛盾的问题》，被视为社会主义建设时期思想政治教育的总纲领。但是由于当时党在指导思想上出现了“左”的偏差，出现了反右斗争的扩大化，继而又在“大跃进”和“人民公社化”运动中开展了所谓的“反右倾”活动，高校大学生思想政治教育也受到了“左”的影响。1961 年 8 月，党中央制定了《高教六十条》之后，采取积极措施，为受到错误批判和处理的高校教师平反，激发了高校青年对社会主义建设的信心和热情，同时，通过开展树先进、学雷锋活动，开展革命传统和理想教育，提高大学生的思想政治觉悟，大学生思想政治教育走上了健康发展的道路。这一阶段，大学生思想政治教育虽有失误，但所取得的成绩仍是主要的。②

---

① 沈壮海、徐海蓉、刘素娟：《中华人民共和国学校德育大事记（1952—1956 年）》，《思想理论教育》2005 年第 23 期。

② 参见左益、李景国：《科学发展观视野下的高校思想政治教育 60 年经验回顾》，《湖北社会科学》2009 年第 12 期。

（一）进一步调整了大学生思想政治理论课

1957 年 12 月，全国高校各年级普遍开设了社会主义教育课程，主要内容是以毛泽东《关于正确处理人民内部矛盾的问题》为中心教材，同时辅助阅读一些马克思列宁主义经典著作、党的文献和其他文件。原有的政治课“马列主义基础”、“中国革命史”、“政治经济学”和“辩证唯物主义与历史唯物主义”一律停开一年或两年。1964 年中共中央宣传部、高教部党组、教育部临时党组《关于改进高等学校、中等学校政治理论课的意见》指出，今后高校公共政治理论课设置“中共党史”、“哲学”和“政治经济学”。

（二）提出了“又红又专”的人才培养目标

这一提法在思想政治教育史上具有特殊意义，体现了党对人才培养的认识达到了战略高度。但是它脱离了当时社会发展和学生思想状况的实际，表现在：一是对“又红又专”的内涵并没有真正从理论上厘清，导致在行动上出现偏差，培养的目标没有层次性，缺少现实基础。二是在实践中急于求成，没有遵循思想政治教育规律和人才成长规律，急于求成却目标难成，培养的学生往往缺乏科学的头脑、健全的人格和独立思维的能力。这些都是当时极左指导思想在大学生思想政治教育中的反映。

（三）思想政治教育采用了政治运动的方式

这一时期的“大跃进”、“反右倾”等政治运动，违背了教育发展的客观规律，违背了学生思想发展的规律，不仅对社会政治经济造成严重破坏，而且大学生思想政治教育也偏离了正确轨道。实践证明，通过政治运动来解决各种社会问题，解决大学生思想政治教育问题，不是有效办法和长久之计，必须建立科学有效的长期工作机制，才能从根本上解决问题，这一教训非常深刻。这一时期在实践中认识到：大学生思想政治教育单靠政治理论课是不行的，必须同生产实践、党团工作和班级工作结合起来，关键要把握好“度”。社会实践与政治理论课一样是大学生思想政治教育的重要环节，二者应有机结合。

三、“文化大革命”时期的大学生思想政治教育

“文化大革命”的十年是大学生思想政治教育遭受严重破坏的时期。“文化大革命”首先是从文化教育领域开始的，之后漫延到社会各个层面，对生产生活和社会秩序造成了极大破坏。1968 年 12 月毛泽东发出“知识青年到农村去，接受贫下中农的再教育，很有必要”①的号召，大批知识青年失去了在学校接受系统正规教育的大好机会，造成了不可弥补的损失。1970 年 6 月，党中央决定在部分高校进行试点，恢复高校招生考试，长达四年的“停课闹革命”的闹剧终于停止。

（一）思想政治教育中的“左”倾问题被推向了极端

思想政治教育变成了政治运动，影响了大学生的全面自由发展。由于对阶级斗争形势的估计过于严重，1962 年 9 月，中共八届十中全会后，高校在“以阶级斗争为纲”指导思想的影响下，把阶级斗争作为大学生的一门主干课，培养有高度阶级斗争觉悟和路线斗争觉悟的“反修防修战士”成为大学生思想政治教育的主要任务。由于把高校视为阶级斗争的重要阵地，思想政治教育便成了政治运动和阶级斗争的工具，在“以阶级斗争为纲”和“突出无产阶级政治”的口号下，“假、大、空”和形式主义成为一种政治风气，“斗、批、改”运动取代了高校正常的教学科研工作，“无产阶级专政”代替了思想政治教育，极大地挫伤了大学生参与政治的热情和学习科学文化知识的积极性。十年动乱使高校成为重灾区，教师队伍被搞垮，人们的思想被搞乱，大学生思想政治教育的优良传统和声誉也遭到严重践踏和极大破坏。1975 年 9 月 26 日，邓小平在听取中国科学院负责同志汇报《关于科技工作的几个问题》时指出：“要解决教师地位问题。几百万教员，只是挨骂，怎么调动他们的积极性？毛主席讲消极因素还要转化为积极因素嘛！教育战线也要调动人的积极性。”②在这一精

---

① 转引自赵仕枢：《我们也有两只手，不在城里吃闲饭》，《人民日报》1968 年 12 月 22 日。

② 邓小平：《科研工作要走在前面》，《邓小平文选》第 2 卷，人民出版社 1994 年第 2 版，第 34 页。

神的鼓舞下，全国各级各类学校采取了一系列有力措施进行整顿，大学生思想政治教育在一定程度上得到恢复，大学生的组织性、纪律性以及学习风气也逐渐好转。

（二）社会教育取代学校教育，政治运动代替思想政治教育

这一时期，由于高校正常的教学秩序被完全破坏，正常的大学生思想政治教育也就无从开展。“文革”后期，高校恢复招生不久，由于江青集团支持树立“白卷英雄”典型，高校招生考试被取消，高等教育走到了以“红”代“专”，只“红”不“专”的极左道路上。与此同时，高校开展与社会完全相同的政治学习，大学生在校学习期间经常被组织参加各种“学工”、“学农”和“学军”等活动，社会教育取代了学校教育。在这样的社会环境中，学校的教学秩序被完全打乱，大学生思想政治教育也因为受到校内派别斗争的冲击而全面瘫痪。1972 年高校重新恢复招生以后，由于极左的思想路线的影响，大学生思想政治教育被各种形式主义的政治学习、批判会和讲用会所取代，大学生被要求“以学为主，兼学别样”，频繁参与各种形式的社会活动。在这种情况下，高校几乎没有独立的思想政治教育体系，社会政治教育内容就是大学生思想政治教育内容，社会政治教育形式就是大学生思想政治教育形式。“文化大革命”的十年在社会主义建设历史中教训深刻，在大学生思想政治教育方面也是如此。①

四、徘徊时期的大学生思想政治教育

1977 年秋天，从“文化大革命”开始即被废弃的高考制度得到恢复，我国大学生思想政治教育也得以恢复并逐步走向正轨。1976 年 10 月粉碎“四人帮”到 1978 年 12 月中共十一届三中全会召开之前是思想战线徘徊不前的两年。粉碎“四人帮”以后，广大师生员工心情舒畅，特别是通过揭批“四人帮”，包括知识分子在内的中国人民重新焕发出建设社会

① 参见徐双敏、孔繁敏：《构建大学生思想政治教育的合力机制——基于对大学生思想政治教育发展历程的思考》，《江汉大学学报》2010 年第 3 期。

主义的积极性,大学生思想政治教育出现新的转机。但是,由于“两个凡是”的思想束缚,大学生思想政治教育仍未摆脱“左”的阴影。在“两个凡是”错误方针的影响下,这两年一直进行错与对的讨论,没有触及思想政治教育的真实需求,大学生思想政治教育没有进步性的发展。直到中共十一届三中全会的召开,大学生思想政治教育才在拨乱反正中健康发展。

第三节　改革开放以来大学生思想政治教育的模式

我国改革开放已经走过了三十多年波澜壮阔的伟大历程。这三十多年是社会主义中国深刻变革、快速发展的时期,也是我国大学生思想政治教育开拓创新、成就斐然的阶段。回顾三十多年来大学生思想政治教育的发展历程,总结三十多年来大学生思想政治教育的成功经验,把握三十多年来大学生思想政治教育创新发展的客观规律,对于在新的历史起点上不断开创大学生思想政治教育新局面,更好地培养中国特色社会主义事业建设者和接班人具有重要意义。在不同的历史时期,由于受国际国内形势不断发展变化的影响,面对社会政治和经济的深刻变化,思想政治教育必然具有鲜明的时代特征。高校是社会的“晴雨表”,大学生思想政治教育所具有的时代特征尤为鲜明。改革开放三十多年来,我国大学生思想政治教育创新发展,主要经历了恢复重建、曲折发展、全面加强与迅速发展、蓬勃发展四个历史阶段。

一、恢复与重建阶段

1978年到1982年是我国大学生思想政治教育的恢复与重建阶段。改革开放初期,大学生思想政治教育随着党的解放思想、实事求是思想路线的重新确立,实现了思想认识领域的拨乱反正,并由此展开了恢复与初步重建。1978年4月22日,邓小平在全国教育工作会议上发表了重要讲话,对粉碎“四人帮”以来特别是改革高校招生制度之后教育战线取得的成绩给予了充分肯定。“学校应该永远把坚定正确的政治方向放在第一位。但这并不是说要把大量的课时用于思想政治教育。学生把坚定正确的政治方向放在第一位，这不仅不排斥学习科学文化，相反，政治觉悟越是高，为革命学习科学文化就应该越加自觉，越加刻苦。”①

（一）彻底清除“四人帮”的影响，重塑大学生思想政治教育的科学性、系统性和完整性

中共十一届三中全会以后，各高校彻底消除“四人帮”给大学生思想造成的混乱状态，冲破“两个凡是”对思想政治教育的束缚，开展了真理标准问题的大讨论，开始了思想政治教育战线的拨乱反正，特别是作为大学生思想政治教育主渠道和主阵地的思想政治理论课得到不断改进和加强。1979 年 5 月 20 日，教育部印发的《高等学校政治理论课的基本情况和存在的问题》指出：马列主义毛泽东思想的基本原理是亘古常新的科学，是我们实现社会主义现代化建设的指针，大学生思想政治教育任务就是“使学生逐步完整地、准确地学习和掌握马列主义毛泽东思想的基本原理，树立无产阶级的科学的世界观和方法论，提高用马列主义毛泽东思想的基本原理研究新情况，解决新问题的能力”。这一时期，教育部印发的《改进和加强高等学校马列主义课的试行办法》进一步明确了新时期高校马列主义课的重要地位和迫切任务，明确了马列主义课与大学生日常思想政治教育的联系与区别，把坚持党的政治路线和思想路线，解放思想，坚持四项基本原则作为马列主义课的教学方针，把坚持科学性和党性相一致作为马列主义课的原则，对高校马列主义课的教学制度、教学环节、教学方法、教师队伍、领导体制和管理机制等问题提出了明确的要求和具体的指导意见。在思想政治教育课程建设上，针对当时社会现实的发展和国家方针政策的转变，1985 年 8 月中共中央正式发布《关于改革学校思想品德和政治理论课程教学的通知》，对新时期不同层次学校思

① 邓小平：《在全国教育工作会议上的讲话》，《邓小平文选》第 2 卷，人民出版社 1994 年第 2 版，第 104 页。

想理论课程的主要内容和基本要求进行了详细规定和具体说明。经过系列改革,思想政治教育课程作为大学生思想政治教育主渠道的地位得以重新确立,思想政治教育课程体系得以恢复和重建,并在系统性和科学性上得到了前所未有的发展。邓小平在总结这一历史时期的经验教训时曾经深刻指出:“十年最大的失误是教育,这里我主要是讲思想政治教育。不单纯是对学校、青年学生,是泛指对人民的教育。”①

(二)坚持以四项基本原则教育为核心,以塑造理想精神为重点,培养又红又专人才

1979 年 3 月,邓小平在党的理论务虚会议上提出:必须坚持社会主义道路、无产阶级专政、共产党的领导和马列主义、毛泽东思想为指导的四项基本原则。1980 年 4 月,教育部、共青团中央下发《关于加强高等学校学生思想政治工作的意见》强调,在进行马列主义基本理论教育中,要着重进行坚持四项基本原则的教育。四项基本原则是立国之本,是今后长期对大学生进行思想政治教育的重要内容。我国高校的培养目标必须坚持又红又专的方向,使受教育者在德智体几方面都得到发展,成为有社会主义觉悟的专门人才。

(三)恢复与重建大学生思想政治教育领导体制,试行党委领导下的校长负责制

在“文化大革命”中,大学生思想政治教育教师队伍和领导机构遭到了全面破坏。改革开放以后,为扭转教育战线的残破局面,加强对高等教育事业的领导,大学生思想政治教育领导体制和工作机制开始得到理顺。1978 年,教育部颁布的《全国重点高等学校暂行工作条例(草案)》第一次明确规定,高校试行“党委领导下的校长分工负责制”。这种体制对于高校思想政治工作的拨乱反正,克服当时高校思想政治工作领导的混乱局面,使高校思想政治工作重新走上正常的发展轨道,起了极为重要的作

① 邓小平:《在接见首都戒严部队军以上干部时的讲话》,《邓小平文选》第 3 卷,人民出版社 1993 年版,第 306 页。

用。1980 年 7 月，教育部印发的《改进和加强高等学校马列主义课的试行办法》第二十七条也规定了“搞好高等学校马列主义课教学的关键是加强党的领导，建立和健全领导体制”，明确规定了高校的马列主义教研室应直属校党委领导，学校党委应有一位副书记或常委分管这方面的工作。为了加强对高校马列主义理论教学工作的领导，各省、市、自治区教育部门也设立了适当的机构或人员负责这方面的工作，逐步形成地方政府、学校党政、共青团、教师等各方面力量齐抓共管大学生思想政治教育的局面。

（四）思想政治理论课程建设进一步加强

1977 年恢复高考制度以后，高校不仅恢复了马克思主义政治理论课，而且还将大学生德育纳入正式教学计划。1980 年 4 月教育部、共青团中央《关于加强高等学校学生思想政治工作的意见》指出：“思想政治工作必须紧密结合为‘四化’培养人才这个中心进行，对学生进行系统的马克思列宁主义、毛泽东思想基本原理的教育、革命理想教育、共产主义教育、共产主义道德品质教育。”各高校开设政治理论课的内容不完全统一，主要包括“马克思主义哲学”、“马克思主义政治经济学”和“中共党史”等。1983 年，中共中央颁布《关于进一步加强和改进学校德育工作的若干意见》。按照这个文件的精神，德育成为大学生的必修课程。各类高校恢复了“三好学生”的评选活动。1987 年 5 月中共中央颁布《关于改进和加强高等学校思想政治工作的决定》指出，认真研究新时期的新情况和青年学生的特点，改进大学生思想政治教育的内容、形式和方法，提高大学生思想政治教育的水平，使大学生坚持四项基本原则，坚持改革开放，增强对资产阶级腐朽思想和各种错误思潮的识别力和抵制力。这个阶段，虽然高校从未放松大学生思想政治教育，恢复开设了马克思主义政治理论课，将德育列为大学生的必修课，使课堂内的思想政治教育从内容到形式都得到了规范和丰富。但是，由于改革开放带来的新思想、新事物层出不穷，仅仅恢复思想政治教育的传统还远远不够。这时重置“又红又专”的教育目标，但实际上人们的价值取向明显偏向“专”。1989 年发生的政治风波清楚地表明，如何让思想政治教育适应快速变化的国内外形势，已经成为一个亟待解决的重大课题。① 全国高校恢复了正规化的马克思主义理论课，思想政治教育作为一门学科理论体系被提到重要的日程上来。1978 年 4 月，教育部办公厅下发《关于加强高等学校马列主义理论教育的意见》，提出高校的马列主义课程一般开设“辩证唯物主义与历史唯物主义”、“政治经济学”、“中国共产党党史”和“国际共产主义运动史”四门课程。

（五）拨乱反正成为大学生思想政治教育的主要任务

完成由“以阶级斗争为纲”到“以经济建设为中心”的转变，开展四项基本原则教育、中共基本路线教育、社会主义初级阶段的国情教育，引导走中国特色社会主义道路，是这一时期大学生思想政治教育的主要任务。1978 年 12 月，中共十一届三中全会召开，开展了真理标准问题的大讨论，深入揭批“四人帮”，批判“两个凡是”，推翻“两个估计”，纠正思想政治工作“高于一切、大于一切、先于一切、重于一切”，凌驾于业务工作之上的片面认识。其目的是恢复党的实事求是的思想路线，发扬思想政治教育的优良传统，坚持思想政治教育与业务工作一道去做，克服“两张皮”现象，坚持理论联系实际。1981 年 6 月，中共十一届六中全会明确肯定“思想政治工作是经济工作和其他一切工作的生命线”。中央的重要指示和决议对大学生思想政治教育具有十分重要的指导意义。

（六）社会实践成为大学生思想政治教育的有效载体

大学生社会实践活动在此期间逐步兴起并蓬勃发展。1980 年，清华大学学生提出了“振兴中华，从我做起，从现在做起”的口号，在全国大学生中引起强烈反响。此后，北京、辽宁等地高校出现了大学生开展社会调查和咨询服务的自发活动，社会实践的序幕由此拉开。

---

① 参见徐双敏、孔繁敏：《构建大学生思想政治教育的合力机制——基于对大学生思想政治教育发展历程的思考》，《江汉大学学报》（社会科学版）2010 年第 3 期。

二、曲折中发展阶段

从1982年中共“十二大”召开到1989年发生的政治风波平息，是大学生思想政治教育创新与曲折发展的时期。受国际环境的影响，粉碎“四人帮”后国内出现了一股资产阶级自由化思潮，盲目崇拜西方资本主义国家的“民主、自由、平等”，否定共产党的领导，否定社会主义道路。随着改革开放的不断深入，中国经济在不断取得新成就的同时也暴露了不少矛盾，且有愈演愈烈之势，造成了人们心理的恐慌。1986年底到1987年初，上海、北京等地先后发生学潮，由于党中央部分领导处理不当，最终导致了1989年春夏之交一场以北京为中心波及全国的政治风波，这对大学生的思想造成了极大的冲击。这场风波实质上是资产阶级自由化思潮泛滥的直接后果，是一场四项基本原则与资产阶级自由化的尖锐对立和斗争。

（一）突出进行坚持党的四项基本原则、反对资产阶级自由化教育

这一时期，资产阶级自由化思潮已经不同程度地侵蚀了大学生的思想，部分大学生对四项基本原则认识模糊，对坚持四项基本原则的立场不够坚定。如何旗帜鲜明地坚持四项基本原则，深入、持久地反对资产阶级自由化，如何帮助大学生逐步树立正确的世界观、人生观和价值观，沿着正确方向健康成长，是大学生思想政治教育面临的艰巨任务。1987年3月，国家教育委员会下发的《关于在高等学校马克思主义理论课教学中旗帜鲜明地坚持四项基本原则反对资产阶级自由化的通知》指出，把坚持四项基本原则作为教育大学生的基本原则，把反对资产阶级自由化作为大学生思想政治教育的重点。要求在保证科学性的前提下，把马克思主义理论课教学与当前这场斗争正确地结合起来。广大教师对在大学生中有影响的资产阶级“民主”、“自由”、“个性”、“绝对解放”以及全盘否定中国文化、鼓吹全盘西化等思潮，用马克思主义的立场、观点和方法从实质上进行了深入分析，揭露其对大学生的危害，得到了大学生的积极参与和高度认同。

（二）把社会主义精神文明建设作为大学生思想政治教育的重点

这一时期，在强调商品经济和改革开放的同时，存在着忽视精神文明建设的现象。1982年9月1日，中共“十二大”报告提出了社会主义精神文明是社会主义的重要特征，是社会主义优越性的重要表现的论断，“思想建设决定着我们精神文明的社会主义性质，其中最重要的是革命的理想、道德和纪律。要用革命的思想和革命的精神振奋起广大群众建设社会主义的巨大热情，使越来越多的社会成员成为有理想、有道德、有文化、守纪律的劳动者”①。这一方针成为当时大学生思想政治教育的行动指南。把社会主义精神文明建设作为大学生思想政治教育的重点，这是对大学生思想政治教育理论的重要创新，也是党关于大学生思想政治教育理论的重大发展。

（三）进一步拓宽了大学生思想政治教育的领域和范围

这一时期，加强了大学生的共产主义理想信念教育和形势政策教育，增强了思想政治教育的针对性和实效性，培养有理想、有道德、有文化、有纪律的建设人才，以服务于进一步改革的大局。为了帮助大学生认清资产阶级腐朽没落思想的实质，彻底清除资产阶级自由化的负面影响，增强对社会主义、共产主义事业和共产党领导的信任情绪，对大学生普遍关心的人生、理想和道德等方面问题给予有说服力的回答，帮助逐步树立共产主义人生观，培养共产主义的道德品质，1984年9月，教育部印发了《关于高等学校开设共产主义思想品德课的若干规定》提出，理论联系实际、课堂讲授和生动活泼相结合、注意引导学生进行自我教育为共产主义思想品德课的教学三原则。特别强调有条件的学校可以成立共产主义思想品德教研室，明确共产主义思想品德教研室的主要任务是：组织实施这门课程的教学；调查研究大学生思想品德状况；结合教学进行思想品德教育的理论研究；协助主管思想政治教育的部门培训学生思想政治工作干部。

① 胡耀邦：《全面开创社会主义现代化建设的新局面——在中国共产党第十二次全国代表大会上的报告》，《人民日报》1982年9月8日。

这一规定为新时期开展大学生思想政治教育提供了保障。1985 年 8 月，中共中央下发的《关于改革学校思想品德和政治理论课程教学的通知》指出，有分析、有比较地介绍当代其他各种社会思潮，对错误的思潮要有分析地进行充分说理的批评，培养大学生运用马克思主义对这些思潮进行鉴别和分析的能力。为了因势利导，教育、引导大学生正确认识当前的形势和各项方针政策，帮助他们了解国内外重大时事，学习党的路线、方针和政策，激发爱国主义精神，增强民族自信心和社会责任感，珍惜安定团结的政治局面，高校加强了对大学生的形势政策教育。

（四）深入开展大学生社会实践活动

1983 年，团中央、全国学联发出《关于纪念“一二·九”运动四十八周年开展“社会实践周”活动的通知》，第一次提出了“大学生社会实践活动”的概念。1987 年 6 月 27 日，国家教委、团中央联合发出了《关于广泛组织高等学校学生参加社会实践的意见》。在团中央、全国学联的积极倡导下，社会实践活动作为大学生思想政治教育的有效形式和促进大学生健康成长的重要措施迅速在全国推广。社会实践的形式由社会调查逐步发展成社会调查、咨询服务、义务劳动和勤工助学等多种形式并举。

（五）思想政治理论课程设置逐步完善

1982 年 10 月，教育部下发《关于在高等学校逐步开设共产主义思想品德课程的通知》指出：“为了培养学生成为有革命理想、讲革命道德、守革命纪律、有文化的又红又专的人才，有必要把共产主义思想品德作为一门必修课，纳入教学计划。”1985 年 8 月，国家教育委员会发出关于在高校进一步贯彻《中共中央关于进一步改革学校思想品德和政治理论课教学的通知》（以下简称《通知》），体现出思想品德课和政治理论课在高校思想政治工作中的重要地位。《通知》把“中共党史”课改为“中国革命史”，突出对大学生进行历史传统教育，强调大学生思想政治教育以发展的马克思主义为中心。1986 年 9 月，国家教育委员会《关于在高等学校开设“法律基础课”的通知》，按照中央和全国人大常委会在全民普及法律常识的要求，在大学开设法律基础课。1987 年 10 月，国家教育委员会

《关于高等学校思想教育课程建设的意见》规定设置“形势与政策”、“法律基础”两门思想教育必修课程。改革开放时期，围绕这门学科进行的科学研究和学科建设取得了重要进展。

三、全面加强与迅速发展阶段

以1992年邓小平南方讲话和中共“十四大”召开为标志，我国改革开放和社会主义现代化建设事业进入了新的发展阶段。与此相适应，在全面反思的基础上，20世纪90年代我国思想政治教育作为一种相对独立和完整的教育形态进入了新的发展时期——规范化发展阶段。为贯彻落实党和国家的教育政策，保证大学生思想政治教育的有效实施，国家教委发布了《中国普通高等学校德育大纲》，对大学生思想政治教育的目标、内容、原则、途径和实施等都作了明确规定。作为大学生思想政治教育实施的纲领性和指导性文件，《德育大纲》的颁布和实施，使大学生思想政治教育走上了“依纲管理、依纲育人、依纲考评”的科学化、规范化道路。高校全面贯彻党的教育方针，深入学习邓小平理论和“三个代表”重要思想，对思想政治教育体系和目标进行了系统规划，不断加强和改进思想政治教育，逐步扭转了重智育、轻德育的倾向，大学生思想政治教育取得了新进展。

（一）“两课”成为大学生思想政治教育的主渠道

1995年10月，《中共中央关于进一步加强和改进学校德育工作的若干意见》推进了高校马克思主义理论和思想品德课（简称“两课”）教学改革，使高校“两课”教学更好地在新形势下为培养德、智、体等方面全面发展的社会主义建设者和接班人发挥重要作用。1998年4月，教育部对“两课”课程设置进行调整，单独开设“邓小平理论概论”课程。2003年2月，教育部提出把“三个代表”重要思想编进教材、进入课堂、武装大学生头脑的要求，在“两课”的课程中全面渗透“三个代表”重要思想，将“邓小平理论概论”课调整为“邓小平理论和‘三个代表’重要思想概论”课。

（二）与时俱进加强了形势与政策教育

早在20世纪50年代，高校就开设了形势与任务课。根据中共“十五大”精神和《中共中央关于进一步加强和改进学校德育工作的若干意见》，1998年6月，中共中央宣传部、教育部下发了《关于普通高等学校“两课”课程设置的规定及其实施工作意见》，要求各层次各科类大学生都要开设形势与政策课，列入教学计划，其主要内容是帮助大学生全面正确地认识党和国家面临的形势和任务，正确理解建设有中国特色社会主义的理论和实践，树立辩证唯物主义和历史唯物主义的世界观，确立远大的理想和正确的人生观。

（三）重视引导大学生社会实践活动不断走向成熟

1995年，团中央、中宣部和国家教委等部门联合发出通知，要求连续开展“中国大中学生志愿者扫盲与科技文化服务活动”，从1995年至2000年，连续开展大学生志愿者扫盲与科技文化服务行动。1997年，团中央、中宣部、国家教委和全国学联发出《关于开展中国大中学生志愿者暑期文化科技卫生“三下乡”活动的通知》，首次提出了开展文化、科技、卫生“三下乡”活动，将大学生社会实践活动进一步拓展和深化。这一阶段社会实践的内容更加丰富，广泛开展了支教扫盲、业余文艺演出队下乡、乡镇青年科技图书站建设、乡镇企业咨询会诊、博士硕士农村发展讲座、医疗服务和乡村卫生常识普及等多种形式的志愿服务活动。同时，大学生深入城市社区、工厂企业，开展了社区服务、挂职锻炼和社会调查等丰富多彩、生动活泼的社会实践活动。①

（四）把德育放在高校教育工作的首位

这一时期，我国的政治、经济和文化发展日新月异，大学生思想政治教育却略显滞后。为了使大学生逐步树立科学的世界观、方法论，走与实践相结合、与工农相结合的道路；为了增强大学生的艰苦奋斗精神和强烈

① 参见薛晓萍、潘立勇：《建国以来高校思想政治教育的发展轨迹》，《河北科技大学学报》2007年第4期。

的使命感、责任感,锻炼大学生良好的道德品质和健康的心理素质;为了激发大学生勤奋学习,勇于探索,努力掌握现代科学文化知识的激情;为了教育大学生在社会主义市场经济条件下,正确处理国家、集体和个人之间的利益关系,发扬对国家和人民的奉献精神,1994 年 8 月,中共中央下发的《关于进一步加强和改进学校德育工作的若干意见》指出,大学生思想政治教育要以邓小平同志建设有中国特色社会主义理论为指导,加大改进工作的力度,完善德育体系,积极推进教育教学改革,克服“一手硬,一手软”和忽视德育工作的倾向,努力培养有理想、有道德、有文化、有纪律的献身有中国特色社会主义事业的建设者和接班人。这一时期,德育的首要地位在高校教育工作中得到体现,在大学生中广泛深入地进行爱国主义、集体主义和社会主义思想教育以及中华民族优良道德传统的教育,有效清除市场经济给大学生的世界观、人生观与价值观造成的负面影响,引导大学生的思想向积极健康的方向发展。

(五)对大学生思想政治理论课进行了科学规范

中共中央政治局具体确定了高校开设马克思主义理论课的内容,第一次统一了全国高校的政治理论课程的设置,同时确定相关教材由省级及以上教育主管部门主持编写,课堂内的思想政治教育更为规范。专业队伍的组建也提上议事日程,中共中央、国务院 1993 年 2 月 13 日印发《中国教育改革和发展纲要》提出:“高等学校要建设好一支以精干的专职人员为骨干、专兼职结合的思想政治工作队伍。”2004 年 8 月,中共中央、国务院《关于进一步加强和改进大学生思想政治教育的意见》(以下简称《意见》)提出,加强和改进大学生思想政治教育的主要任务是:以理想信念教育为核心,深入进行树立正确的世界观、人生观和价值观教育;以爱国主义教育为重点,深入进行弘扬和培育民族精神教育;以基本道德规范为基础,深入进行公民道德教育;以大学生全面发展为目标,深入进行素质教育。在《意见》的指导下,各地整合多方力量,加大了爱国主义教育基地的建设力度。在校团委、学生会的组织领导下,社会实践活动持续开展,成为大学生了解、服务社会,接受社会实践锻炼的有效形式。

(六)社团活动成为大学生思想政治教育的第二课堂

经过这一时期的建设,大学生思想政治教育的多种机制已经相对成熟,实现了从单纯开设马克思主义理论课,向开设政治理论课、思想品德课,同时课外开展社团活动,组织社会实践,利用校外教育基地等多途径、多形式相结合的教育机制转变。大学生思想政治教育的目标从“又红又专,专字为先”,调整为“又红又专,红专并重”。大学生思想政治教育机制的建立,与同时期的高等教育培养目标相一致。

四、蓬勃发展阶段

进入21世纪以来,随着国内外形势的变化,我国进入了全面建设小康社会新的历史发展阶段。党中央立足国情和世界发展趋势,提出了“坚持以人为本,促进社会全面、协调、可持续发展”的科学发展观。以此为契机,大学生思想政治教育进入了改革创新和加速发展的新时期。中共“十六大”以来,科学发展观成为全社会的共识,思想政治教育在大学生素质教育中的重要地位日益突出,“育人为本、德育为先”成为大学生思想政治教育的重要指导方针。充分发挥大学生思想政治教育主阵地、主课堂、主渠道作用,坚持与时俱进,不断创新,全方位推进思想政治教育,积极探索充分体现法制健全性、教育发展衔接性和学生成才适应性的思想政治教育新模式,努力促进大学生的全面自由发展。

(一)马克思主义中国化的最新理论成果成为思想政治理论课的重要内容

思想政治教育本质上是做人的工作,研究掌握人的思想认识特点和行为活动规律,是思想政治教育的立足点和出发点。思想政治理论课教学作为对大学生进行马克思主义理论教育和思想政治教育的主渠道和主阵地,积极推进科学理论进课堂、进教材、进大学生头脑。2002年,中共“十六大”把“三个代表”重要思想写入党章,成为党必须长期坚持的指导思想。“‘三个代表’重要思想是对马克思列宁主义、毛泽东思想和邓小平理论的继承和发展,反映了当代世界和中国的发展变化对党和国家工作的新要求,是加强和改进党的建设、推进我国社会主义自我完善和发展的强大理论武器,是全党集体智慧的结晶,是党必须长期坚持的指导思想。"①2004年8月,中共中央、国务院下发了《关于进一步加强和改进大学生思想政治教育的意见》,深刻分析了大学生思想政治教育面临的形势和任务,全面阐述了加强和改进大学生思想政治教育的指导思想、基本原则、基本要求、主要途径和方法,"按照充分体现当代马克思主义最新成果的要求,全面加强思想政治理论课的学科建设、课程建设、教材建设和教师队伍建设,进一步推动邓小平理论和'三个代表'重要思想进教材、进课堂、进大学生头脑工作"②。2005年1月,中共中央召开了全国加强和改进大学生思想政治教育工作会议,研究部署大学生思想政治教育,形成了全党全社会共同关注大学生思想政治教育的良好氛围。"要以马克思主义中国化的理论成果——毛泽东思想、邓小平理论和'三个代表'重要思想为中心内容,完善思想政治理论课课程体系。"③随后,一系列加强和改进大学生思想政治教育的配套文件相继下发,"三个代表"重要思想与毛泽东思想、邓小平理论成为大学生思想政治理论课的重要内容。各地各部门和高等学校结合各自实际,认真贯彻中央文件精神,制定实施方案,采取切实措施,大学生思想政治教育的创新性和实效性明显增强。中共"十七大"提出:"科学发展观,是对党的三代中央领导集体关于发展的重要思想的继承和发展,是马克思主义关于发展的世界观和方法论的集中体现,是同马克思列宁主义、毛泽东思想、邓小平理论和'三个代表'重要思想既一脉相承又与时俱进的科学理论,是我国经济社会发展的重

---

① 江泽民:《全面建设小康社会,开创中国特色社会主义事业新局面》,《人民日报》2002年11月18日。

② 《中共中央国务院关于进一步加强和改进大学生思想政治教育的意见》,《中国教育报》2004年10月26日。

③ 《中宣部教育部关于进一步加强和改进高等学校思想政治理论课的意见》(教社政〈2005〉5号),《中华人民共和国教育部公报(1994—2013)》。

要指导方针，是发展中国特色社会主义必须坚持和贯彻的重大战略思想。”①2009年，教育部专门发出《关于在高校思想政治理论课中开展科学发展观专题教育活动的通知》，要求“高校思想政治理论课，特别是‘毛泽东思想和中国特色社会主义理论体系概论’课，要尽快对教学计划适当调整，安排相应的教学活动，包括组织专题讨论、演讲比赛、征文活动等，强化科学发展观理论教育，配合搞好学习实践活动”。“科学发展观是中国特色社会主义理论体系最新成果，是中国共产党集体智慧的结晶，是指导党和国家全部工作的强大思想武器。科学发展观同马克思列宁主义、毛泽东思想、邓小平理论、‘三个代表’重要思想一道，是党必须长期坚持的指导思想。”②2013年2月6日，教育部印发《高校思想政治理论课贯彻党的十八大精神教学建议》的通知，对高校思想政治理论课贯彻中共“十八大”精神提出了教学建议。进入21世纪以来，高校始终坚持与时俱进，不断把马克思主义中国化的最新理论成果作为思想政治理论课的重要内容，做到进教材、进课堂、进大学生头脑。

（二）以社会主义核心价值体系为引领，进一步加强和改进大学生思想政治教育

为深入贯彻中共“十六大”精神，适应新形势、新任务的要求，提高大学生的思想政治素质，促进其全面自由发展，中共中央、国务院下发《关于进一步加强和改进大学生思想政治教育的意见》指出，以大学生全面发展为目标，深入进行素质教育，根据大学生的身心发展特点和教育规律，注重培养大学生良好的心理品质和自尊、自爱、自律、自强的优良品格，增强大学生克服困难、经受考验、承受挫折的能力。2006年10月，中共十六届六中全会明确提出要建设社会主义核心价值体系，在全社会引

① 胡锦涛：《高举中国特色社会主义伟大旗帜，为夺取全面建设小康社会新胜利而奋斗——在中国共产党第十七次全国代表大会上的报告》，《十七大以来重要文献选编》（上），中央文献出版社2009年版，第16页。

② 胡锦涛：《坚定不移沿着中国特色社会主义道路前进，为全面建成小康社会而奋斗——在中国共产党第十八次全国代表大会上的报告》，《人民日报》2012年11月18日。

起了广泛关注。全会强调“马克思主义指导思想，中国特色社会主义共同理想，以爱国主义为核心的民族精神和以改革创新为核心的时代精神，社会主义荣辱观，构成社会主义核心价值体系的基本内容”。“坚持把社会主义核心价值体系融入国民教育和精神文明建设全过程、贯穿现代化建设各方面”、“坚持以社会主义核心价值体系引领社会思潮，尊重差异，包容多样，最大限度地形成社会思想共识”①。2007 年，胡锦涛在“6·25”重要讲话中强调：要大力建设社会主义核心价值体系，巩固全党全国人民团结奋斗的共同思想基础。中共“十七大”报告强调积极探索用社会主义核心价值体系引领社会思潮的有效途径，主动做好意识形态工作，既尊重差异，包容多样，又有力抵制各种错误和腐朽思想的影响。中共十七届六中全会进一步阐述了建设社会主义核心价值体系的重大意义：“社会主义核心价值体系是兴国之魂，是社会主义先进文化的精髓，决定着中国特色社会主义发展方向。”②强调必须把社会主义核心价值体系融入国民教育、精神文明建设全过程，融入党的建设全过程，贯穿改革开放和社会主义现代化建设各领域，在全党全社会形成统一指导思想、共同理想信念、强大精神力量、基本道德规范，为社会主义核心价值体系建设进一步指明了方向。中共“十八大”对社会主义核心价值体系建设提出了新要求、新部署，强调深入开展社会主义核心价值体系学习教育，用社会主义核心价值体系引领社会思潮、凝聚社会共识，“倡导富强、民主、文明、和谐，倡导自由、平等、公正、法治，倡导爱国、敬业、诚信、友善，积极培育和践行社会主义核心价值观”③。随着社会主义核心价值体系内容的不断丰富完善，大学生思想政治教育宣传和普及社会主义核心价值体系的力度不断加大，用马克思主义中国化的最新理论成果武装大学生的头

① 《中共中央关于构建社会主义和谐社会若干重大问题的决定》，《十六大以来重要文献选编》（下），中央文献出版社 2008 年版，第 661 页。

② 《中共中央关于深化文化体制改革推动社会主义文化大发展大繁荣若干重大问题的决定》，《人民日报》2011 年 10 月 26 日。

③ 胡锦涛：《坚定不移沿着中国特色社会主义道路前进，为全面建成小康社会而奋斗——在中国共产党第十八次全国代表大会上的报告》，《人民日报》2012 年 11 月 18 日。

脑，不断赋予新的内涵。

（三）改进大学生思想政治理论课，形成结构更加合理、功能更加互补的课程体系

2005 年 2 月，中共中央宣传部、教育部下发的《关于进一步加强和改进高等学校思想政治理论课的意见》中明确了高校思想政治理论课开设的四门必修课为："马克思主义基本原理"、"毛泽东思想、邓小平理论和'三个代表'重要思想概论"、"中国近现代史纲要"和"思想道德修养与法律基础"。同时，开设"形势与政策"课。从 2006 年秋季开学开始，全国高校在新生中普遍开设了"思想道德修养与法律基础"课，统一使用中宣部、教育部组织编写的马克思主义理论研究和建设工程高校思想政治理论课的相关教材。从 2007 年春季开始，全国高校在 2006 级本科学生中普遍开设了"中国近现代史纲要"和"毛泽东思想、邓小平理论和'三个代表'重要思想概论"课，在 2006 级专科学生中普遍开设了"毛泽东思想、邓小平理论和'三个代表'重要思想概论"课，统一使用中宣部、教育部组织编写的马克思主义理论研究和建设工程高校思想政治理论课的相关教材。至此，形成了结构更加合理、功能更加互补、更加系统稳定的"05 方案"课程体系。高校思想政治理论课建设与时代同步，与社会主义改革建设同步。2005 年 2 月，中共中央宣传部、教育部《关于进一步加强和改进高等学校思想政治理论课的意见》（以下简称《意见》）提出：学科建设是加强和改进思想政治理论课的基础。设立马克思主义一级学科，开展马克思主义理论体系研究、马克思主义中国化研究、思想政治教育研究，为推进党的思想理论建设和巩固马克思主义在高等教育教学中的指导地位，培养思想政治教育工作队伍提供有力的学科支撑。《意见》正式提出，新的思想政治理论课设置为四门必修课，即"马克思主义基本原理"、"毛泽东思想、邓小平理论和'三个代表'重要思想概论"、"中国近现代史纲要"、"思想道德修养与法律基础"，同时开设"形势与政策"课。另外开设"当代世界经济与政治"等选修课。此次课程改革以"思想政治理论课"来概括原来的"两课"，客观地反映了马克思主义理论和思想品

德这两类课程的内在联系,科学地综合了“两课”的基本内涵。在课程设置上突出了如何进行马克思主义基本原理、中国社会现实和中国历史这三方面结合为一体的教育,切实加强对当代大学生全面系统地进行思想政治教育。

(四)大学生思想政治教育重要渠道的社会实践内容和形式不断深化

2005年,为贯彻落实中共中央、国务院《关于进一步加强和改进大学生思想政治教育的意见》精神,中宣部、中央文明办、教育部和共青团中央下发《关于进一步加强和改进大学生社会实践的意见》指出:大学生社会实践的总体要求是,以邓小平理论和“三个代表”重要思想为指导,认真贯彻以人为本、全面协调可持续的科学发展观,全面贯彻落实党的教育方针,遵循大学生成长成才规律和教育规律,开展教学实践、专业实习、军政训练、社会调查、生产劳动、志愿服务、公益活动、科技发明和勤工助学等。文化、科技、卫生“三下乡”和科教、文体、法律、卫生“四进社区”活动是新形势下大学生参加社会实践的有效载体,要广泛发动大学生利用寒暑假等时间开展“三下乡”和“四进社区”活动。

党领导革命和建设的全部历史证明,我国的大学生思想政治教育目标是明确、一致的。尽管在历史演进过程中,由于复杂多变的国际、国内环境,大学生思想政治教育的目标定位曾经被扭曲,但是培养德、智、体、美全面发展的社会主义建设者和接班人,始终是大学生思想政治教育的基本目标和努力方向,贯穿于我国高等教育发展的全过程。在新世纪新阶段,高校应该根据国情和当代大学生的思想特点,全面贯彻中共中央、国务院《关于进一步加强和改进大学生思想政治教育的意见》精神,努力构建知、情、意、性、行相统一的教育模式,开创我国大学生思想政治教育的新局面。

第六章 大学生思想政治教育质量提升面临的机遇与挑战

机遇就是契机、时机或机会，通常被理解为有利的条件和环境。机遇有一定的时间限制或有效期，机不可失，时不我待。挑战的本意是激使敌方出战、首开衅端或鼓动对方与自己竞赛，引伸为事物发展过程中遇到新的问题、新的困难和新的要求等。思想政治教育是党的优良传统和政治优势，新中国成立以来特别是改革开放以来，我国大学生思想政治教育发扬传统、与时俱进、求实创新，为培养社会主义事业建设者和接班人提供了可靠的思想保证和精神动力。星转斗移，世事变迁，人类进入21世纪的第二个十年，国际国内形势的变化、合格人才培养的需要、大学生思想状况等出现了新情况、新问题和新特点。大学生思想政治教育质量提升面临新的压力，蕴涵新的动力，机遇与挑战并存。充分认识大学生思想政治教育面临的机遇与挑战，是大学生思想政治教育模式创新的基础前提，是提升大学生思想政治教育质量的必然要求。

第一节 大学生思想政治教育质量提升面临的机遇

上溯人类发展历史，凡事业取得大成就者，往往与抓住了机遇密切相关。机遇稍纵即逝，机遇对任何人都是平等的，然而机遇总是青睐那些有准备的人。香港首富李嘉诚认为其成功之道是："我凡事必有充分的准备然后才去做。一向以来,做生意处理事情都是如此。例如天文台说天气很好,但我常常问我自己,如五分钟后宣布有台风,我会怎样。在香港做生意,亦要保持这种心理准备。"①在李嘉诚的经商生涯中,有很多次就是因为抓住了难得的机遇而取得了决定性的成功。善于抢抓机遇适用于一切工作领域,大学生思想政治教育模式创新与质量提升同样需要认清机遇、抢抓机遇、抓住机遇。善于抢抓机遇、坚持与时俱进、不断开拓创新、提升教育质量,是大学生思想政治教育工作者的职责和要求。当前我国大学生思想政治教育模式创新、质量提升面临着良好的发展机遇。

一、改革开放以来大学生思想政治教育积累了丰富的经验与丰厚的理论

改革开放是中国经济社会发展的转折点,也是大学生思想政治教育创新发展的转折点。改革开放以来,党中央从实施科教兴国和人才强国战略,确保中国特色社会主义事业兴旺发达、后继有人的高度,对大学生思想政治教育高度重视、加强领导、宏观指导、政策支持。地方各级政府部门和全国高校认真贯彻落实中央要求,不断加强和改进大学生思想政治教育。大学生思想政治教育在培养高素质人才,推动高等教育改革发展,维护学校和社会稳定等方面发挥了重要作用,取得了丰富而宝贵的经验。理论工作者结合工作实践,加强了对大学生思想政治教育的研究,推出了一批高水平的理论研究成果。

(一)改革开放以来大学生思想政治教育积累了丰富的实践探索经验

经验是从实践中得来的知识和技能。改革开放以来,我国大学生思想政治教育在创新发展的过程中,积累了丰富的实践经验。总结研究这些经验,有利于继承和发扬大学生思想政治教育的优良传统,有利于充实和完善大学生思想政治教育学科体系,为创新大学生思想政治教育模式,

① 上官中元:《李嘉诚财富笔记》,广东音像出版社2011年版,第5页。

提升大学生思想政治教育质量,提供了更高更好更有效的平台。

坚持“德育为首”的战略定位,从培养中国特色社会主义事业建设者和接班人的高度重视大学生思想政治教育。　对德育地位的正确理解,是大学生思想政治教育创新发展的前提条件。德育的特殊重要地位,是由德育的作用决定的。德育决定着人才培养的性质和发展方向,对智育、体育和美育等诸育的发展起着定向、驱动和主导作用。改革开放三十多年的大学生思想政治教育实践,既有经验,也有教训,得到启示:从思想认识上高度重视大学生思想政治教育的战略地位,牢固确立“德育为首”的思想。“加强和改进大学生思想政治教育,提高他们的思想政治素质,把他们培养成中国特色社会主义事业的建设者和接班人,对于全面实施科教兴国和人才强国战略,确保我国在激烈的国际竞争中始终立于不败之地,确保实现全面建设小康社会、加快推进社会主义现代化的宏伟目标,确保中国特色社会主义事业兴旺发达、后继有人,具有重大而深远的战略意义。”①这个结论是党中央、国务院2004年制定的《关于进一步加强和改进大学生思想政治教育的意见》中提出的,是总结改革开放以来大学生思想政治教育正反两方面的经验教训得出的,也是对今后加强和改进大学生思想政治教育的战略要求。改革开放三十多年来的实践充分证明,大学生思想政治教育之所以走过弯路,存在失误,主要是因为没有始终把大学生思想政治教育放在应有地位,因而在实践中抓得不够。“十年来我们的最大失误是在教育方面,对青年的政治思想教育抓得不够,教育发展不够。”②中共十三届四中全会之后,大学生思想政治教育之所以能够从被动变为主动,得到长足发展,得益于德育首位的恢复。德育首位不是人为意志决定的,它体现了教育的客观规律。高校培养社会主义事业建设者和接班人,必须坚持德才兼备、德育为首、育人为先的理念,重视

① 《中共中央国务院关于进一步加强和改进大学生思想政治教育的意见》,《中国教育报》2004年10月26日。

② 邓小平:《中国不允许乱》,《邓小平文选》第3卷,人民出版社1993年版,第287页。

和加强大学生思想政治教育，把大学生坚定正确的政治方向放在人才培养工作的首位。德育首位是高校办学的指导思想，培养社会主义事业建设者和接班人，必须坚持社会主义的办学方向，重视德育在大学生素质提升中的统领作用，正确处理德育、智育、体育和美育的辩证关系，既要发挥各自相对独立的功能，又要坚持相互联系、相互渗透、相互促进、共同育人。

坚持以马克思主义为指导，把社会主义核心价值体系作为大学生思想政治教育的核心内容。 思想观念是社会存在的反映。随着我国改革开放事业的不断推进，中外文化交流的进一步拓展，国外各种社会思潮蜂拥而入，国内由于社会结构、社会利益和社会分配方式的多样化产生了多元化的思想观念。党在坚持高举旗帜、把握主导、尊重差异、包容多样指导思想的基础上，逐步构建起了我国的社会主义核心价值体系。2006年，中共十六届六中全会提出了“建设社会主义核心价值体系”，即马克思主义指导思想、中国特色社会主义共同理想、以爱国主义为核心的民族精神和以改革创新为核心的时代精神、社会主义荣辱观，这四个方面构成了社会主义核心价值体系的基本内容。其中，马克思主义指导思想是灵魂，中国特色社会主义共同理想是主题，以爱国主义为核心的民族精神和以改革创新为核心的时代精神是精髓，社会主义荣辱观是基础。社会主义核心价值体系是兴国之魂，决定着中国特色社会主义的发展方向。“要把社会主义核心价值体系融入国民教育、精神文明建设和党的建设全过程，贯穿改革开放和社会主义现代化建设各领域，体现到精神文化产品创作生产传播各方面，坚持用社会主义核心价值体系引领社会思潮，在全党全社会形成统一指导思想、共同理想信念、强大精神力量、基本道德规范。”①坚持以马克思主义为指导，用社会主义核心价值体系引领大学生思想政治教育，把马克思主义指导思想、中国特色社会主义共同理想、

① 《中共中央关于深化文化体制改革推动社会主义文化大发展大繁荣若干重大问题的决定》，《人民日报》2011年10月26日。

以爱国主义为核心的民族精神和以改革创新为核心的时代精神、社会主义荣辱观作为大学生思想政治教育的核心内容，这是改革开放以来我国大学生思想政治教育创新发展的重要经验。

坚持围绕育人中心，大学生思想政治教育以培养社会主义事业建设者和接班人为根本目标。　“高等教育的任务是培养具有创新精神和实践能力的高级专门人才，发展科学技术文化，促进社会主义现代化建设。”“高等学校应当以培养人才为中心，开展教学、科学研究和社会服务，保证教育教学质量达到国家规定的标准。”①人才培养是高校的中心工作、根本任务和法定义务，也是大学生思想政治教育的根本目标。改革开放以来，我国高校大学生思想政治教育坚持围绕和服务于人才培养这个中心，坚持以理想信念教育为核心，深入进行树立正确的世界观、人生观和价值观教育；坚持以爱国主义教育为重点，深入进行弘扬和培育民族精神教育；坚持以基本道德规范为基础，深入进行公民道德教育；坚持以大学生全面发展为目标，深入进行素质教育。坚持贴近学生、贴近生活、贴近实际，注重培养学生的人文素质、科学素质和身心素质等，保证了大学生的健康成长和顺利成才，为社会主义现代化建设事业做出了应有的贡献。围绕人才培养这个中心开展工作，大学生思想政治教育就能找准位置，抓住重点，有所作为，为培养社会主义事业建设者和接班人保驾护航，这是改革开放以来大学生思想政治教育的成功经验。

坚持以人为本的理念，大学生思想政治教育充分体现人文关怀，切实解决实际问题。　坚持以人为本，是科学发展观的核心，也是大学生思想政治教育必须坚持的重要理念和基本原则。改革开放以来，我国高校大学生思想政治教育逐步确立了以人为本的理念，突出人文关怀的精神，强化了服务育人的功能，坚持贴近学生、贴近生活、贴近实际，把思想政治教育与解决大学生的经济困难、学习困境、情感困惑、心理咨询和就业指导

---

① 《中华人民共和国高等教育法》，《中华人民共和国全国人民代表大会常务委员会公报》1998年第4期。

等诸多实际问题有机结合起来，既解决了大学生的实际问题，又解决了大学生的思想问题，收到了良好的教育效果。“加强和改进思想政治工作，注重人文关怀和心理疏导，用正确方式处理人际关系。”①党的代表大会的报告里第一次出现“人文关怀”和“心理疏导”这样的字眼，揭示了党对思想政治工作的认识达到了新高度，提出了新要求。“加强和改进思想政治工作，注重人文关怀和心理疏导，培育自尊自信、理性平和、积极向上的社会心态。”②中共“十八大”报告又进一步强调加强人文关怀，为今后大学生思想政治教育创新发展指明了方向。改革开放三十多年的实践证明，大学生诸多思想问题，往往是因为一些日常的、实际的和具体的问题引起的，不解决这些实际问题，不把思想政治教育寓于解决实际问题的过程中，大学生思想政治教育就没有有效开展的着力点，难以产生吸引力、凝聚力和感染力，提升大学生思想政治教育质量、保证大学生的健康成长和顺利成才就会成为一句空话。坚持以人为本的理念，注重人文关怀和心理疏导，切实解决实际问题，这是改革开放以来大学生思想政治教育的有效经验。

坚持发挥主渠道作用，不断拓展大学生思想政治教育质量提升的实现途径。 理论上的成熟是政治上成熟的标志，用科学的理论武装头脑是大学生思想政治教育的首要任务。高校是人才成长的摇篮，课堂教学是高校用科学理论武装大学生头脑、开展思想政治教育的主要渠道和优势所在。充分发挥思想政治理论课的作用，用马列主义、毛泽东思想和中国特色社会主义理论体系武装当代大学生，是党的教育方针的具体体现，是社会主义大学的本质特征，是党和国家事业长远发展的根本保证。改革开放以来，思想政治理论课的方案随着时间的推移虽然进行了几次大

① 胡锦涛：《高举中国特色社会主义伟大旗帜，为夺取全面建设小康社会新胜利而奋斗——在中国共产党第十七次全国代表大会上的报告》，《人民日报》2007 年 10 月 25 日。

② 胡锦涛：《坚定不移沿着中国特色社会主义道路前进，为全面建成小康社会而奋斗——在中国共产党第十八次全国代表大会上的报告》，《人民日报》2012 年 11 月 18 日。

的调整和修订，但其作为大学生思想政治教育的主渠道地位一直没有改变。中共“十五大”、“十六大”、“十八大”分别把邓小平理论、“三个代表”重要思想和科学发展观列入党章，成为全党行动指南，各高校普遍将马克思主义中国化的最新理论成果——中国特色社会主义理论体系纳入大学生思想政治理论课程体系。进入21世纪实行了思想政治理论课“新方案”，“马克思主义基本原理”、“中国近现代史”、“中国特色社会主义理论体系概论”与“思想道德修养和法律基础”四门课之间在内容上既相互区别又各有侧重，共同承担对大学生进行思想政治理论教育的重要职责。改革开放以来的实践证明，思想政治理论课是提高大学生思想政治觉悟和理论政策水平，不断提升大学生思想政治教育质量的主渠道和主阵地。

大学生思想政治教育的对象是具体的、鲜活的人，又是一项艰巨的、复杂的系统工程，必须主渠道突出、多种途径并举。改革开放以来，我国高校在大学生思想政治教育质量提升实现途径的拓展上进行了积极探索。1983年，团中央、全国学联发出《关于纪念“一二·九”运动四十八周年开展“社会实践周”活动的通知》，第一次提出了“大学生社会实践活动”的概念，社会实践逐渐成为大学生思想政治教育的有效途径，并不断拓展和深化。适应当代大学生追求进步的特点，各高校普遍开展了主题鲜明、丰富多彩的党团活动，进一步拓宽了大学生思想政治教育的途径。以文“化”人是文化的基本功能，各高校结合实际开展了各具特色的校园文化活动，成为校园一道亮丽的风景线，成为陶冶大学生美好情操、提升综合素质的重要载体。近年来，随着现代科技的发展，运用网络等新媒体技术开展教育进一步丰富了大学生思想政治教育的途径，使大学生思想政治教育进一步扩大了覆盖面，增强了影响力，提高了实效性。坚持发挥主渠道和主阵地作用，大学生思想政治教育不断拓宽渠道、探索途径、创新模式，这是改革开放以来大学生思想政治教育的宝贵经验。

坚持系统工程建设，构建大学生思想政治教育全员育人、全程育人和全方位育人的长效机制。　大学生思想政治教育是一项系统的战略工程，需要建立持久有效的领导体制和工作机制。改革开放以来，从中央到各高校普遍进行了大学生思想政治教育领导体制和工作机制的探索，逐步建立健全了党委统一领导、党政齐抓共管、专兼职相结合、全校紧密配合、学生自我教育的领导体制和工作机制，大学生思想政治教育形成了强大的合力。“大学生思想政治教育工作队伍主体是学校党政干部和共青团干部，思想政治理论课和哲学社会科学课教师，辅导员和班主任。”“广大教职员工都负有对大学生进行思想政治教育的重要责任。”①广大教职员工在校党委的统一领导下，立足岗位，敬业奉献，不同形式地开展大学生思想政治教育，形成了教书育人、管理育人、服务育人、全员育人的良好氛围。入学教育、军政训练、课堂教学、日常管理、毕业指导等，形成了大学生从入学到毕业全过程育人的运行机制。在教育空间上，从学校延伸到家庭与社会。在教育内容上，广泛深入地进行理想信念教育、爱国主义教育、民族精神和时代精神教育、基本道德规范教育和全面发展的素质教育。在教育途径上，思想政治理论课是大学生思想政治教育的主渠道，哲学社会科学课程负有思想政治教育的重要职责，其他各门课程都具有育人功能，社会实践、校园文化、网络阵地、心理咨询等成为了大学生思想政治教育的有效途径。党团组织、学生班级和社团在大学生思想政治教育中发挥着重要作用，形成了全方位开展大学生思想政治教育的工作格局。改革开放以来的实践启示我们，坚持系统工程建设，构建大学生思想政治教育全员育人、全程育人和全方位育人的长效机制，是大学生思想政治教育质量提升的珍贵经验。

坚持以文“化”人，以高品位、宽领域的大学文化为大学生思想政治教育提供良好的环境与条件。　文化是大学生思想政治教育的重要载体，具有与课堂教学截然不同的育人功能，主题鲜明、丰富多彩的文化活动不但能陶冶大学生情操，锻炼大学生的能力，更能使大学生在耳濡目

---

① 《中共中央国务院关于进一步加强和改进大学生思想政治教育的意见》，《中国教育报》2004年10月26日。

染、潜移默化中受到教育。改革开放以来，高校以精神文化为载体，努力塑造大学生思想政治教育的崇高灵魂；以物质文化为载体，形成了大学生思想政治教育的浓厚文化氛围；以制度文化为载体，确立了大学生思想政治教育的正确导向；以虚拟文化为载体，拓展了大学生思想政治教育的崭新领域；以活动文化为载体，营造了高品位的校园文化氛围。中共十七届六中全会作出了深化文化体制改革推动社会主义文化大发展大繁荣的决定，提出"把社会主义核心价值体系融入国民教育、精神文明建设和党的建设全过程，贯穿改革开放和社会主义现代化建设各领域，体现到精神文化产品创作生产传播各方面，坚持用社会主义核心价值体系引领社会思潮，在全党全社会形成统一指导思想、共同理想信念、强大精神力量、基本道德规范"①的任务与要求，为大学生思想政治教育创新提供了指导思想、全新视野和工作思路。改革开放以来的实践证明，坚持以文"化"人，建设高品位、宽领域的大学文化为大学生思想政治教育提供良好的环境与条件，这是大学生思想政治教育质量提升的创新经验。

抓住教育关键环节，建设高素质的教师队伍为大学生思想政治教育提供持续有力的组织保证。　教师在人才培养中占主导地位，人才培养的质量取决于教师的素质。"政治路线确定之后，干部就是决定的因素。"②教师是大学生思想政治教育的设计者和实施者，做好大学生思想政治教育，高素质的教师队伍是组织保证。改革开放以来，大学生思想政治教育教师队伍建设方面定位准确，思路明确，措施得力，效果明显。一是明确了教师队伍的地位和作用，"思想政治教育工作队伍是加强和改进大学生思想政治教育的组织保证"。二是明确了大学生思想政治教育教师队伍的构成及分工，"大学生思想政治教育工作队伍主体是学校党政干部和共青团干部，思想政治理论课和哲学社会科学课教师，辅导员和

---

①　《中共中央关于深化文化体制改革推动社会主义文化大发展大繁荣若干重大问题的决定》，《中国教育报》2011 年 10 月 26 日。

②　毛泽东：《中国共产党在民族战争中的地位》，《毛泽东选集》第 2 卷，人民出版社 1991 年第 2 版，第 526 页。

班主任”。“学校党政干部和共青团干部负责学生思想政治教育的组织、协调、实施;思想政治理论和哲学社会科学课教师根据学科和课程的内容、特点,负责对学生进行思想理论教育、思想品德教育和人文素质教育;辅导员、班主任是大学生思想政治教育的骨干力量,辅导员按照党委的部署有针对性地开展思想政治教育活动,班主任负有在思想、学习和生活等方面指导学生的职责。”“广大教职员工都负有对大学生进行思想政治教育的重要责任。要制定完善有关规定和政策,明确职责任务和考核办法,形成教书育人、管理育人、服务育人的良好氛围和工作格局。”三是完善了大学生思想政治教育教师队伍的选拔、培养和管理机制。“按照政治强、业务精、纪律严、作风正的要求,坚持专兼结合的原则,研究和制定加强高校思想政治教育工作队伍建设的具体意见,吸引更多的优秀教师从事学生思想政治教育工作。”①改革开放以来,大学生思想政治教育教师队伍的专业化程度、学历层次不断提升,年龄结构、学缘结构趋向合理,数量逐渐得到充实,水平不断得到提高。实践经验证明,高素质的教师队伍是大学生思想政治教育模式创新、质量提升的重要组织保证。

(二)改革开放以来大学生思想政治教育取得了丰厚的理论研究成果

改革开放三十多年来,建立了中国特色社会主义制度,探索了中国特色社会主义道路,创立了中国特色社会主义理论体系,实现了国民经济和社会发展的历史性跨越。思想政治教育作为党和政府动员群众、武装群众、鼓舞群众和凝聚群众的实践活动,在推进改革开放和中国特色社会主义现代化建设的伟大实践中做出了重大贡献,也在不断改进、研究中取得了丰硕的理论成果。大学生思想政治教育伴随着我国改革开放和中国特色社会主义现代化建设的不断深入,伴随着我国高等教育改革的逐步推进,在为培养社会主义事业建设者和接班人提供坚强有力的思想保证、精

① 《中共中央国务院关于进一步加强和改进大学生思想政治教育的意见》,《中国教育报》2004 年 10 月 26 日。

神动力和智力支持的同时,也在探索前进的过程中积累了丰厚的理论成果。这些丰富深厚的理论成果既是以往大学生思想政治教育的科学总结,也为今后提升大学生思想政治教育的质量提供了理论指导。作为党的思想政治教育的重要组成部分,大学生思想政治教育理论的建立、丰富和发展与党的思想政治教育理论的探索、形成和完善密切相关。

1.大学生思想政治教育指导理论的丰富与发展

改革开放三十多年来,党不断探索和回答"什么是社会主义?怎样建设社会主义?""建设什么样的党?怎样建设党?""实现什么样的发展?怎样发展?"等重大理论和实践问题,丰富和发展了实事求是的思想路线,创立了"一个中心、两个基本点"的基本路线,建立了中国特色社会主义理论体系,形成了中国特色社会主义核心价值体系。党的实事求是思想路线、"一个中心、两个基本点"的基本路线、中国特色社会主义理论体系和社会主义核心价值体系的恢复、建立、完善和发展,为中国特色社会主义事业提供了先进的指导理论,也为大学生思想政治教育提供了指导理论。

第一,党的思想路线的发展与大学生思想政治教育理论。现阶段党的思想路线的基本内容是:一切从实际出发,理论联系实际,实事求是,在实践中检验真理和发展真理。其精髓是解放思想、实事求是、与时俱进。其实质和核心是实事求是。其本质要求是解放思想、与时俱进。党的思想路线经历了一个形成、发展和完善的过程。在党的历史上第一次使用"思想路线"这一概念的是毛泽东。土地革命战争时期,毛泽东从没有调查就没有发言权的原则出发,第一次阐述了"共产党人从斗争中创造新局面的思想路线"①。毛泽东所确立的党的实事求是的思想路线,在新民主主义革命和社会主义建设的实践中发挥过巨大作用,体现在党夺取了政权,建立了新中国,领导社会主义建设初期也取得了巨大成就。但在

① 毛泽东:《反对本本主义》,《毛泽东选集》第1卷,人民出版社1991年第2版,第116页。

“文化大革命”中没有很好地坚持和贯彻实事求是的思想路线，导致犯了严重错误。历史的经验和教训启示我们，党的实事求是的思想路线需要与时俱进地丰富发展。党的第二代领导集体的核心邓小平重新确立了党的实事求是的思想路线，并进行了丰富和发展。他强调要“解放思想，开动脑筋，实事求是，团结一致向前看，首先是解放思想。只有思想解放了，我们才能正确地以马列主义、毛泽东思想为指导，解决过去遗留的问题，解决新出现的一系列问题，正确地改革同生产力迅速发展不相适应的生产关系和上层建筑，根据我国的实际情况，确定实现四个现代化的具体道路、方针、方法和措施”①。“我们讲解放思想，是指在马克思主义指导下打破习惯势力和主观偏见的束缚，研究新情况，解决新问题。”②解放思想，就是使思想和实际相结合、主观和客观相符合，就是实事求是；就是要求运用马克思主义的立场、观点和方法研究新情况，解决新问题；就是从教条主义、错误的观念和“左”的思想束缚中解放出来，努力开拓进取；就是在尊重科学、尊重客观规律的基础上，充分发挥人的主观能动性。邓小平把解放思想与实事求是统一起来，阐述了解放思想与实事求是的内在要求和前提，实事求是是解放思想的目的和归宿，发展了党的思想路线的理论内涵。有了“解放思想、实事求是”的思想路线，在邓小平理论的正确指导下，中国特色社会主义建设事业取得了举世瞩目的成就。以江泽民为总书记的党中央，面对新的国际形势和我国发展要求，提出了“与时俱进”、“开拓创新”的发展思想。“与时俱进，就是党的全部理论和工作要体现时代性，把握规律性，富于创造性。”③从而在新形势下丰富了党的思想路线的内容。胡锦涛强调“坚持解放思想、实事求是、与时俱进，勇于变革、勇于创新，永不僵化、永不停滞，不为任何风险所惧，不被任何干

---

① 邓小平：《解放思想，实事求是，团结一致向前看》，《邓小平文选》第2卷，人民出版社1994年第2版，第141页。

② 邓小平：《坚持党的路线，改进工作方法》，《邓小平文选》第2卷，人民出版社1994年第2版，第279页。

③ 江泽民：《全面建设小康社会，开创中国特色社会主义事业新局面——在中国共产党第十六次全国代表大会上的报告》，《解放军报》2002年11月18日。

扰所惑，使中国特色社会主义道路越走越宽广，让当代中国马克思主义放射出更加灿烂的真理光芒。"①"解放思想、实事求是、与时俱进、求真务实，是科学发展观最鲜明的精神实质。实践发展永无止境，认识真理永无止境，理论创新永无止境。"②

党的思想路线在改革开放中重新确立和丰富发展的过程，也是全党、全社会解放思想、更新观念的过程。这一过程的不断推进，有效地解放了人们的思想，开放了人们的视野，提高了人们的境界，激发了人们的活力，社会主义现代化建设事业不断推向前进。党的思想路线的丰富与发展，是一切工作发展的灵魂，也是创新大学生思想政治教育的行动指导。在党的思想路线的正确指导下，大学生思想政治教育冲破"左"的思想束缚，改变"假、大、空"的教育状态，向"真、善、美"和"鲜、活、实"转变。面向现代化、面向世界、面向未来；贴近学生、贴近实际、贴近生活；教书育人，管理育人，服务育人；育人为本，德育为先，德才兼备；以人为本，以文"化"人，隐性教育等。创新理念不断运用于教育实践中，大学生思想政治教育的吸引力和说服力不断增强，针对性与实效性不断提高，促进了大学生的全面自由和谐发展。

第二，党的基本路线的丰富与大学生思想政治教育理论。党的基本路线是党在一定历史时期为解决社会主要矛盾而制定的行动纲领，是总揽全局的根本指导方针。改革开放以来，党不断总结过去制定和贯彻基本路线的经验和教训，在社会主义现代化建设实践的过程中逐步形成了党在社会主义初级阶段的基本路线，核心是"一个中心、两个基本点"，即以经济建设为中心，坚持四项基本原则，坚持改革开放。中共十一届三中全会作出了把党和国家的工作重点转移到经济建设上来的战略决策，确

---

① 胡锦涛：《高举中国特色社会主义伟大旗帜，为夺取全面建设小康社会新胜利而奋斗——在中国共产党第十七次全国代表大会上的报告》，《人民日报》2007 年 10 月 25 日。

② 胡锦涛：《坚定不移沿着中国特色社会主义道路前进，为全面建成小康社会而奋斗——在中国共产党第十八次全国代表大会上的报告》，《人民日报》2012 年 11 月 18 日。

定了改革开放的总方针。中共“十二大”提出了党在新的历史时期的总任务,为社会主义初级阶段基本路线描绘了一个清晰的轮廓。中共“十三大”对社会主义初级阶段的基本路线作出了明确概括。中共“十四大”将基本路线载入党章,成为全党统一的行动纲领。中共“十五大”重申要毫不动摇地坚持党在社会主义初级阶段的基本路线。中共“十六大”强调党的基本路线和基本纲领是各项工作的根本指针。中共“十七大”将构建社会主义和谐社会写进党章,并在基本路线的奋斗目标中增加了“和谐”目标,使党的基本路线更加全面、完善、规范和科学,“领导和团结全国各族人民,以经济建设为中心,坚持四项基本原则,坚持改革开放,自力更生,艰苦创业,为把我国建设成为富强、民主、文明、和谐的社会主义现代化国家而奋斗”①。中共“十八大”重申党的基本路线是党和国家的生命线,必须坚持把以经济建设为中心同四项基本原则、改革开放这两个基本点统一于中国特色社会主义伟大实践,既不妄自菲薄,也不妄自尊大,扎扎实实夺取中国特色社会主义新胜利。

党的基本路线在改革开放的实践中不断丰富和完善。党的基本路线明确了党在社会主义初级阶段的根本目标:建设富强、民主、文明、和谐的社会主义现代化国家。这一目标集中体现了我国最广大人民群众的利益和愿望,也是凝聚、激励青年大学生的精神源泉。党的基本路线强调以经济建设为中心,为大学生思想政治教育实践确定了基本准则,大学生思想政治教育要把促进科教兴国、人才强国和可持续发展战略的实施,提高大学生的思想道德素质与科学文化素质作为根本任务。党的基本路线提出了坚持四项基本原则和坚持改革开放,为大学生思想政治教育明确了基本内容。党的基本路线要求自力更生、艰苦创业,为在大学生中弘扬中华民族优良传统、振奋民族精神,以主人翁的姿态积极参与中国特色社会主义伟大事业发展提供了强大动力。改革开放以来的实践充分证明,党在社会主义初级阶段的基本路线是统一全党和全国人民认识与行动的总

① 《中国共产党章程》,《人民日报》2007 年 10 月 26 日。

纲,是中国特色社会主义现代化建设顺利进行的有力保证,是武装群众、动员群众和组织群众的强大理论武器,为大学生思想政治教育的有效开展提供了明确的基本目标、基本任务、基本内容和基本要求,是改革开放以来大学生思想政治教育创新发展的指导理论。

第三,中国特色社会主义理论的探索与大学生思想政治教育理论。粉碎“四人帮”,中国结束了十年浩劫。面对千疮百孔、百废待兴的国内局面,面对西方国家高度发达的经济和亚洲新兴国家的经济腾飞,中国向何处去成了人们普遍关心的问题。邓小平以无产阶级革命家的勇气和胆略,以对人民和事业高度负责的精神和境界,以洞察世界、深谙世情的视野和韬略,成为中国改革开放和社会主义现代化建设的总设计师。中共十一届三中全会作出了把全党的工作中心转移到经济建设上来的战略决策。中共“十二大”提出了建设中国特色社会主义的目标。中共“十三大”提出了党在社会主义初级阶段的基本路线。中共“十四大”提出了我国社会主义经济体制改革的目标是建立社会主义市场经济体制。党在改革开放和社会主义现代化建设的实践中形成了邓小平理论,科学地回答了什么是社会主义,怎样建设社会主义的问题。以江泽民为总书记的党中央以及此后以胡锦涛为总书记的党中央高举中国特色社会主义伟大旗帜,继续探索中国特色社会主义伟大实践,创立了“三个代表”重要思想和科学发展观,回答了建设什么样的党,怎样建设党,和什么是发展,怎样发展的问题。邓小平理论、“三个代表”重要思想和科学发展观是中国特色社会主义理念体系的重要组成部分,成为党领导中国人民建设中国特色社会主义的指导思想。以习近平为总书记的党中央继续高举中国特色社会主义伟大旗帜,坚定不移地沿着中国特色社会主义道路前进,为全面建成小康社会、实现中华民族伟大复兴的“中国梦”而奋斗。动员和激励全体大学生同心共筑中国梦,是当前大学生思想政治教育的重要主题。

中国特色社会主义理论体系内涵丰富,涵盖了经济、政治、教育、文化、社会、生态、祖国统一、军事国防、对外关系等诸多领域。包括大学生思想政治教育理论在内的思想政治教育理论本身就是中国特色社会主义理论体系的重要组成部分，并随着中国特色社会主义理论体系的创新、发展而不断丰富和完善。中国特色社会主义理论体系是大学生思想政治教育理论创新的指导思想，是大学生思想政治教育具体实践的行动指南。

第四，社会主义核心价值体系的形成与大学生思想政治教育理论。核心价值体系是指导社会的灵魂与旗帜。在改革开放的进程中，党逐渐形成了社会主义核心价值体系，基本内容包括马克思主义指导思想、中国特色社会主义共同理想、以爱国主义为核心的民族精神和以改革创新为核心的时代精神、社会主义荣辱观。社会主义核心价值体系的形成，经历了一个逐渐探索、完善和规范的过程。粉碎"四人帮"以后，中国走什么样的路、怎样走等问题摆在国人面前，并直接影响人们的理想信念和价值取向。邓小平在中共"十二大"提出了"建设有中国特色社会主义"的概念，对什么是社会主义、怎样建设社会主义等问题提出了初步的总体设计，在统一国人思想方面进行了符合我国传统与现实需要的价值引导。中共"十三大"提出了建设有中国特色社会主义理论。中共"十四大"概括了建设有中国特色社会主义理论的主要内容，并在中共六中全会通过的决议中第一次提出在全民族牢固树立建设有中国特色社会主义的共同理想。2006年，党中央立足我国现实国情、着眼现代化建设要求，提出了社会主义荣辱观。中共十六届六中全会根据建设社会主义和谐社会的需要，提出了建设社会主义核心价值体系。中共"十七大"明确提出，社会主义核心价值体系是社会主义意识形态的本质体现，是社会主义文化建设的根本，必须建设社会主义核心价值体系，增强社会主义意识形态的吸引力和凝聚力。中共十七届六中全会强调，社会主义核心价值体系是兴国之魂，是社会主义先进文化的精髓，决定着中国特色社会主义发展方向。中共"十八大"强调，加强社会主义核心价值体系建设，深入开展社会主义核心价值体系学习教育，用社会主义核心价值体系引领社会思潮、凝聚社会共识。

党把改革开放以来引领、主导我国社会价值取向的思想、理论不断丰富、完善和发展，提出了建设完整的社会主义核心价值体系，进而形成了团结、凝聚全民族奋发向上的精神力量和精神纽带，丰富和发展了大学生思想政治教育的指导理论。社会主义核心价值体系包括四个方面的内容，蕴涵着为人民服务的价值追求、实现共同富裕的价值目标、坚持“三个有利于”的价值标准和集体主义的价值原则。马克思主义指导思想是社会主义核心价值体系的灵魂，是党和国家的根本指导思想，也是大学生思想政治教育的指导思想。中国特色社会主义共同理想，作为社会主义核心价值体系的主题，是激励中华民族奋勇前进的精神动力，是对大学生进行理想信念教育的核心内容。民族精神和时代精神是社会主义核心价值体系的精髓，在大学生中开展爱国主义和改革创新教育，才能培养为中华民族伟大复兴服务的创新型人才。社会主义荣辱观作为社会主义核心价值体系的基础，只有不断加强大学生的思想教育、道德修养，提高思想道德素质，才能为大学生的成人成才奠定良好基础。社会主义核心价值体系四个方面的内容，既是大学生思想政治教育的指导思想，也是教育内容。

2.大学生思想政治教育内容的丰富与发展

改革开放三十多年来，大学生思想政治教育继承了我国优秀的传统文化，借鉴了国外有益的先进文化，吸收了各个学科最新研究的理论成果，教育理论的内容不断丰富和发展，特别是中国特色社会主义理论体系成为大学生思想教育和理论教育的核心内容。

思想政治教育是党的优良传统和政治优势，在改革开放和社会主义现代化建设中内容不断丰富和发展。改革开放以来，党坚持马克思主义基本原理与中国革命和建设的具体实践相结合，不断推进马克思主义的中国化、时代化和大众化，思想政治教育理论与实践更加富有时代性与创新性。中共十一届三中全会以后，党重新恢复了实事求是的思想路线，冲破了“两个凡是”的错误思想与“左”的思想束缚，开展了真理标准大讨论，进行了以解放思想为核心内容的思想理论上的拨乱反正和影响广泛深远的思想政治教育。在改革开放初期，思想政治教育主要是加强马克思列宁主义、毛泽东思想和党的改革开放政策的学习、宣传和教育。随着改革开放的深入和中国特色社会主义理论体系的发展，党中央出版了《邓小平文选》第三卷和增订再版第一、二卷，邓小平理论成为我国思想教育和理论教育的主要内容。中共"十六大"根据新的形势要求和中国特色社会主义理论的发展，把"三个代表"重要思想同马克思列宁主义、毛泽东思想、邓小平理论一道确立为党的指导思想，并提出了兴起学习贯彻"三个代表"重要思想新高潮的战略举措。中共"十六大"以来，以胡锦涛为总书记的党中央提出并贯彻落实科学发展观，进一步丰富和发展了中国特色社会主义理论体系，科学发展观同时成为全国人民思想教育和理论教育的主要内容。改革开放以来，中国特色社会主义理论体系不断丰富和发展，成为用科学理论武装全国人民的主要内容，有力推进了我国改革和建设的快速发展。

改革开放以来，我国大学生思想政治教育内容不断丰富和发展。立德树人是教育的根本任务，思想政治理论课是高校开展大学生思想政治教育的主阵地和主渠道，其内容也随着中国特色社会主义改革开放进程的推进而不断丰富与发展。1978 年，教育部下发了恢复高校思想政治理论课教学的文件。1982 年，教育部为了结合改革开放新形势对学生进行教育，决定在高校开设共产主义思想品德课并纳入教学计划。1985 年，中共中央发出《关于进一步改革学校思想品德和政治理论课教学的通知》，对高校理论教育内容提出了重要的改革要求，即在强调对学生进行马克思主义的基本理论、中国革命史教育的同时，"进行中国社会主义建设和改革的理论、政策和实际知识的教育"，明确要求把改革开放理论、政策纳入课堂教学之中。1987 年，国家教委在高校增加了"中国社会主义建设"课程，要求开设"法律基础"、"大学生思想修养"课程。1995 年，国家教委发布《关于高校马克思主义理论课和思想品德课教学改革的若干意见》，强调思想政治理论课教学以邓小平建设有中国特色社会主义理论为中心内容。中共"十五大"把邓小平理论确立为党的指导思想之后，高校迅速开展推进邓小平理论进课堂、进教材、进学生头脑的工作。1998 年，经党中央批准，决定在高校开设"毛泽东思想概论"与"邓小平理论概论”课程,突出了邓小平理论在思想政治理论课教学中的地位。中共“十六大”以后,党中央对加强和改进大学生思想政治教育作出战略部署,2004 年,中共中央、国务院颁发《关于进一步加强和改进大学生思想政治教育的意见》,提出了加强和改进大学生思想政治教育的主要任务是以理想信念教育为核心,以爱国主义教育为重点,以思想道德建设为基础,以大学生全面发展为目标的素质教育,并对高校思想政治理论课程建设和改革作出重大决策。以此为契机,教育部决定在高校开设“马克思主义基本原理概论”、“毛泽东思想、邓小平理论和‘三个代表’重要思想概论”、“中国近现代史纲要”和“思想道德修养与法律基础”课程,使大学生的中国特色社会主义理论教育更加全面、系统。改革开放以来,大学生思想政治教育形成了以中国特色社会主义理论体系为中心内容,以理论信念教育、爱国主义教育、基本道德规范教育和素质教育为主要任务,以思想政治理论课为主渠道、主阵地,形势与政策课、哲学社会科学课和其他各门课程发挥思想政治教育功能,以社会实践、党团活动、校园文化、网络媒体和心理咨询等为重要途径的大学生思想政治教育内容体系和实施体系。

3.思想政治教育学科理论的丰富与发展

思想政治教育是运用马克思主义理论与方法,专门研究人们思想品德形成、发展和思想政治教育规律,培养人们正确的世界观、人生观和价值观的学科。思想政治教育学科是一门价值性与科学性紧密结合的人文学科、理论性与实践性紧密结合的综合学科、针对性与实效性紧密结合的应用学科。它不仅以马克思主义理论,特别是中国特色社会主义理论为指导,研究运用正确理论进行教育的实践活动,而且要研究社会发展与人的发展的新情况与新问题,形成新的教育理念与准则,推进思想政治教育的发展。大学生思想政治教育是思想政治教育二级学科的重要组成部分,我国思想政治教育学科是在改革开放过程中创立、发展的,具有中国特色。广大思想政治教育工作者,进行了思想政治教育学科的概念与范畴、原理与方法、功能与价值等方面的深入研究,揭示了思想政治教育的规律，初步形成了我国思想政治教育学科的理论体系。改革开放以来，思想政治教育学科研究的新成果突出表现在以下方面：坚持面向世界与立足民族发展相结合的理念，发展主旋律教育；坚持主导性与多样性相结合的准则，发展理想信念教育；坚持主体性与社会化相结合的思想，发展道德法制教育；坚持现实性与虚拟性相结合的方式，发展网络思想政治教育。[①] 2004年，党中央和国务院为进一步加强和改进大学生思想政治教育，提出了加强思想政治教育学科建设的意见和要求，进一步推进了思想政治教育学科建设和大学生思想政治教育。改革开放以来，思想政治教育学科以马克思主义为理论指导，以党的思想政治工作为实践基础，经过多年的学科建设，学科领域不断拓展，学科内涵不断丰富，学科特色不断增强，学科水平不断提高。思想政治教育学科建设取得的丰硕成果，为大学生思想政治教育科学发展、可持续发展提供了重要条件。

二、对外开放拓展了大学生思想政治教育的创新视野

中国改革开放的历程证明"只有开放兼容，国家才能富强"[②]。建设中国特色社会主义，需要数以亿计高素质的劳动者和数以千万计的专门人才，这对大众化的高等教育提出了更多更高的要求。社会主义市场经济的发展和经济全球化的趋势推高和拓展了人们的视野。大学生思想政治教育视野伴随着我国改革开放政策的推进、高等教育国际间的交流、国外大学生思想政治教育的考察而不断拓展。开放性的视野使人们对我国大学生思想政治教育有了全新的审视。

（一）开放性视野下的我国大学生思想政治教育"实情"

开放性视野是宏观的、跨领域和国际化的视野。在开放性的视野下，大学生思想政治教育"实情"呈现新的特点。

---

① 参见郑永廷、朱白薇：《思想政治教育理论的丰富与发展》，《思想理论教育导刊》2008年第10期。

② 温家宝：《只有开放兼容，国家才能富强——在新加坡国立大学的演讲》，《人民日报》2007年11月20日。

大学生思想政治教育背景具有全球化、市场化、大众化、一体化的特点。人类社会是一个相互联系的复杂系统，做好大学生思想政治教育不能脱离现实社会背景闭门造车。全球化特点系指国际间的政治、经济、文化和科技等方面的交流日益密切广泛，特别是世界经济活动超越国界，通过对外贸易、资本流动、技术转移、提供服务、相互依存与相互联系而形成全球范围的有机经济整体。市场化特点是指我国社会主义市场经济体制逐步完善，市场法则深入到社会生活的各个领域，人们的思想、行动往往带有鲜明的社会主义初级阶段和市场经济等时代特征。大众化特点是指我国高等教育自2002年开始毛入学率超过15%，进入了国际上公认的大众化教育阶段，适龄学子上大学难的矛盾逐步缓解，大学生就业难的矛盾日益突出。一体化特点是指社会是一个开放的体系，高校不再是象牙塔，大学生的学习、生活及教育环境形成国际和国内、校内和校外、学校和家庭、现实和虚拟各个方面相互联系、密不可分的统一体。用开放的视野审视，国际经济全球化、国内经济市场化、高等教育大众化、教育环境一体化是当下做好大学生思想政治教育必须面对的从宏观到微观层面的基本背景。

大学生思想政治教育队伍具有学历不高、业务不专、工作不闲、队伍不稳的特点。大学生思想政治教育队伍主要包括高校党政干部和共青团干部、思想政治理论课和哲学社会科学课教师、班主任和辅导员。高校党政干部和共青团干部主要负责思想政治教育组织协调和实施，“两课”教师通过课堂负责对学生进行思想理论教育、思想品德教育、人文素质教育。班主任、辅导员则按党委部署有针对性地开展思想教育活动，承担着引导学生思想、学习、心理、活动的重要职责，是对大学生进行日常教育、解决思想问题的主力军。多年来，这支队伍在做好思想政治教育、培养德才兼备合格人才方面做出了突出贡献，是培养社会主义事业建设者和接班人不可或缺的队伍。用开放性的视野审视，作为教师队伍的重要组成部分，总体上看大学生思想政治教育队伍存在的问题不少。所谓学历不高，就是整体上与专任教师相比、与教育任务要求相比，学历职称层次偏低。1999 年，教育部颁布的《关于加强高等学校教师队伍建设的意见》要求，到 2005 年教学科研型高校具有博士学位教师的比例要达到 30%以上。而大学生思想政治教育队伍整体上本科生居多，硕士与博士研究生偏少，带来了初级、中级职称多与高级职称少的问题，这对于大学生这样知识层次较高的群体来说，很难产生高屋建瓴、鞭辟入里的教育效果。所谓业务不专，就是大学生思想政治教育队伍中专业出身、专职从事的人不多。政治强、业务精、纪律严、作风正是大学生思想政治教育队伍的基本要求。党政干部和共青团干部中真正从事思想政治教育和相关专业的较少，思想政治理论课教师由于专业特点在思想政治教育知识性方面的教育多、实践性方面的教育少，班主任、辅导员专业背景为思想政治教育和相关专业的也不多，不少是兼职从事这项工作，很难达到大学生思想政治教育的专业化水平和专家化要求。所谓工作不闲，就是大学生思想政治教育人员工作头绪多、任务重、责任大，不易出成果。党政干部和共青团干部除了负责大学生思想政治教育的协调和实施外，还承担着大量党政工作和共青团工作。思想政治理论课教师多数不担任学生辅导员，业余时间主要从事教学准备和科学研究工作，提高业务水平和改善职称层次的压力较大，不能有针对性地开展日常的思想政治教育。班主任和辅导员“两眼一睁，忙到息灯”，常常不分八小时内外。由于事务性工作多，从事大学生思想政治教育的政工干部很难有更多的时间来进行业务学习和理性思考，工匠型的人员多，大师级的人物少。所谓队伍不稳，就是由于人们对思想政治教育岗位的认识偏见，加上工作繁重、难出成果，学生政工干部与专任教师相比在职称评定和学术研究方面不占优势，造成实际待遇偏低、发展前景不乐观和工作分流困难，不少人不愿意从事或长期从事大学生思想政治教育，流动过于频繁，影响队伍稳定和工作水平的提高。

（二）开放性视野对提升大学生思想政治教育质量的启示

思想政治教育的实效性是指通过思想政治教育的各项活动所产生和出现正向结果的效能和属性。把握了开放性视野下的大学生思想政治教育“实情”，采取具有开放性、针对性的措施是增强大学生思想政治教育实效性的关键。

1.拓展跨领域、国际化的开放性视野，占领思想政治教育的制高点

在国际经济全球化、国内经济市场化、高等教育大众化、教育环境一体化的宏观背景下，大学生思想政治教育的制高点是用科学的理论、先进的理念武装教育者与被教育者。我国改革开放三十多年来取得的巨大成就，根本原因在于党的正确领导，坚持了四项基本原则立国之本，坚持了改革开放强国之路。大学生思想政治教育工作者坚持用马克思主义理论、中国特色社会主义理论为指导，用社会主义核心价值体系占领教育阵地，同时打开跨领域、国际化的开放性视野，学习国内外先进理念为我所用，借鉴校内外他山之石可以攻玉，改革传统教育理论与做法，探索思想政治教育规律，形成了与时俱进的大学生思想政治教育新理念、新经验。大学生思想政治教育工作者采取直接和间接的办法，学习国内特别是国外高校大学生思想政治教育的先进理念、先进经验，因为多年来国内教育工作者相互学习交流的机会较多，经验做法大同小异，向国外高校学习借鉴重视不够、机会不多、行动不力、收获不大。国外高校强调以人为本、突出人文关怀的教育理念，时代性、实践性的教育内容，有意识教育与无意识教育相结合的教育方式，引导性教育与交流性教育相结合的教育方法，值得我们认真研究，有效借鉴。①

2.树立以人为本的理念，强化思想政治教育的人文关怀精神

以人为本是科学发展观的核心。以人为本就是“发展为了人民，发展依靠人民，发展成果和人民共享”②。以人为本理念体现在大学生思想政治教育中，就是思想政治教育为了学生、尊重学生、依靠学生和发展学生。

思想政治教育为了学生。高校的根本任务是培养人，思想政治教育

---

① 参见潘志红：《国外思想政治教育的特色及启示》，《湖南人文科学学院学报》2006年第2期。

② 胡锦涛：《在学习〈江泽民文选〉报告会上的讲话》，《人民日报》2006年8月16日。

为了学生就要围绕大学生的成人成才开展教育,增强服务意识,切实解决大学生成人成才过程中的各种问题。在社会主义市场经济和高等教育大众化背景下,大学生交费上学,对学校的选择、专业的要求、教育的质量、就业的前景提出了更高的要求,具有更多的自主权。大学生思想政治教育要适应这一变化,在教育内容、教育形式和教育方法等方面更多地开展引导性、服务性与交流性的工作,才能为大学生所接受,增强教育效果。针对大学生中的经济困难群体、学习困难群体、心理障碍群体、上网成瘾群体、情感问题群体和就业困难群体等,要把解决思想问题与解决实际问题结合起来,把思想政治教育与学生成长成才结合起来,突出人文关怀,追求优质服务,增强教育的凝聚力、说服力和实效力。

思想政治教育尊重学生。思想政治教育是做人的工作,只有尊重人,才能以情感人,以理服人,情理交融。针对大学生具有自主性、成人性等特点,教育者要尊重大学生的主体地位、独立人格、内在需求和个性差异,做他们解决学业问题的良师、解决心理问题的医生、解决生活问题的益友。尊重大学生要正确处理充分尊重和严格管理的关系。充分尊重大学生的自由与个性,但尊重不等于纵容,对自由与个性的尊重不能超越纪律、制度之上;充分理解大学生,但理解不等于迎合,无原则的迎合只能导致教育上的不作为,不利于合格人才的培养;重视大学生的权益,但教育者的权益不能漠视,教育者与学生是和谐关系,是师生相宜、教学相长。

思想政治教育依靠学生。人的"行动的一切动力,都一定要通过他的头脑,一定要转变为他的意志的动机,才能使他行动起来"①。事物的转化,外因是条件,内因是根据,外因通过内因发挥作用。大学生思想政治教育要达到目的,就必须经过教育对象的选择和确认,使教育内容成为坚定的自我行为理念,内化为个人的品行特征。大学生思想政治教育在增强艺术魅力上下功夫,开展启发式、引导式教育,提高大学生在思想政

① 恩格斯:《路德维希·费尔巴哈和德国古典哲学的终结》,《马克思恩格斯选集》第4卷,人民出版社1995年第2版,第251页。

治教育过程中的积极性、主动性和创造性，通过自我认知、自我体验、自我教育和自我建构，实现教育者与被教育者在思想政治教育过程中情感、内容、方法和目的的全方位共鸣。

思想政治教育发展学生。人的自由而全面的发展是马克思、恩格斯追求的理想目标。中共中央、国务院《关于进一步加强和改进大学生思想政治教育的意见》指出，加强和改进大学生思想政治教育以大学生全面发展为目标。思想政治教育是促进大学生全面发展的重要途径，在完善大学生道德、提高大学生品格、升华大学生理想方面有着不可或缺的重要作用。大学生思想政治教育坚持育人为本，德育为先，紧紧围绕育人这一中心开展工作，通过卓有成效的德育，带动智、体、美诸育的全面发展，全面提升，为国家输送德才兼备、全面发展的高素质人才。

3.建立学者型的工作队伍，提高思想政治教育的水平

做好大学生思想政治教育，队伍建设是关键。国际国内背景和社会主义新时代提出了建立学者型的大学生思想政治教育队伍的新要求，即在角色要求上坚持职业化方向，在知识要求上坚持专业化标准，在水平要求上坚持专家化水准。

建立学者型的工作队伍，在角色要求上坚持职业化方向。职业化是指某项工作成为一种专门职业，有自身不可替代的职业要求和职业特点，有相应的职业培养机构和职业标准保障制度，有相应的社会地位和经济地位。从社会分工来看，大学生思想政治教育是一种具有基本理论和专业技术要求的专门化职业。从这项工作的现实来看，大学生思想政治教育队伍规范的从业标准、相应的准入制度、有效的考核机制还不十分完善，他们的职业精神、职业标准、职业道德还需要从职业化的标准来进一步培养、规范和提升。

建立学者型的工作队伍，在知识要求上坚持专业化标准。专业化是指某项工作由专门人员经过专业培训，进而专门从事某项工作并不断提高的过程。大学生思想政治教育专业化要求，就是要求教育者具备较强的思想政治教育学、教育学、管理学、心理学、历史学、职业咨询等方面的专业知识，同时对党的路线、方针和政策特别是对新时期党的教育方针有着较为深刻的认识和理解，有较高的理论政策水平和实际应用能力，以适应新形势下大学生思想政治教育的需要，在大学生思想困惑、心理障碍、人际交往、专业学习、生涯规划、职业选择等问题上予以专业化的正确引导。

建立学者型的工作队伍，在水平要求上坚持专家化水准。大学生思想政治教育创新发展，必须有一支把这项工作作为事业追求、专业知识广博、实践经验丰富、师德高尚的学者型、专家型的工作队伍。高校从根本上稳定这支队伍，不能只盯着让这些人员怎么出去，如何转岗，应该从制度上为大学生思想政治教育工作者建设一个发展平台，进行专业化的建设和培养，催生职业化的队伍。让每一位从事大学生思想政治教育的人员都有自己侧重的专业领域，并把这个专业当成一直追求的事业，他们就会拥有广阔的职业发展空间，这就是最好的出口，从根本上解决大学生思想政治教育工作者的职业定位问题，就会出现教授级、学者型的教育专家，大学生思想政治教育就有了坚实的组织保障。

4.探索指导式的教育模式，增强思想政治教育的效果

区分教育层次，坚持先进性导向与普遍性要求的有机结合。在教育目的上，强化以人为本的原则，寻找社会发展需要与大学生自身发展需要的最佳结合点，把大学生的前途命运与国家的前途命运结合起来，实现大学生的全面发展与培养社会主义合格建设者和可靠接班人的完美统一。在教育对象上，强化因材施教的原则，坚持面向全体学生的基本目标和面向部分先进分子的最高目标的有机统一，坚持教育内容大众化基本要求与较高层次导向性要求有机统一。

改变教育方式，变单向灌输式为交流互动式。从社会学的角度来看，外部灌输就是社会教化的过程，人的自觉性过程是个体内化的过程，只有教育者与被教育者两个积极性都充分调动起来，“外授”与“内练”有机结合，交流互动、和谐共鸣、协调一致，才能实现教育目的。从思想政治教育宏观背景看，随着全球化进程的加快和网络等新兴媒体的悄然崛起，大学生获取信息的方式、渠道多样化，他们一定程度上会出现对知识和信息的把握在质与量上超过、在时间上领先教育者的情况，教育者的权威性和话语权就必然受到质疑，单向式灌输工作方式的合理性就会面临严峻的挑战，大学生思想政治教育方式由单向灌输式变为交流互动式势成必然。从大学生群体自身来看，市场经济条件下他们的主体意识和平等意识不断提高，确立大学生主体地位的尊重意识，形成教育者与教育对象之间相互尊重、互动共通、相互促进的思想政治教育新模式，将有助于提高大学生思想政治教育的实效性。

开放教育环境，坚持主导式教育与自主式选择有机结合。国际与国内形势的发展、高等教育与大学生自身情况的变化，决定了大学生思想政治教育环境不再是封闭的、单一的和简单的，而是开放的、多元的与复杂的。大学生思想政治教育要有实效，经得起时空的考验，就要在开放的环境中进行教育，做到两个坚定不移：一是坚定不移地弘扬主旋律，用社会主义核心价值体系引领大学生思想政治教育，占领思想政治教育阵地，增强社会主义意识形态的吸引力和凝聚力，即坚持马克思主义的指导地位，坚持不懈地用马克思主义中国化最新成果武装大学生；坚持用中国特色社会主义共同理想团结凝聚大学生；用以爱国主义为核心的民族精神和以改革创新为核心的时代精神鼓舞大学生；坚持用社会主义荣辱观引领风尚，教育大学生，巩固共同思想基础。二是坚定不移地变结论式教育为方法性教育。在开放的教育环境中，不仅要引导大学生树立与社会主义核心价值体系相适应的思想观念、政治观点和道德规范，更要帮助大学生掌握认识问题、分析问题、解决问题的立场、观点和方法，引导大学生通过自我体验、自我感悟、自我认知和自我教育，把教育内容内化为自觉的意识，化为长期自觉的行动。

三、大学生思想政治教育质量提升面临良好的政策机遇

（一）改革开放以来加强和改进大学生思想政治教育的重要文献

党和政府历来十分重视大学生思想政治教育，特别是改革开放以来，

出台了一系列加强和改进大学生思想政治教育方面的文件,为大学生思想政治教育的顺利开展提供了科学、及时和有效的指导,为提升大学生思想政治教育质量提供了政策支持、理论支撑和实践依据。

改革开放起步阶段的大学生思想政治教育文献。 这一阶段,高校恢复了马列主义理论课程,开设了思想品德课程。1978 年 4 月,教育部起草了《关于加强高等学校马列主义理论教育的意见》,指出高等学校的马列主义理论课程一般开设"辩证唯物主义和历史唯物主义"、"政治经济学"、"中共党史"和"国际共产主义运动史"四门课程。1980 年 7 月,教育部制定了《改进和加强高等学校马列主义课的试行办法》,确定在全国高校本科开设"中共党史"、"政治经济学"和"哲学"三门课程,文科专业加开"共产主义运动史",或试开"科学社会主义"。1980 年 12 月,邓小平在中央工作会议上发表了《贯彻调整方针,保证安定团结》的讲话,强调"要加强各级学校的政治教育、形势教育、思想教育,包括人生观教育、道德教育"①。初步明确了大学生思想政治教育的具体内容。1982 年 10 月,教育部发出《关于在高等学校逐步开设共产主义思想品德课程的通知》,我国高校逐步开设了共产主义思想品德课程。1982 年 12 月,教育部又发出通知,要求在大中学校开展新宪法的宣传教育。1983 年 7 月,中共中央批转了《国营企业职工思想政治工作纲要(试行)》,要求有条件的高校增设政治工作专业,将共产主义思想道德教育作为大学生思想政治教育的核心内容。1984 年 9 月,教育部下发《关于高等学校开设共产主义思想品德课的若干规定》和《共产主义思想品德教学大纲》试用本。1985 年 8 月,中共中央《关于改革学校思想品德课和政治理论课教学的通知》,推出了"中国革命史"、"中国社会主义建设"、"马克思主义原理"和"世界政治经济与国际关系"新四门课程。高校开设马克思主义政治理论课和思想品德课,是中共十一届三中全会以来大学生思想政治

---

① 邓小平:《贯彻调整方针,保证安定团结》,《邓小平文选》第 2 卷,人民出版社 1994 年第 2 版,第 369 页。

教育不断改革发展的结果，在提高大学生思想政治教育质量、提升大学生思想政治道德素质方面发挥了重要作用。

改革开放全面展开阶段的大学生思想政治教育文献。 这一阶段，加强了形势政策教育和马克思主义理论教育，发展了大学生思想政治教育学科体系。1986 年 7 月，中宣部、国家教委联合印发《关于对高等学校学生深入进行形势政策教育的通知》。1987 年 10 月，国家教委印发《关于高等学校思想教育课程建设的意见》，将高校思想品德教育课程规范为"形势与政策"、"法律基础"、"大学生思想修养"、"伦理学"和"职业道德"五门课程。1987 年 3 月，国家教委在《关于进一步改革高等学校马克思主义理论课教学的意见》中提出，坚持四项基本原则、反对资产阶级自由化教育是马克思主义理论教育的重要任务。1987 年 5 月，中共中央下发《关于改进和加强高校学校思想政治教育工作的决定》，明确提出高校办好思想政治教育专业，培养思想政治教育专门人才，逐步建设、完善和规范我国思想政治教育专门人才从本科到硕士、博士层次完备的学科体系。1988 年 5 月，国家教委《关于高等学校开设"形势与政策"课的实施意见》要求高校在教学中注重和加强大学生思想政治教育。

社会主义市场经济初步建立阶段的大学生思想政治教育文献。 这一阶段，爱国主义、集体主义和社会主义教育成为大学生思想政治教育的核心内容。1993 年，中共中央、国务院转发《中国教育改革和发展纲要》，明确了学校德育工作的根本任务，强调了邓小平理论的指导地位。1994 年，中共中央、国务院印发了《爱国主义教育实施纲要》和《中共中央关于进一步加强和改进学校德育工作的若干意见》，明确了学校德育工作的形势与任务，提出了改进学校德育的内容、途径和方法，完善学校德育工作体制等，成为学校德育工作的纲领性文献。1998 年，中宣部、教育部印发《关于普通高等学校"两课"课程设置的规定及其实施工作的意见》，强调积极推动邓小平理论"三进"工作。1999 年，中共中央作出《关于深化教育改革，全面推进素质教育的决定》，把素质教育纳入大学生思想政治教育的视野。

全面建设小康社会阶段的大学生思想政治教育文献。这一阶段，科学发展观成为大学生思想政治教育的指导思想，理想信念教育、民族精神和时代精神教育成为大学生思想政治教育的重点内容。2004年，中共中央、国务院下发了《关于进一步加强和改进大学生思想政治教育的意见》，对大学生思想政治教育的任务作了明确规定，大学生思想政治教育内容形成了完备的学科体系。2005年，中宣部、教育部《关于进一步加强和改进高校思想政治理论课的意见》，提出设立马克思主义一级学科，为大学生思想政治教育质量提升提供了有力的学科支撑。2007年，中共“十七大”报告将社会主义核心价值体系融入国民教育和精神文明建设全过程，培养德智体美全面发展的社会主义建设者和接班人。2008年，中宣部、教育部下发了《关于进一步加强高等学校思想政治理论课教师队伍建设的意见》，强调着力抓好教学科研组织建设和学科建设两个关键环节，全力推进高校思想政治理论课教师队伍建设。大学生思想政治理论课“05方案”也逐渐确立，即“马克思主义基本原理”、“毛泽东思想和中国特色社会主义理论体系概论”、“中国近现代史纲要”、“思想道德修养和法律基础”四门课程，同时开设“形势与政策课”，并开设“当代世界经济与政治”等选修课。

（二）中共十七届六中全会和“十八大”为大学生思想政治教育质量提升带来的政策机遇

中共十七届六中全会通过了《中共中央关于深化文化体制改革，推动社会主义文化大发展大繁荣若干重大问题的决定》（以下简称《决定》），是中国特色社会主义文化建设的纲领性文献，是推进我国社会主义文化建设的根本指南，对大学生思想政治教育有着重要的政策层面的指导意义。

《决定》对大学生思想政治教育质量提升重要性和紧迫性的认识有现实的指导意义。“当今世界正处在大发展大变革大调整时期，世界多极化、经济全球化深入发展，科学技术日新月异，各种思想文化交流交融交锋更加频繁，文化在综合国力竞争中的地位和作用更加凸显，维护国家文化安全任务更加艰巨，增强国家文化软实力、中华文化国际影响力要求更加紧迫。”①中共“十七大”从经济建设、政治建设、文化建设、社会建设和生态文明建设上，提出了全面建设小康社会奋斗目标的新的更高的要求，使人们对思想政治教育的任务和要求有了新的认识，也确立了大学生思想政治教育的新目标。中共十七届六中全会关于世界形势的“四个更加”的分析，使人们更加清晰地认识大学生思想政治教育面临的态势与格局，更为准确地把握当今社会思想文化思潮发展变化的新特征，更为清醒地认识大学生思想政治教育在立德树人方面的新要求，更为深切地贴近大学生思想政治素质提高的新需要，增强责任感和紧迫感，提高针对性和实效性，以新的思路开创大学生思想政治教育的新局面。“我国文化发展同经济社会发展和人民日益增长的精神文化需求还不完全适应，突出矛盾和问题主要是：一些地方和单位对文化建设重要性、必要性、紧迫性认识不够，文化在推动全民族文明素质提高中的作用亟待加强；一些领域道德失范、诚信缺失，一些社会成员人生观、价值观扭曲，用社会主义核心价值体系引领社会思潮更为紧迫，巩固全党全国各族人民团结奋斗的共同思想道德基础任务繁重；舆论引导能力需要提高，网络建设和管理亟待加强和改进；有影响的精品力作还不够多，文化产品创作生产引导力度需要加大；公共文化服务体系不健全，城乡、区域文化发展不平衡；文化产业规模不大、结构不合理，束缚文化生产力发展的体制机制问题尚未根本解决；文化走出去较为薄弱，中华文化国际影响力需要进一步增强；文化人才队伍建设急需加强。推进文化改革发展，必须抓紧解决这些矛盾和问题。”②中共十七届六中全会关于我国文化建设面临的新情况新问题的剖析，对当前大学生思想政治教育面临的突出问题有重要的指导意义：从宏观上讲，社会对文化建设特别是大学生思想政治教育的重要性、必要性、紧迫性的认识还不到位，大学生思想政治教育质量亟待提升；道德失

① 《中共中央关于深化文化体制改革推动社会主义文化大发展大繁荣若干重大问题的决定》,《中国教育报》2011 年 10 月 26 日。

② 同上。

范、诚信、人生观和价值观扭曲的问题，在大学生群体中不同程度地存在，用社会主义核心价值体系引领社会思潮，引领大学生思想政治教育是当前的迫切任务；大学生思想政治教育中的舆论引导能力不足，主导权和话语权不够强，特别是网络建设和管理还滞后于大学生思想政治教育的需要和要求；大学生思想政治教育人才队伍从整体上还存在学历不高、专业不强、队伍不稳、水平不高的问题，与日益个性化、多样化、复杂化的大学生思想政治状况不相适应，大学生思想政治教育人才队伍建设亟待加强。“必须强化教育引导，增进社会共识，创新方式方法，健全制度保障，把社会主义核心价值体系融入国民教育、精神文明建设和党的建设全过程，贯穿改革开放和社会主义现代化建设各领域，体现到精神文化产品创作生产传播各方面，坚持用社会主义核心价值体系引领社会思潮，在全党全社会形成统一指导思想、共同理想信念、强大精神力量、基本道德规范。”① 社会主义核心价值体系在社会主义文化建设中发挥灵魂作用，对大学生思想政治教育来说，把社会主义核心价值体系融入高校教育全过程，特别是融入大学生思想政治教育的各个环节和整体过程之中。按照社会主义核心价值体系的基本要求，全面拓展大学生思想政治教育的内容；根据社会主义核心价值体系的内在要求，用社会主义核心价值体系占领大学生思想政治教育主阵地、主课堂和主渠道；遵循社会主义核心价值体系的实施特点，积极拓展引导大学生践行社会主义核心价值体系的有效途径。中国特色社会主义理论体系是马克思主义中国化的最新成果，加强马克思主义中国化的最新成果教育，是社会主义核心价值体系教育的重要基础，是引导大学生树立正确世界观、人生观和价值观的奠基工程。在当前形势下，结合大学生思想政治教育实际，积极推动中国特色社会主义理论体系进教材、进课堂、进头脑；加强马克思主义理论学科建设，深入推进和切实提升人文社会科学的育人功能；把中国特色社会主义理论体系教育

① 《中共中央关于深化文化体制改革推动社会主义文化大发展大繁荣若干重大问题的决定》，《中国教育报》2011年10月26日。

与理念信念教育结合起来,引导大学生自觉把个人理想与追求融入中国特色社会主义共同理想和奋斗之中;深入开展形势政策教育,加强大学生的国情教育、传统教育、改革开放教育和国际形势教育等,引导大学生凝聚民族精神,树立时代精神;结合大学生思想实际和认知特点,针对社会热点、难点问题,从理论和实践的结合上作出有说服力的回答。

《决定》站在推进文化大发展大繁荣的高度来看待思想政治教育扮演的角色。"当代中国进入了全面建设小康社会的关键时期和深化改革开放、加快转变经济发展方式的攻坚时期,文化越来越成为民族凝聚力和创造力的重要源泉、越来越成为综合国力竞争的重要因素、越来越成为经济社会发展的重要支撑,丰富精神文化生活越来越成为我国人民的热切愿望。"①中共十七届六中全会为大学生思想政治教育质量提升提供了新的视野和思路。首先,文化性是思想政治教育的基本属性。思想政治教育是指"一个阶级或集团为了建立或巩固其政治统治而进行的符合本阶级或集团根本利益的、包括一定的政治、法律、哲学、道德、艺术和宗教思想的意识形态理论的教育"②。可以看出,思想政治教育具有政治性,而其意识形态理论包括哲学、道德、艺术等则属于文化范畴,说明思想政治教育同时兼具文化性。思想政治教育的文化性,就是思想政治教育在一定文化背景下,通过文化传承过程而进行的意识形态理论教育。这种文化性体现在思想政治教育的目标定位上,就是提高人的思想文化素质、培养健康完美的人格、促进人的全面发展;体现在思想政治教育的价值选择上,就是突出先进文化,提升文化品位,体现培养目标的人本性;体现在思想政治教育的功能上,就是通过丰富文化内涵、凝聚文化力量、引领文化方向来影响人的心理活动、思维观念和意识形态;体现在思想政治教育的主体上,就是提升教育者与被教育者的文化素质,增强教育的共鸣性、魅力性和实效性。文化性作为思想政治教育的基本属性,内在地规定思

① 《中共中央关于深化文化体制改革推动社会主义文化大发展大繁荣若干重大问题的决定》,《中国教育报》2011年10月26日。

② 杨生平:《关于思想政治教育概念的理解问题》,《首都师范大学学报》1998年第6期。

想政治教育必须充分利用文化资源，以文化方式达到教育的政治目标和文化目标，不能片面地强调政治性而忽视文化性，抹杀思想政治教育提高人的身心素质、培养完善人格、促进人的全面发展的最终目的。其次，文化性缺失影响大学生思想政治教育质量。文化性是思想政治教育的基本属性，有效的思想政治教育必然彰显其应有的文化特质，而文化性的缺失必然影响思想政治教育质量。一方面，文化本身具有思想政治教育的功能。文化蕴涵着丰富的思想政治教育信息，具备作为思想政治教育载体的内在特质；文化遍及社会生活的各个领域，这种普遍性特征使其成为思想政治教育载体具有广泛的群众性；文化具有渗透性、持久性和形象性等特点，使思想政治教育能够润物无声、影响深远且感染力强。缺失了文化性的思想政治教育就会成为苍白无味的僵硬说教。另一方面，大学生诸多思想问题是由文化冲突引起的，是思想政治教育文化性的直接反映。经济全球化带来西方意识形态的全方位渗透，与社会主义核心价值体系相背离的西方政治信仰、人生态度、价值观念和生活方式等以文化渗透的方式影响大学生，导致部分大学生政治方向迷失、价值观念混乱、个人主义盛行、民族自豪感下降等。传统文化以生物遗传和社会遗传的方式，将传统思想道德和行为规范内化为人们的思想意识，体现为人们的具体行为，而改革开放和市场经济使人们的主体意识觉醒，多层需要显现，引发新旧道德价值观的融合与扬弃。同时，文化型的教育模式是大学生思想政治教育文化性的必然要求。文化冲突引发的思想问题需要文化型的教育模式，现实当中大学生思想政治教育往往因文化品位缺失、文化魅力不足而影响教育质量。表现在片面突出思想政治教育政治目的的目标定位，片面地采取单向性、灌输式的教育模式，较多地使用领导讲话、统编教材等政治资源而忽略生动活泼、寓教于无形的文化资源，导致人们思想政治教育就是枯燥的政治说教的错误认知，使思想政治教育丧失了文化“化人”应有的吸引力和生命力。隐性教育的策略、文化渗透的方式逐渐引起人们的重视和研究。再次，大学生思想政治教育质量提升吁求文化性的回归。大学生文化层次较高的群体特点吁求思想政治教育的文化性。历史地看,大学生是传统文化的继承者、时代文化的消费者和未来文化的创造者。时代地看,大学生是文化层次较高的社会人力资源,是社会主义事业的建设和接班人。道德需要文化的滋养,教育需要文化的烘托,思想政治教育不能脱离文化载体进行苍白的说教。尤其是大学生作为文化层次较高的社会群体,对他们进行思想政治教育的文化性体现要比一般社会群体要求更高,充分体现文化性、提升文化品质、彰显文化特质,才能增强大学生思想政治教育的吸引力、感染力和实效性。大学生思想政治教育必须适应大学生的文化需求增强吸引力,分析大学生的文化品味增强说服力,根据大学生的文化层次提高针对性,依据大学生的培养目标提升实效性,真正把思想政治教育过程变成文化熏陶、文化传承和文化创新的过程,变成“教育过程实质就是文化化人的过程”①。大学生成长成才的时代特点吁求思想政治教育的文化性。我们党历来重视文化建设对思想政治教育的作用,始终强调要在思想政治工作中体现文化性的要求。毛泽东同志在延安文艺座谈会上明确提出:“既反对政治观点错误的艺术品,也反对只有正确的政治观点而没有艺术力量的所谓‘标语口号式’的倾向。”②邓小平同志提出:“文艺是不可能脱离政治的”,“文艺工作对人民特别是青年的思想倾向有很大影响”,“培养社会主义新人就是政治”。③ 江泽民把党要“始终代表先进文化的前进方向”作为“三个代表”重要思想的重要内容。胡锦涛在中共“十七大”报告中强调“要坚持社会主义先进文化前进方向,兴起社会主义文化建设新高潮,激发全民族文化创造活力,提高国家软实力”④。中共十七届六中全会提出把社会主义核

① 沈壮海:《思想政治教育的文化视野》,人民出版社2005年版,第26页。

② 毛泽东:《在延安文艺座谈会上的讲话》,《毛泽东选集》第3卷,人民出版社1991年第2版,第870页。

③ 邓小平:《目前的形势和任务》,《邓小平文选》第2卷,人民出版社1994年第2版,第256页。

④ 胡锦涛:《高举中国特色社会主义伟大旗帜,为夺取全面建设小康社会新胜利而奋斗——在中国共产党第十七次全国代表大会上的报告》,《十七大以来重要文献选编》(上),中央文献出版社2009年版,第26页。

心价值体系建设作为文化建设的根本任务，强调“把社会主义核心价值体系融入国民教育、精神文明建设和党的建设全过程，贯穿改革开放和社会主义现代化建设各领域，体现到精神文化产品创作生产传播各方面，坚持用社会主义核心价值体系引领社会思潮，在全党全社会形成统一指导思想、共同理想信念、强大精神力量、基本道德规范”①。随着经济全球化进程的加快，文化主动权的争夺正在成为一场没有硝烟的战争。大力加强社会主义核心价值体系建设，增强大学生思想政治教育的文化性，提高思想政治教育的吸引力和社会主义意识形态的凝聚力，努力培养社会主义事业建设者和接班人，是大学生思想政治教育的时代吁求。

中共“十八大”继中共十七届六中全会提出建设社会主义文化强国的战略目标并进行战略部署的基础上，进一步强调扎实推进社会主义文化强国建设，注重社会主义核心价值体系建设，全面提高公民道德素质，丰富人民精神文化生活，增强文化实力和竞争力。在思想政治教育领域特别强调“加强和改进思想政治工作，注重人文关怀和心理疏导，培育自尊自信、理性平和、积极向上的社会心态”。注重人文关怀和心理疏导，是中共“十八大”对思想政治教育提出的根本要求，是今后的工作理念和工作原则，对大学生思想政治教育模式的创新、提升大学生思想政治教育的质量具有重大、现实而深远的指导意义。

（三）“中国梦”的提出是对大学生思想政治教育内容的丰富和发展

2012 年 11 月 29 日，习近平在国家博物馆参观《复兴之路》展览时首次阐发了“中国梦”，“实现中华民族伟大复兴，就是中华民族近代以来最伟大的梦想”②。2013 年 3 月 17 日，在第十二届全国人大第一次会议闭幕会的讲话中，习近平再次阐述“中国梦”，强调实现全面建成小康社会，建设富强、民主、文明、和谐的社会主义现代化国家的奋斗目标，实现中华

① 《中共中央关于深化文化体制改革推动社会主义文化大发展大繁荣若干重大问题的决定》，《中国教育报》2011 年 10 月 26 日。

② 习近平：《实现中华民族伟大复兴是近代以来最伟大梦想》，《人民日报》2012 年 11 月 30 日。

民族伟大复兴的“中国梦”，必须走中国道路，必须弘扬中国精神，必须凝聚中国力量。国家的富强、民族的振兴和人民的幸福，是“中国梦”的本质内涵。“中国梦”的提出是对思想政治教育内容的丰富和发展，是理想信念教育话语体系的重要发展。“把‘中国梦’融入大学生思想政治教育之中，是社会主义意识形态和大学生思想政治教育发展的双重要求。”① “中国梦”的提出为大学生思想政治教育创新发展提供了崭新机遇。

“中国梦”丰富发展了大学生思想政治教育的内容。大学生思想政治教育的主要任务是以理想信念教育为核心，深入进行树立正确的世界观、人生观和价值观教育；以爱国主义为核心，深入进行培育和弘扬民族精神教育；以基本道德规范为基础，深入进行公民道德教育；以大学生全面发展为目标，深入进行素质教育。社会主义核心价值体系是大学生思想政治教育的重要内容。理想信念教育是大学生思想政治教育的核心，当前中华民族正处在伟大复兴的关键时期，需要既具有超越性又有现实性的共同理想来激励和感召大学生为之共同努力。“中国梦”作为当代中华民族的共同理想的提出，丰富了大学生思想政治教育的内容，使中国特色社会主义共同理想更加具体、亲切，更加具有现实性和感召力，有助于大学生更加清晰地认识民族的过去、今天和将来，动员和感召大学生自觉投身到中华民族伟大复兴的宏图大业。

“中国梦”创新拓展了大学生思想政治教育的载体，为大学生思想政治教育创新发展提供了新的切入点。青年大学生求新欲望强烈，创新是大学生思想政治教育质量提升的不竭动力。“中国梦”提法亲切，易于传播理解，将国家富强、民族振兴和人民幸福的梦想紧密联系在一起，体现了国家利益、民族利益和个人利益的一致性，对青年大学生具有强烈的凝聚和激励作用。“中国梦”体现以人为本，宏大的中国梦是由无数具体的梦、个体的梦、现实的梦组成的。中国教育的梦是“有教无类、因材施教、

① 杨晓慧：《把“中国梦”融入大学生思想政治教育之中》，《中国教育报》2013 年 4 月 18 日。

终身学习、人人成才”①。对于大学生来说,中国梦是成才梦、创业梦、报国梦。以“中国梦”教育为当下大学生思想政治教育的载体,有利于吸引大学生为实现个人梦想、国家梦想和民族梦想而努力奋斗。

四、教师素质的全面提升为大学生思想政治教育创新发展提供了组织保证

思想政治教育教师队伍是大学生思想政治教育质量提升的组织保证。改革开放以来,党中央先后出台了一系列加强和改进大学生思想政治教育的文件,对大学生思想政治教育教师队伍建设提出了指导性意见。大学生思想政治教育教师队伍建设不断适应变化了的新情况、新问题,在探索中前进,逐步走入正轨。经过改革开放三十多年的探索实践,大学生思想政治教育教师队伍有了较大发展,保证了大学生思想政治教育的顺利有效开展,为德才兼备合格人才的培养做出了应有的贡献,也为提升大学生思想政治教育的质量提供了组织保证。

改革开放伊始,大学生思想政治教育教师队伍的地位得到恢复,建设开始步入正轨。从中共十一届三中全会到邓小平南方谈话,一方面要纠正“文革”带来的“左”的影响,一方面要在改革开放中防止资产阶级自由化的侵蚀,大学生思想政治教育教师队伍的地位得到恢复,在探索中迈向正规化建设。1980 年,教育部、团中央联合下发了《关于加强高等学校学生思想政治工作的意见》指出:“高等学校的政治工作干部,既是党的政治工作队伍的一部分,又是教师队伍的一部分,担负着全面培养学生的重要任务”②,明确了大学生思想政治教育教师队伍的教师身份和重要地位,为大学生思想政治教育教师队伍建设提供了保障。1984 年,教育部决定在部分高校开设思想政治教育专业,用正规化的方法培养各种规格的大学生思想政治教育教师队伍,为大学生思想政治教育教师队伍的专

---

① 袁贵仁:《我的中国教育梦》,《中国教育报》2013 年 3 月 8 日。

② 转引自龚海泉:《当代大学德育史论》,华中师范大学出版社 1997 年版,第 251 页。

业化建设奠定了坚实的基础。随着改革开放的逐步深入和中西方文化的交流发展，市场经济的负面效应和西方各种社会思潮对大学生的影响越来越大，对大学生思想政治教育教师也提出了更高的要求。1984年，中宣部、教育部颁布《关于加强高等学校思想政治工作队伍建设的意见》。1986年，中共中央批转了《国家教委关于加强高等学校思想政治工作的决定》，明确了大学生思想政治教育教师队伍采取专兼职结构，进一步明确了他们的教师身份和职称评聘的具体规定，形成了大学生思想政治教育教师队伍管理的基本思路。

受市场经济的影响，大学生思想政治教育教师队伍经受了严峻的考验，在探索中不断前进。反思1989年我国发生的政治风波，“我们最大的失误是在教育方面，思想政治工作薄弱了，教育发展不够”①。总结经验教训，党调整了思想政治教育的思路和措施，大学生思想政治教育教师队伍建设开始进入全面发展时期。主要体现在三个方面：形成了较完善的队伍培养体系，建立了较健全的队伍管理制度，搭建了较稳固的队伍组成框架。② 1990年，教育部提出，要创造条件，努力造就一批年轻的思想政治教育专家。1997年，教育部批准部分高校开始招收思想政治教育专业博士研究生。2002年，教育部组编了思想政治教育专业统编系列教材。2005年，国务院学位办和教育部增设马克思主义理论一级学科，思想政治教育作为二级学科设立硕士点和博士点。至此，我国形成了思想政治教育专业从本科生到博士生的专业培养体系。2000年，教育部提出要大力加强大学生思想政治教育教师队伍建设，完善队伍选拔、培养和管理机制，明确了人员的选拔与培养、队伍建设的目标和方向。2005年，教育部又对班主任、辅导员队伍的配备与选聘、培养与发展、管理与考核等出台了管理制度，各地、各高校也出台了配套制度，形成了国家、地方和高校三

---

① 邓小平：《保持艰苦奋斗的传统》，《邓小平文选》第3卷，人民出版社1993年版，第290页。

② 参见叶净、张孝凤：《改革开放以来大学生思想政治教育队伍建设的发展与启示》，《浙江理工大学学报》2009年第6期。

位一体的队伍管理制度体系。2004年,中共中央出台了《关于进一步加强和改进大学生思想政治教育的意见》,明确指出大学生思想政治教育教师队伍主体是学校党政干部和共青团干部、思想政治理论课和哲学社会科学课教师、辅导员和班主任。采取切实措施,培养一批坚持以马克思主义为指导,理论功底扎实,勇于开拓创新,善于联系实际,老中青相结合的哲学社会科学学科带头人和教学骨干队伍。2005年,教育部要求高校专职辅导员总体上按1:200的师生比配备,保证每个院(系)都有一定数量的专职辅导员,每个学生班级有一名兼职班主任。[①] 成熟、稳固的大学生思想政治教育教师队伍框架基本形成,大学生思想政治教育教师队伍建设向专兼结合、功能互补、信念坚定、业务精湛的方向迈进,为大学生思想政治教育质量的提升奠定了雄厚的组织保证。

第二节　大学生思想政治教育质量提升面临的挑战

人的一生和成就事业都会遇到各种挑战。对个人来说,勇于挑战的性格,往往会有助于成功。"自信人生二百年,会当水击三千里。"[②]这脍炙人口的名句是毛泽东一生挑战自然、挑战对手、挑战社会和挑战世界的人生写照。对国家来讲,建设发展会遇到各种挑战,敢于面对挑战,善于应对挑战,方能克难兴邦。大学生思想政治教育在创新发展过程中会遇到诸多挑战,正确认识挑战,科学分析挑战,沉着应对挑战,把挑战转化成创新发展的机遇与动力,大学生思想政治教育模式创新、质量提升就会天地辽阔、豁然开朗、赢得主动。

---

① 参见练玉春:《〈普通高等学校辅导员队伍建设规定〉将施行》,《光明日报》2006年8月1日。

② 中共中央文献研究室编:《毛泽东文艺论集》,中央文献出版社2002年版,第55页。

一、全球一体化带来的挑战

当今世界呈显著的开放性特点，大学生思想政治教育面临着开放的国际国内环境和多元化的社会思想文化。国际上，随着科学的发展、技术的进步，经济全球化、信息网络化、文化多元化、价值取向多样化的趋势日益明显。当代中国同世界的关系发生了历史性变化，中国的前途命运日益紧密地同世界的前途命运联系在一起。“中国发展离不开世界，世界繁荣稳定也离不开中国。”①在开放的国际环境中，各种思想文化的交流、交融和交锋更加频繁。高校历来是意识形态领域斗争的重要阵地，也是西方敌对势力同我们争夺下一代激烈斗争的前沿阵地。在国内，我国的改革开放和社会主义现代化建设进入了新的历史时期，总体上“我国发展仍处于可以大有作为的重要战略机遇期”②。到2020年全面建成小康社会是中共“十八大”提出的宏伟目标，但我国改革已进入攻坚期，社会经济成分、组织形式、就业方式、利益关系和分配机制日益多样化，各种社会矛盾凸显，建设发展的难度加大。在开放、宽容的社会环境中，历史的和现实的、本土的和外来的、进步的和落后的、积极的和颓废的各种社会思潮相互交织碰撞，深刻地影响着大学生的思想认识和价值取向，他们思想活动的独立性、选择性、多变性和差异性前所未有地凸显出来。

开放性、融合性是当今世界发展的趋势和特点，这种开放的环境是现实的、复杂的、不可改变的。大学生思想政治教育必须适应这种教育环境，实施开放式的教育，引导大学生在开放、复杂的国际国内环境当中，坚持社会主义道路自信，坚持社会主义制度自信，坚持中国特色社会主义理论自信，形成统一指导思想、共同理想信念、强大精神力量和基本道德规范，德、智、体、美全面发展，成为社会主义事业建设者和接班人。

---

① 胡锦涛:《高举中国特色社会主义伟大旗帜，为夺取全面建设小康社会新胜利而奋斗——在中国共产党第十七次全国代表大会上的报告》，《人民日报》2007年10月25日。

② 胡锦涛:《坚定不移沿着中国特色社会主义道路前进，为全面建成小康社会而奋斗——在中国共产党第十八次全国代表大会上的报告》，《人民日报》2012年11月18日。

二、市场经济发展带来的挑战

市场经济是一种经济体系，在这种体系下产品和服务的生产及销售完全由自由市场的自由价格机制所引导。我国社会主义市场经济体制的建立经历了一个逐步认识、发展和完善的过程。改革开放后我国不断探索经济体制的改革，在借鉴、实践的基础上，邓小平在1992年南方谈话中明确地指出“计划和市场都是经济手段”①。中共“十四大”明确提出了建立社会主义市场经济体制的经济改革目标。社会主义市场经济是实现资源优化配置的一种有效形式，具有平等性、法制性、竞争性和开放性等特征。把社会主义基本制度和市场经济结合起来，建立社会主义市场经济体制，这是党的一个伟大创举，是社会主义认识史上一次历史性的飞跃。社会主义市场经济体制的建立，有利于进一步解放和发展生产力。据统计，“二〇一一年国内生产总值达到四十七点三万亿”②，经济总量跃居世界第二位。社会主义市场经济体制的建立，有利于大学生思想政治教育视野的开阔、思想的解放、理念的更新、内容的丰富、手段的现代化和方式的多样性等。市场经济是一把双刃剑，对经济社会发展和思想政治教育提供有利一面的同时，也对大学生思想政治教育提出了严峻的挑战。

市场经济的趋利性带来的挑战。　市场经济是通过供求、价格和竞争等市场机制配置社会资源和引导社会经济的经济体制，它以追求利益最大化为内生动力，本质上是求利性经济，这就是市场经济的趋利性特质。市场经济的趋利性有利于强化人们的物质利益意识，激发人们劳动创造的积极性和主动性，推动经济社会快速发展，为人的全面发展创造良好的物质基础。但市场经济的趋利性同时也给人的全面发展带来消极影响，对大学生思想政治教育带来严峻的挑战。市场经济的趋利性，容易诱导大学生把“利已”作为处事原则，把人与人之间的关系视为单纯的利益

① 邓小平：《在武昌、深圳、珠海、上海等地的谈话要点》，《邓小平文选》第3卷，人民出版社1993年版，第373页。

② 胡锦涛：《坚定不移沿着中国特色社会主义道路前进，为全面建成小康社会而奋斗——在中国共产党第十八次全国代表大会上的报告》，《人民日报》2012年11月18日。

交换关系，进而形成狭隘的以自我为中心的个人主义人生观和片面追求利益最大化的拜金主义价值取向。如何在社会主义市场经济体制下使市场文化与道德文化相协调，大力弘扬民族精神和时代精神，深入开展爱国主义、集体主义和社会主义教育，引导大学生正确处理个人、集体与国家利益之间的关系，坚决抵制拜金主义、享乐主义和极端个人主义腐朽思想的侵蚀，树立正确的世界观、人生观和价值观，是大学生思想政治教育面临的重要课题。

市场经济的平等性带来的挑战。　市场经济要求按经济规律办事，市场规律要求经济活动地位平等、权力平等、机会均等和公平公正。在规律面前人人平等，不以职位的高低、财富的多少论英雄，这就是市场经济的平等性。“在社会主义市场经济条件下，经济、社会、文化的多样性发展，大大增强了人们的独立性、自主性和选择性，传统思想政治教育面临着严峻的挑战。”①随着社会主义市场经济体制改革的深入进行，高等教育逐步实行了学费改革、学分制改革、后勤社会化改革和就业机制改革，经济开放、高教改革和市场经济等综合影响，唤醒了大学生的自主意识和平等意识。表现在思想政治教育领域，大学生普遍不喜欢千篇一律的“格式化”教育而欣赏彰显特色的“个性化”引导；不喜欢粗暴式的“灌输”而欣赏春风化雨型的“交流”；不喜欢急功近利的“显性”教育而欣赏寓教于无形的“隐性”教育，不喜欢意识形态凸显的政治说教而欣赏文化魅力十足的思想引导。思想政治教育内容要真正成为大学生世界观、人生观和价值观的有机组成部分，必须经过大学生的选择和确认，形成坚定的自我行为理念，内化为个人的品德特征。坚持以人为本的教育理念，尊重大学生的主体地位和选择权利，是市场经济体制下提升大学生思想政治教育质量的必然要求。

市场经济的开放性带来的挑战。　市场经济要求向所有的商品生产

---

① 郑永廷：《现代思想道德教育理论与方法》，广东高等教育出版社 2000 年版，第 50 页。

者、经营者和消费者开放，向外地开放、国内开放和国际开放，达到互通有无、扬长避短和优势互补的资源最佳配置目标。经济全球化是当今世界的发展大势，开放性是市场经济的显著特征。市场经济的开放性，带来了社会的全面开放，必然要求大学生思想政治教育具有开放性。"所谓开放式的大学生思想政治教育就是：与开放、多元的社会环境相适应，以保证和推动个人全面自由发展进而推动社会发展和全面进步为目标，通过树立开放包容的教育理念，利用多元有效的教育资源，探索自主互动的教育模式，建立民主平等的师生关系，营造创新和谐的教育氛围，引导大学生树立科学世界观、人生观、价值观，成为适应个体发展和社会需要的高素质专门人才和创新拔尖人才。"①与开放性的市场经济相适应，探索开放式的教育模式是大学生思想政治教育面临的新课题。

市场经济的法治性带来的挑战。 市场经济是法治经济，不管社会主义国家还是资本主义国家，市场经济都要求以法治性来规范活动者的行为，确保市场经济活动的有序进行，并通过制定系列法律法规来具体实施。依法治国是党领导人民治理国家的基本方略，依法治校是社会主义市场经济和法治建设对高等教育的必然要求。大学生思想政治教育作为反映社会经济基础的意识形态，必然要体现社会主义市场经济的法治性原则和精神，在社会主义法治的框架内有效运行，并把社会主义法治作为教育的基本内容。近年来，高校有关大学生的群体事件、涉诉案件的数量逐渐增多，复杂程度日益提高，这既有大学生思想政治教育管理立法水平不高，缺乏可操作性等因素，也有大学生思想政治教育管理不注重程序规范，未能做到全过程法治化等方面的原因。在社会主义市场经济体制下，大学生思想政治教育理念、管理程序以及大学生思想政治教育者的法治意识与水平等都面临着前所未有的挑战，必须学会用法治理念来解决实践中出现的新情况、新问题，法治化成为大学生思想政治教育与管理工作

① 王芳、邢亮：《开放式教育：大学生思想政治教育的新理念》，《教育探索》2011 年第 3 期。

的方略和措施。

市场经济的竞争性带来的挑战。　市场经济是竞争经济，讲究物竞天择、优胜劣汰。经济全球化带来了世界政治、经济和文化诸方面的大交流、大交融与大碰撞。在思想文化领域，世界范围内的各种思想文化交流、交融和交锋更加频繁，西方敌对势力对我国实施“西化”、“分化”的战略图谋仍未改变，利用各种渠道推销其政治理念和价值观念，进行思想文化渗透。高校历来是意识形态领域斗争的重要阵地，大学生思想政治教育适应竞争性法则，创造不对称优势，吸引和赢得当代大学生。如何面对开放、复杂的国际环境，加强大学生的理想信念教育，引导他们牢固树立社会主义核心价值观，坚定走中国特色社会主义道路，是社会主义市场经济体制下大学生思想政治教育必须应对的新问题。

三、高教改革带来的挑战

伴随着改革开放的历史进程，高等教育改革步伐越来越大。我国高等教育迈入大众化阶段，为社会主义现代化建设事业培养和输送了数以亿计的各类高级专业人才。从大学生思想政治教育的视角，高等教育改革对大学生思想政治教育带来创新机遇的同时，也提出了严峻挑战。

收费制度和就业制度改革对大学生思想政治教育提出了新课题。我国作为非义务教育的高等教育，办学经费长期以来采取由国家财政拨款的办法。我国高等教育规模居世界第一，经济发展还属于发展中国家的水平，办学经费全部由国家包办从财力上来看不利于高等教育全面、协调、可持续发展。高等教育扩大规模、提高质量是社会主义现代化建设急需大量高级专门人才的需要，收费制度改革势成必然。20 世纪 80 年代中期我国实行了高等教育自费生、公费生并行的“双轨制”，90 年代初进行了“双轨制”的“并轨”改革，到 1997 年全部实行大学生缴费上学的制度，形成了办学经费由国家和个人分担的体制。2007 年 5 月，国务院决定在教育部直属师范大学实行师范生免费教育，从 2007 年秋季入学的新生起，在北京师范大学、华东师范大学、东北师范大学、华中师范大学、陕西师范大学和西南大学六所部属大学实行师范生免费教育。通过部属师范大学的试点,积累经验,建立制度,为培养造就大批优秀教师和教育家奠定基础。这些举措并没有从整体上改变我国高等教育属非义务教育的定性。我国高校毕业生就业制度同样经历了不断改革发展的过程,逐步确立了以市场为导向,在国家宏观调控、政策指导下,学校推荐,毕业生通过"供需见面、双向选择"落实就业单位的新机制。高等教育收费和分配制度改革,使学生上大学由原来的"两包"变为"两自",即由国家统包经费到收费上学,由国家统包分配到自主择业。高校和大学生之间形成了一种新型的关系:高校作为培养人才的阵地,肩负着为贯彻党的教育方针和促进社会进步而育人的使命与责任,并运用师资条件、管理人员、资金投入、图书资料、教学设施等多种教育资源为大学生提供"产品"——教育服务。大学生则成为这种特殊产品的消费者,交费上学、自主择业的大学生以"投资者"的身份,对高校品牌、专业设置、师资水平、教学设施和生活条件等比以往有更大的选择权和更多更高的选择要求。高校通过招生考试择优录取学生,承担培养学生成才的义务与责任。学生通过报考和交纳学费自主选择高校,享有高校提供优质教育服务的权利,在一定程度上二者形成了双向选择的关系。传统的单向式、灌输式的思想政治教育模式已不适应这种新型关系的需要。如何适应高校与学生之间的新型关系,进一步探索提升教育质量的新模式,是大学生思想政治教育面临的重要课题。

高等教育大众化对大学生思想政治教育提出的新课题。 美国学者马丁·特罗研究认为,如果以毛入学率为指标,则可以将高等教育发展历程分为精英、大众和普及三个阶段,当毛入学率达到15%时,高等教育就进入了大众化阶段。从1999年开始,为适应社会主义现代化建设对大量高级专门人才培养的需要,高校实行了扩招政策,目前我国高等教育的毛入学率已达到国际公认的大众化阶段。2001年初教育部放宽了高考报名条件,取消了年龄、婚否的限制,应届中等职业学校毕业生可以在毕业当年参加普通高考,教育届人士称这一举措为"扩限"。扩招与扩限,使我国高等教育大众化的特点日益明显。扩招使我国在校大学生规模扩大,对大学生思想政治教育带来了“工作量”的增多。扩限使我国在校大学生年龄跨度较大、个人身份复杂,对大学生思想政治教育带来了“工作难度”的增加。高等教育的大众化,大学校园里的学生数量多了,层次多了,学生的学习目的、人生态度、理想追求等思想认识问题也多样化了。多样化的大学生群体必然要求大学生思想政治教育内容、形式、方法和手段的多样化。如何适应高等教育大众化带来大学生教育对象数量增多、层面宽泛、思想多元的新情况,增强思想政治教育的针对性和有效性,是大学生思想政治教育面临的新课题。

学分制和弹性学制对大学生思想政治教育提出的新课题。　高等教育改革的关键是体制改革,核心是教育教学改革。我国高等教育曾经实行学年制,要求大学生必须在规定的年限里修完规定的课程,不得延长,也不得缩短。这种教学管理模式是计划经济的产物,已经不适应社会主义市场经济和大众化高等教育的需要。2006 年,《国民经济和社会发展第十个五年计划纲要》提出,高校可以“推行弹性学习制度,放宽入学年龄限制,允许分阶段完成学业”。从教育经济学的角度,实行学分制和弹性学制,能有效地、因人而异地分配受教育的时间,给大学生提供适合自己特点的全面发展的机会,降低教育成本,提高教育效率。但学分制和弹性学制的灵活性,对大学生思想政治教育带来了新问题,过去以学生班级为基本载体的思想政治教育模式必须改变,代之以跨专业、跨年级的学生集体活动和思想教育新载体,这是摆在大学生思想政治教育面前的新课题。

高校后勤社会化改革对大学生思想政治教育带来的新课题。　高校后勤社会化改革,打破了计划经济条件下高校的教学、科研和生活服务由学校后勤全包的封闭式的自我服务方式,转变为后勤按专业化和社会化的原则开展活动,鼓励社会的多种所有制服务行业面向高校参与服务竞争,将高校后勤工作纳入社会第三产业中。社会化改革后的高校后勤,具有服务市场的开放性、服务企业的多元性、服务行业的综合性、学校主体的选择性、学校需求的多样性等特点。随着高校后勤社会化改革的深入，后勤职工与大学生的关系发生了变化，后勤人员由管理者转为经营者、服务者，大学生是他们的“顾客”。这种身份的转换，使后勤企业和职工的谋利意识增强，育人意识相对淡化，大学生生活园区有可能成为思想政治教育的“盲区”。从育人的角度看，那种物业公司纯粹社会化的管理方式显然不能完全适应大学生教育管理的需要，不利于大学生的健康成长。在后勤社会化的大背景下，高校如何坚持育人宗旨，主动将思想政治教育向大学生生活园区延伸，实行学校积极参与、学生自我管理与社会化物业有效管理三结合，把大学生生活园区建成集思想教育、行为指导、生活服务和文化活动于一体的新型德育基地，这是大学生思想政治教育面临的又一新课题。

四、大学生自身特点带来的挑战

当代大学生思想政治教育对象具有群体性、自主性、独子多、成人性的特点。经过1977年恢复高考、1999年大规模扩招、2001年“扩限”招生，我国高等教育改革开放进程不断推进，大学生群体不断出现新情况，呈现新特点。从总体而言，呈现出群体性、自主性、独子多、成人性等特点。所谓群体性，是指部分大学生由于社会、家庭、自身的背景、经济、素质等方面原因，在学习、生活、心理、就业、恋爱等方面存在困难和障碍，形成一些相对特殊的群体——经济困难群体、学习困难群体、心理障碍群体、上网成瘾群体、情感问题群体、就业困难群体等，这些大学生往往是心理问题的高发人群，严重影响他们的健康成长，甚至引发极端事件，特别值得教育者关注。所谓自主性，是指大学生具有强烈的自我意识、独立意识，他们愿意根据自己的目标、自己的能力、自己的思考和自己的判断，积极主动地安排学习、工作和生活，对自己上大学“为什么”、“干什么”、“如何干”等问题往往有自主的意识和反映，而不愿意接受外界强加给他们的东西。所谓独子多，是指随着计划生育基本国策的长久实施，当代大学生多数是独生子女，他们往往生活条件比较优裕、智力才能发展较好，但在日常学习、生活和工作中往往形成以自我为中心的思维习惯和行为方式，自理能力较差、娇骄二气较重、自我意识过强。所谓成人性，是指总体上大学生生理年龄已达到法律意义上的“成人”，心理上尽管有这样或那样的问题，但也呈现出“成人”的特征，要按照独立的、尊重的、成人的标准和要求对待他们，而不能采取未成年人的认知和态度来对待他们，不能有“怕出事”的思想而采取“抱着、管着、哄着”的方式教育管理他们。局部群体性、知行自主性、独生子女多、身心已成人是有针对性地开展思想政治教育必须面对的大学生群体特征。如何根据大学生自身特点带来的挑战，有针对性地提升教育质量，是大学生思想政治教育必须应对的新课题。

五、人才培养的新要求带来的挑战

中共“十八大”把努力办好人民满意的教育作为加强社会主义建设的首要任务，指出“教育是中华民族振兴和社会进步的基石。要坚持教育优先发展，全面贯彻党的教育方针，坚持教育为社会主义现代化服务的根本任务，培养德智体美全面发展的社会主义建设者和接班人。全面实施素质教育，深化教育领域综合改革，着力提高教育质量，培养学生创新精神”①。社会主义市场经济的发展，全面建成小康社会的目标，对高等教育的人才培养提出了更高的要求。我国著名科学家、两院院士钱学森在生命的最后几年大部分时间是在病榻上度过的，但他时刻不忘创新型人才培养。2005 年，他对前去看望他的温家宝总理建言：“现在中国没有完全发展起来，一个重要原因是没有一所大学能够按照培养科学技术发明创造人才的模式去办学，没有自己独特的创新的东西，老是‘冒’不出杰出人才。这是很大的问题。”②这是钱学森对我国高校在培养创新型人才方面的中肯评价，发人深省，振聋发聩。社会主义现代化建设需要数以

---

① 胡锦涛：《坚定不移沿着中国特色社会主义道路前进，为全面建成小康社会而奋斗——在中国共产党第十八次全国代表大会上的报告》，《人民日报》2012 年 11 月 18 日。

② 转引自孙英兰：《钱学森的成就与忧虑》，《瞭望新闻周刊》2009 年第 11 期。

亿计高素质劳动者和数以千万计的高质量专门人才，更需要大批创新型的杰出人才。能否培养具有创新能力的新型人才是高等教育教学质量高低的最重要标志，如何培养创新型人才是我国高等教育必须破解的重要课题。

何谓创新型人才？美国心理学家E.P.托兰斯曾对87名教育家做了一次调查，要求列出五种创造型学生的行为特征，其中被提到次数较多的行为特征是：好奇心，不断地提问；思维和行动的独创性；思维和行动的独立性，很个人主义；想象力丰富，喜欢虚构和叙述，富于幻想；不随大流，不过分依赖集体的意志；主意多，喜欢搞试验；顽强、坚韧。① 国内外教育家关于创新型人才的定义尽管视角不同，提法不一，但有共性。所谓创新型人才，是指具有创新性思维和创造性能力、能够不拘一格地解决问题的人才。他们往往有很强的好奇心和求知欲，把从事的研究当做人生的乐趣与追求；有很强的独立性和自信力，个性突出，不随大流；动手能力强且想象力丰富，创新意识强，不墨守陈规；在某一领域有渊博的知识，知识是创新的工具而不被其束缚；痴迷事业但懂生活，不浪费时间做无用功。具有创新思维、具备创新能力、取得创新成果是创新型人才的三大主要特征，其中创新思维是基础，创新能力是保证，创新成果是标志。对个人而言，是否具有创新能力，是一流人才和三流人才的分水岭。围绕人才培养这个中心任务，培养学生的创新意识、提高学生的创新能力、增强学生的创新素质、帮助学生成为创新型人才，是大学生思想政治教育必须面临的挑战和创新突破的着力点。

---

① 参见王辉耀：《开放你的人生》，人民出版社2008年版，第189页。

下篇 大学生思想政治教育质量提升模式的实践探索

创新是人类特有的认识与实践能力，是人类主观能动性的高级表现形式，是推动民族进步和社会发展的不竭动力。中共"十八大"提出了实施创新驱动发展战略和到2020年进入创新型国家行列的奋斗目标，报告共有58处提到创新，通篇贯穿了创新思维、创新主题和创新精神。有学者指出：要突破自身发展瓶颈、解决深层次矛盾和问题，根本出路就在于创新。国务院总理李克强也曾指出：实现2020年我国全面建成小康社会的目标，改革是动力，也是中国最大的"红利"。加强和改进大学生思想政治教育必须体现时代性、把握规律性、富于创造性。创新是大学生思想政治教育生命力的源泉，是大学生思想政治教育质量提升的必由之路。本篇涉及的大学生思想政治教育质量提升模式共有五种：人文关怀与心理疏导模式、开放式教育模式、和谐型教育模式、文化型教育模式、民主式教育模式。总体上看，这五种模式皆有一定程度的创新，主要表现在：第一，反映了我国改革开放以来经济社会发展的时代特征。人文关怀和心理疏导体现了以人为本的理念，是科学发展观在大学生思想政治教育领域的具体体现，是中共"十八大"对思想政治工作提出的任务和要求。改革开放是中共十一届三中全会以来我国最鲜明的时代特征，大学生思想政治教育与时代发展同步，呈现出开放性的时代特点和发展指向。进入21世纪，我国提出了建设富强、民主、文明、和谐的社会主义现代化国家的奋斗目标，社会和谐是中国特色社会主义的本质属性。中共十七届六中全会提出了建设社会主义文化强国的战略目标，社会主义核心价值体系是兴国之魂，是社会主义先进文化的精髓，是大学生思想政治教育与时俱进的教育内容。改革开放以来，我国社会主义民主政治稳步推进，中共“十八大”更是把社会主义民主政治建设纳入我国社会主义现代化建设“五位一体”的总体布局。第二，是对传统大学生思想政治教育的深刻反思，是大学生思想政治教育继承传统基础上的与时俱进，是加强和改进大学生思想政治教育的切入点与着力点，是大学生思想政治教育质量提升的创新指向。以人为本、改革开放、社会和谐、文化建设和民主建设是对传统大学生思想政治教育模式一定程度上存在着以物为本、封闭僵化、斗争冲突和愚昧无知等现象进行矫正的必然结果，充分体现了中国特色社会主义的时代特征和价值取向。第三，体现了研究团队近年来结合工作实际进行理论研究和实践探索的部分成果。我国大学生思想政治教育百花园中奇葩朵朵，这五种教育模式只是撷取其中的几枝，也许不够“鲜艳”，也许还不成熟，肯定还有争议，其真正的价值在于对大学生思想政治教育质量提升模式的研究起到抛砖引玉的作用。

第七章　大学生思想政治教育的人文关怀和心理疏导模式

“实现中华民族伟大复兴，就是中华民族近代以来最伟大的梦想。”①中共“十八大”提出了全面建成小康社会的奋斗目标，要求“加强和改进思想政治工作，注重人文关怀和心理疏导，培育自尊自信、理性平和、积极向上的社会心态”②。全面建成小康社会、推进社会主义现代化建设、实现中华民族的伟大复兴，对高等教育的人才培养提出了更高的要求。大学生思想政治教育是高校培养德才兼备合格人才的思想保证和精神动力，必须适应教育的发展、社会的进步与时代的吁求，坚持解放思想、实事求是、与时俱进、求实创新。注重人文关怀和心理疏导，是大学生思想政治教育贯彻落实科学发展观的具体体现、与时俱进的根本要求、工作突破的创新指向。继中共“十七大”之后，中共“十八大”再次强调思想政治工作注重人文关怀和心理疏导，这对加强和改进大学生思想政治教育具有极强的针对性和指导性。探讨大学生思想政治教育的人文关怀和心理疏导模式，是新形势下进一步提升大学生思想政治教育质量的重要课题。

---

① 习近平：《实现中华民族伟大复兴是近代以来最伟大梦想》，《人民日报》2012 年 11 月 30 日。

② 胡锦涛：《坚定不移沿着中国特色社会主义道路前进，为全面建成小康社会而奋斗——在中国共产党第十八次全国代表大会上的报告》，《人民日报》2012 年 11 月 18 日。

第一节　大学生思想政治教育人文关怀和心理疏导模式释义

一、大学生思想政治教育人文关怀和心理疏导模式的内涵

“人文”一词最早出现于希腊罗马的经典著作中，包含着以人为本、尊重人的价值和尊严、保障人权等含义。中国传统文化中的“人文”与文明密切相关，一般指诗书礼乐等。《易·贲》有“文明以止，人文也。观乎天文，以察时变；观乎人文，以化成天下。”今指人类社会的各种文化现象。① 文化是人类或者一个民族、一个国家共同具有的符号、价值观及其规范。符号是文化的基础，价值观是文化的核心，而规范包括习惯规范、道德规范和法律规范等则是文化的主要内容。而人文一般指人类文化中先进的、科学的、优秀的和健康的部分，其核心是先进的价值观，主要内容是先进的规范。一言以蔽之，人文是人类文化中的先进部分和核心部分，即先进的价值观及其规范。关怀就是关心、关爱之意。人文关怀，一般认为发端于西方的人文主义传统，其核心在于肯定人性和人的价值，要求人的个性解放和自由平等，尊重人的理性思考，关怀人的精神生活等。在思想政治教育视野中，人文关怀是指尊重人的主体地位和个性差异，关心人的丰富多样的个体需求，激发人的积极性、主动性和创造性，促进人的自由全面发展。“大学生思想政治教育工作中的人文关怀，是指一种针对高校学生群体的自我关怀与社会关怀，对大学生的尊严、人格、价值、权利的维护，对施教对象主体地位、人性需求、情感体验、生存状态、生活条件以及教育保障的关切，是对大学生核心价值养成与道德品行提升的一种感情慰藉与文化浸透。”②大学生思想

① 参见夏征农：《辞海》（中），上海辞书出版社 2003 年版，第 884 页。

② 孔祥利、杨继顺：《试论大学生思想政治教育工作中的人文关怀》，《当代教师教育》2009 年第 3 期。

政治教育人文关怀的核心是以学生为本，具体体现是：重视人、尊重人、关心人、理解人、维护人、帮助人。

心理疏导是用心理学的理论与方法对人的不良心理或心理亚健康进行疏导的一种方式。广义的心理疏导是通过解释、说明、同情、理解和支持，并运用语言和非语言的沟通方式来影响对方的心理状态，改善或改变有心理问题人群的认知、信念、情感、态度和行为等，达到降低、解除不良心理状态的目的。狭义的心理疏导是指由专业的心理学专家运用心理咨询与心理治疗的有关技术和理论，对求助者进行帮助，以缓解或消除心理问题或人格障碍，以促进其人格健康、协调发展的过程。[①] 随着经济的发展、时代的变迁，各种国际国内的、校内校外的、主观客观的、正面负面的等诸多因素冲击和影响着大学生的思想和行为，部分大学生感到茫然、疑惑、无措，心理陷入空虚、压抑、紧张状态。如果不进行及时有效的心理疏导，会产生不良心理和偏激行为，影响大学生的健康成长与顺利成才。人在 18 岁至 25 岁阶段属于成年早期，内心处于亲密对孤独的冲突时期，大学生群体正处于这样的心理不稳定阶段，注重心理疏导是大学生思想政治教育质量提升的内在要求和应然选择。

中共“十七大”和“十八大”都强调思想政治工作注重人文关怀和心理疏导，说明注重人文关怀和心理疏导仍然是我国思想政治教育的薄弱环节，是今后加强和改进思想政治教育的工作要求，是思想政治教育创新发展、提升质量的突破口。注重人文关怀和心理疏导适用于大学生思想政治教育，如何凸显人文关怀，做好心理疏导，创新教育模式，是提升大学生思想政治教育质量的重要课题。模式是解决某一类问题的方法论和工作范式。刘龙洲在其硕士学位论文《大学生思想政治教育模式研究》中指出：“大学生思想政治教育模式是指在一定思想政治

① 参见伍揆祁：《思想政治教育人文关怀论》，中国社会出版社 2007 年版，第 184—187、232—237 页。

教育理论指导下,根据大学生思想政治教育现实需要所设计和构建起来的教育目标、内容、方式、方法、手段、结构等方面的综合性理论模型和实践范式。”大学生思想政治教育人文关怀和心理疏导模式,是把人文关怀和心理疏导作为理念、内容、方法和手段贯穿于全部工作始终的一种大学生思想政治教育理论模型和工作范式。大学生思想政治教育人文关怀和心理疏导模式的提出,是建立在对以往大学生思想政治教育工作的深刻反思,是对当下大学生思想政治教育现状的科学分析,是对今后大学生思想政治教育走向的正确把握,它反映了大学生思想政治教育的客观规律,具有一定程度的普遍性、指导性和一定条件下的可重复性。正因为如此,探讨大学生思想政治教育人文关怀和心理疏导模式才具有理论与现实的意义。

二、大学生思想政治教育人文关怀和心理疏导模式的提出

与时俱进是马克思主义的理论品质。解放思想、实事求是、与时俱进是党的思想路线。思想政治工作作为党的中国特色社会主义理论体系的重要组成部分,内在要求适应新形势,树立创新意识,按照科学发展观的要求,加强和改进方式方法,实现理念、方法和机制的创新发展。近年来,党中央关于思想政治工作的提法和要求呈现新的特点。中共“十四大”到“十八大”报告的提法分别是:“发挥思想政治工作的优势,激发广大群众投身社会主义建设的积极性。”“对人民内部矛盾,要深入实际,调查研究,做好思想政治工作,区别不同情况,正确运用经济、行政和法律等手段加以处理,防止矛盾激化。”“加强和改进思想政治工作,广泛开展群众性精神文明创建活动。”“加强和改进思想政治工作,注重人文关怀和心理疏导,用正确方式处理人际关系。”“加强和改进思想政治工作,注重人文关怀和心理疏导,培育自尊自信、理性平和、积极向上的社会心态。”从中可以看出,中共“十四大”到“十六大”,关于思想政治工作的要求是“发挥优势”、“做好工作”、“加强和改进”,体现的是思想政治工作的地位和作用以及宏观性要求,强调的是“为什么

做”和“做什么”。中共“十七大”到“十八大”,关于思想政治工作的要求都是“注重人文关怀和心理疏导”,体现的是具体层面的要求,强调的是“做什么”和“怎样做”。这些变化表明党中央对思想政治工作的认识更加与时俱进,达到了崭新的境界。注重人文关怀和心理疏导,是党中央对思想政治工作提出的工作要求、工作重点、工作模式和创新指向。大学生思想政治教育作为党的思想政治工作的重要组成部分,不断创新工作模式,是贯彻中共“十八大”精神、落实科学发展观、进一步提升教育质量的必然要求。

人文关怀和心理疏导是我国大学生思想政治教育的薄弱环节,需要切实加强和改进。继中共“十七大”第一次提出这个问题后,中共“十八大”再次提出“加强和改进思想政治工作,注重人文关怀和心理疏导”。其中重要的原因是当前思想政治工作中的人文关怀和心理疏导还比较薄弱,需要切实加强和改进。突出表现在:在教育目标上重统一性要求,轻层次性要求;在教育内容上重普遍性要求,轻个性化需要;在教育方式上重主导性,轻多样性;在教育组织上重教师,轻学生。长期以来,我国大学生思想政治教育的目标定位存在着“社会本位”的价值取向,过多地强调为国家、集体和社会服务,培养国家和社会需要的合格人才,忽视满足大学生个体需要和生存发展的作用。往往培养目标统一规格、统一要求,忽视了个体的差异和个体的满足。社会需要与个人需求是辩证统一的,不符合社会需要的个人需求是不能够长久的,没有个人需求的满足社会需要就会失去支撑的基础。我国大学生思想政治教育内容往往是统一教材、集中教育,注重共同理想信念、社会道德、行为规范的教育,忽视个性化教育和具体问题的解决,特别是对引发大学生思想问题的心理与情感、学习与就业、经济与交往等方面问题的解决相对薄弱。作为思想政治教育主渠道的思想政治理论课,除了统一教材、统一授课外,考试往往都是统一的标准答案。在日常的思想政治教育中,往往以班级等“小集体”的形式为单位,统一宣讲教育内容与要求,对有特殊情况、特殊困难和特殊问题的大学生关注相对较少,而这些大学生往往由思想问题引发更严重的其他问题,更加需要注重人文关怀和心理疏导。所谓主导性的思想政治教育方式是一种在坚持主导性的前提下强调主导性与多样性相统一的思想政治教育形态。主导性不是一元性,它是相对于多样性而言的,与多样性是辩证统一的关系。主导性是对多样性的主导,没有多样性就无所谓主导性。思想政治教育是双边活动,教育者和被教育者的积极性、创新性都应得到充分的尊重和发挥。实际中的思想政治教育往往过于强调教育者的主导性和权威性,被教育者的主体性和选择性没有得到有效尊重,硬"灌输"和被"认同"在思想政治教育过程中成为常见现象,容易引发大学生的逆反心理,表面上服从既定的道德标准和价值取向,内心并没有真正认同,更谈不上有效内化和付诸实践。这些完全背离人文关怀理念的做法,导致大学生思想政治教育的质量得不到有效提升。克服薄弱环节、探索创新模式,是大学生思想政治教育质量提升的必由之路。

大学生思想政治教育的可持续发展要求借鉴世界先进经验。作为大学生思想政治教育工作者,有时不得不痛苦地去思考本不愿去面对的现象:我们眼中的"和平演变"是西方资本主义国家对于社会主义国家所采取的一种"超越遏制战略",以促使社会主义国家崩溃瓦解。其实"和平演变"是一个中性词,往往优势的一方具有"和平演变"对方的愿望、能力和可能性。为什么不能通过"和平演变"推行我们的意识形态和价值观念?道理很简单,我们目前还处于相对弱势地位,"和平演变"总是强势一方演变弱势一方。就大学生思想政治教育而言,我国思想政治教育学科始于20世纪80年代,比世界先进国家同类学科建设晚了将近半个世纪。2012年我国人均GDP只排在世界第89位,现代科学技术的总体实力与西方发达国家还有较大的差距,现代化的思想政治教育手段运用得较少,先进性的思想政治教育理念还不够丰富。大学生思想政治教育以人为本、科学发展更多的是处于认识阶段和发展取向,还没有成为工作常态。我国学校心理健康教育亦始于20世纪80年代,起初以介绍国外学校心理咨询的理论与实践为主。80年代中期,学校心理健康教育工作才在较大范围内开展起来。① 而最早开展心理辅导教育服务的美国，其学校教育在20世纪初就为适应社会发展的要求设立了心理辅导这一科目。学科建设和心理疏导工作起步晚，现代科技手段运用少，人本理念的践行成为常态还需假以时日，这些决定了我国大学生思想政治教育既要坚持自尊自信，更要以海纳百川的胸怀和拿来主义的心态面对世界思想政治教育的先进经验与时代潮流。谦虚谨慎、虚怀若谷，方能后来者居上。针对自己的薄弱环节，既实行拿来主义，也决不照抄照搬。注重人文关怀和心理疏导，是用世界的眼界、开放的视野对大学生思想政治教育创新发展提出的客观要求。

第二节　大学生思想政治教育人文关怀和心理疏导模式的吁求

一、注重人文关怀和心理疏导是大学生思想政治教育提升质量的内在要求

大学生思想政治教育注重人文关怀和心理疏导，就是坚持以人为本的理念，尊重大学生的主体地位和个性需求，遵循思想活动规律和思想教育规律，培养大学生的自主意识和主观能动性，解决心理问题与思想问题相结合，促进大学生的健康成长和全面发展。注重人文关怀和心理疏导，是大学生思想政治教育自身存在的价值诉求，是大学生思想政治教育提升质量的现实要求。

注重人文关怀和心理疏导，是大学生思想政治教育自身存在的价值诉求。　哲学上的价值是指一事物对主体的积极意义，即一事物所具有的能够满足主体需要的属性和功能。大学生思想政治教育的主体是教师

① 参见孙林、张旭东：《学校心理健康教育实施“取向”探讨》，《内蒙古民族大学学报》2008年第1期。

和学生，教师是国家意志的代表，负有把大学生培养成符合国家、社会需要的合格人才的责任，大学生在思想政治教育过程中应做到社会价值和个人价值的辩证统一。“坚持以人为本，贴近实际、贴近生活、贴近学生，努力提高思想政治教育的针对性、实效性和吸引力、感染力”①是加强和改进大学生思想政治教育的指导思想。大学生思想政治教育既要“灌输”社会主义核心价值体系等主流意识形态，又应当贴近大学生，了解大学生，剖析思想变化，疏导心理问题，实现观念转变，塑造精神世界，促进大学生的自由、全面发展。大学生许多思想问题是由心理问题引起的，应特别注重对大学生中特殊群体的教育引导，开展专业化、针对性的心理疏导，尊重、关心、激励、提升大学生的自我价值，激发大学生的主体意识，调动大学生的积极性，实现大学生的自我完善和健康发展。注重人文关怀和心理疏导，是大学生思想政治教育为办好人民满意的教育和完成立德树人根本任务服务的价值体现。

注重人文关怀和心理疏导，是提升大学生思想政治教育质量的现实需要。 随着现代科学技术的飞速发展和社会竞争的日益加剧，社会个体的生存压力越来越大。由于诸多原因，大学生在思想、学习、生活、情感、心理和择业等方面遇到的问题、产生的困惑越来越多。真正关心、切实帮助大学生解决这些问题，是现实对大学生思想政治教育提出的新要求，是提升大学生思想政治教育质量面临的新课题。中共“十七大”和“十八大”关于思想政治工作“注重人文关怀和心理疏导”的新要求，切中了妨碍思想政治教育质量提升的要害之处，找准了思想政治工作全局的关键点，抓住了思想政治工作创新的“牛鼻子”。面对纷繁复杂的经济、政治、文化背景，面对众多的思想包袱和心理困难，大学生思想政治教育只有注重人文关怀和心理疏导，给大学生以更多的指导、正确的引导和及时的疏导，才能吸引大学生、凝聚大学生、感染大学生，才能进一步提升教

① 《中共中央国务院关于进一步加强和改进大学生思想政治教育的意见》，《中国教育报》2004年10月26日。

育质量，帮助大学生又好又快地成长与发展。

二、注重人文关怀和心理疏导是大学生思想政治教育的创新基点和创新指向

注重人文关怀与心理疏导，是我国大学生思想政治教育的创新基点。美国管理学家彼得提出了“木桶理论”：一只木桶的容量，不取决于桶壁上那块最长的木板，而取决于最短的那块木板，要使木桶能装更多的水，就要设法改变这块木板的现状。提升大学生思想政治教育质量，必须在变革薄弱环节上下功夫，并以此作为今后工作的创新基点。大学生思想政治教育在“灌输”社会主义核心价值体系等主流意识形态的同时，又要关注大学生的全面自由发展来彰显其特有的人文关怀价值。随着科学技术的飞速发展和社会竞争的日益加剧，大学生在思想、学习、生活、情感、心理和择业等方面遇到的问题、产生的困惑越来越多。只有融入人文关怀理念，给大学生以更多的指导、正确的引导和及时的疏导，才能帮助他们又好又快地成长与发展。不断创新是大学生思想政治教育的不竭源泉和恒久动力。国际国内环境的变化和大学生的思想现状和实际困难，都吁求大学生思想政治教育的创新。按照党中央的要求、根据大学生的需求、适应社会环境的变化，注重人文关怀与心理疏导，真正做到尊重、理解、关心、帮助、激励与发展大学生，是大学生思想政治教育创新发展的切入点、着力点和创新点。

注重人文关怀和心理疏导，为大学生思想政治教育创新发展、提升质量指明了方向。　全面建成小康社会，实现中华民族伟大复兴的“中国梦”，需要高等教育源源不断地提供德才兼备的合格人才。与时俱进是马克思主义的理论品质，不断创新是大学生思想政治教育质量提升的不竭动力。无论是适应社会主义现代化建设的新要求，还是大学生思想政治教育自身发展的吁求，大学生思想政治教育都需要始终坚持与时俱进，不断改革、创新和发展。在全面建成小康社会的历史进程中，如何加强和改进大学生思想政治教育，是摆在大学生思想政治教育工作者面前必须

破解的新课题。中共“十八大”报告是今后一段时期指导党和国家各项事业发展的纲领性文件，它提出的加强和改进思想政治工作，注重人文关怀和心理疏导的工作要求，是当前与今后加强和改进思想政治工作的总要求，也是今后大学生思想政治教育创新发展的行动指南。大学生思想政治教育的创新发展，应根据中共“十八大”关于思想政治工作的总要求，紧密结合具体工作实际，把注重人文关怀和心理疏导作为工作理念、工作要求、工作重点和努力方向，不断创新工作模式，有效提升教育质量，为培养德智体美全面发展的社会主义事业建设者和接班人提供正能量。

第三节　大学生思想政治教育人文关怀和心理疏导模式的构建

构建大学生思想政治教育人文关怀和心理疏导模式，必须坚持以科学发展观为指导，树立以人为本的理念，在加强和改进大学生思想政治教育的过程中，切实做到重视人、尊重人，关心人、帮助人，激发人、发展人。

一、以科学发展观为指导，树立以人为本的理念

中共“十八大”把科学发展观写入党章，与邓小平理论、“三个代表”重要思想一起成为党领导建设中国特色社会主义的行动指南。科学发展观的核心是以人为本，发展应当是以人为本的发展，而不是以物或以经济为本的发展；发展应当是以绝大多数人为本的发展，而不是以少数人为本的发展；发展应当是以无数个具有平等权利的个体人为本的发展，以人为本只有落实到个体人那里，才具有真实的意义。科学发展观是全党的行动指南，也是大学生思想政治教育的指导理论。科学发展观的指导理论、以人为本的发展理念，对大学生思想政治教育的创新发展具有战略性的指导意义。贯彻落实科学发展观体现在大学生思想政治教育领域，就要注重人文关怀和心理疏导，把以人为本的理念贯穿于、体现于教育的目

标、内容、方式、方法、手段和结构等全方位的理论与实践中，切实做到大学生思想政治教育的目的是为了学生，大学生思想政治教育的实施依靠学生，从而促进大学生的全面、自由发展。

大学生思想政治教育必须树立以人为本的理念，牢牢把握大学生思想政治教育的根本和基础、原则和标准、动力和依靠、目标和归宿。大学生思想政治教育始终把个人价值与社会价值相统一的大学生的全面自由发展作为出发点和归宿，把促进大学生的全面自由发展作为思想政治教育的基本原则和实施标准，把大学生作为开展思想政治教育的依靠与动力。注意全面协调国际与国内、校内与社会、传统与现代等各种思想政治教育资源，统筹兼顾大学生的心理问题、思想问题和实际问题，建立长效工作机制，提升大学生的自我教育能力，实现可持续发展。只有牢固树立以人为本、以大学生为本的工作理念，大学生思想政治教育才能真正做到为了大学生、依靠大学生、发展大学生，教育质量的进一步提升才能落到实处。以科学发展观为指导，树立以人为本的理念，为大学生思想政治教育人文关怀和心理疏导模式的构建奠定理论基础，明确实践指向。

二、充分尊重个人价值和个性差异，构建科学的大学生思想政治教育目标与内容体系

人的价值分为个人价值和社会价值。个人价值是指个人或社会为满足个体需要、个人发展所做的贡献。个人的社会价值是指个人对社会的贡献。人作为大自然的产物，既具有自然属性，也有社会属性。人首先具有自然属性和个人价值，“全部人类历史的第一个前提无疑是有生命的个人的存在”①。“人们为之奋斗的一切，都同他们的利益有关”②，“‘观

① 马克思、恩格斯：《德意志意识形态》，《马克思恩格斯选集》，人民出版社 1995 年第 2 版，第 67 页。

② 马克思：《第六届莱茵省议会的辩论（第一篇论文）》，《马克思恩格斯全集》第 1 卷，人民出版社 1995 年第 2 版，第 187 页。

念'一旦离开'利益',就一定会出丑"①。这就要求社会关注、承认和满足生命个体的正当利益诉求,为具体的个人创造实现全面自由发展的条件。同时,人具有社会属性和社会价值,"人的本质不是单个人所固有的抽象物,在其现实性上,它是一切社会关系的总和"②。个人价值的满足离不开社会价值的依托,这就要求个人和社会必须在个人价值与社会价值之间找到平衡点,才能实现个人价值与社会价值的和谐统一。个性差异是指人与人之间在稳定的特征上的差异。大学生由于家庭、阅历、情商与智商等因素的不同,造成了学习、心理、性格和能力等诸多方面的差异性。大学生的个性差异是一种客观存在,可能反映个人的特长和优点,是成长成才的力量源泉;也可能反映个人的缺点和不足,是发展进步的影响因素。

探索大学生思想政治教育人文关怀和心理疏导模式,充分体现以人为本的理念。尊重大学生的个人价值,针对大学生的个性差异,构建科学的思想政治教育目标与内容体系。构建大学生思想政治教育目标和内容体系,注重正确处理大学生社会性发展和个体性发展的关系,将大学生的社会价值与个体价值有机整合,形成多层次的培养目标和与之相适应的教育内容:一方面在教育目标和内容体系的设计上,把大学生作为社会化的人来考虑,使其政治、思想和道德诸方面适应和符合社会发展的需要,成为社会主义事业的建设者和接班人。另一方面在教育目标和内容体系的设计上,把大学生作为独立的个体来尊重,使其具备基本的道德、健康的心理和完善的人格,成为符合社会需要又具有鲜明个性的合格"公民"。

三、切实维护大学生的主体地位和选择权利,形成民主化的思想政治教育工作范式

大学生的主体地位是由其在思想政治教育过程中的主体性决定的。

---

① 马克思、恩格斯:《神圣家族》,《马克思恩格斯文集》第 1 卷,人民出版社 2009 年版,第 286 页。

② 马克思:《关于费尔巴哈的提纲》,《马克思恩格斯选集》,人民出版社 1995 年第 2 版,第 60 页。

大学生在思想政治教育过程中的主体性是指“对教育者影响具有主观选择性和决定接受状况”①。大学生思想政治教育的对象是鲜活的、具体的且有思想的人,没有大学生的充分认可、积极参与和自觉内化,思想政治教育的实效性就难以保障。与其主体地位相对应的是大学生在思想政治教育过程中的选择权利,包括对教育目标、内容、方式甚至教育者的选择,这种选择发自内心,却时常表现于无形,不管人们承认不承认,它都客观地存在着。

大学生思想政治教育人文关怀和心理疏导模式的构建,必须尊重、维护大学生在思想政治教育过程中的主体地位和选择权利,探索民主化的思想政治教育工作范式。民主化的思想政治教育工作范式要求教育双方地位平等、民主自由、双向互动,教育过程和谐,教育效果良好。首先,尊重大学生的主体地位和选择权利,思大学生所想,办大学生所需,大学生的权利得到充分行使,主观能动性得到充分调动,使教育双方在心灵交融、情感沟通、教育内容和教育方式等方面产生共鸣,从而使思想政治教育的目标要求内化为大学生的自觉意识,外化为日常的实际行动。其次,尊重应把握好分寸,尊重但不能“失重”。在教育内容上,开放但不放任;在教育方式上,鲜活但不失理性;在教育载体上,创新但不猎奇。尊重大学生的选择权,不能丧失主导权而被动应对,以教育视野的开放性、教育理念的先进性、教育目标的科学性、教育内容的真理性、教育方式的艺术性、教育过程的主动性和教育平台的强势性等,牢牢把握思想政治教育的话语权、主动权和主导权。大学生思想政治教育过程中,大学生的选择权与教师的主导权互为根据和条件,和谐共振,相得益彰。

四、有效帮助解决思想问题与现实困难,弘扬务实型的大学生思想政治教育工作作风

空谈误国,实干兴邦。大学生思想政治教育注重人文关怀和心理疏

① 李丽华、丁利锐:《论思想政治教育过程中主客体的辩证关系》,《党史博采·理论版》2008 年第 4 期。

导，崇尚求真务实，力戒虚谈废务，最终落实到有效帮助大学生解决各种思想问题与实际困难上来。美国心理学家亚伯拉罕·马斯洛的"基本需求层次理论"把人的需求从低到高划分为：生理上的需求，安全上的需求，情感和归属的需求，尊重的需求，自我实现的需求。这一理论具有一定的普适性。当下，我国在校大学生呈现诸多新特点：独生子女逐渐成为大学生群体中的主体，家庭经济相对困难大学生的问题日渐突出，高等教育大众化带来的就业压力越来越大，网络化信息时代带来的各种思想的激烈冲突等，使得大学生面临着来自经济、学业、就业、生活、情感和信息等各方面的困惑与压力。有效帮助大学生解决这些问题，是大学生思想政治教育工作者义不容辞的责任，也是注重人文关怀和心理疏导的具体体现。

面对大学生多层面的价值诉求、现实需求和实际问题引发的思想问题，大学生思想政治教育工作者应把人文关怀理念融入到实际工作中去，在充分尊重人、理解人和关心人的基础上，切实把帮助人摆上重要工作的议事日程。一是切实解决好现实存在的思想问题。立德树人是教育的根本任务，要求大学生思想政治教育树立德业、培养人才。大学生思想政治教育工作者遵照大学生思想活动规律和思想政治教育规律，切实解决好影响大学生健康成长、顺利成才的各种思想问题。二是帮助解决好大学生的实际问题。大学生诸多思想问题是由实际问题引起的，不切实解决好这些实际问题，由实际问题引发的各种思想问题难以从根本上解决，大学生思想政治教育就像无源之水、无本之木，吸引力不足，凝聚力不强，实效性较差。大学生存在的实际困难与问题主要应站在全局的高度从学校的层面帮助解决，作为大学生思想政治教育工作者应关注这些问题，协调学校予以有效解决，或者帮助大学生提出解决实际问题的办法。

五、大力推进专业化和常态化建设，探索高效度的大学生心理疏导工作方式

心理活动是思想形成的基础，思想是心理活动的结果。大学生的思

想问题与心理问题休戚相关，思想政治教育与心理健康教育密切联系。缘于国际与国内、家庭和社会、主观及客观等因素的影响，不少大学生由诸多具体的、实际的问题而引发紧张、焦虑和恐惧的心态，进而造成严重的心理障碍，甚至产生思想偏激与极端行为。采取有效措施，加强心理疏导，帮助有心理问题的大学生走出阴影回归正常的学习、生活，这是大学生思想政治教育注重人文关怀的重要体现、提升教育质量的内在要求。

我国大学生心理咨询工作始于20世纪80年代中期，起步较晚，经验不多，与国外先进国家的差距较大。注重大学生的心理疏导，重点在队伍的专业化和工作的常态化上下功夫。在专业化建设方面，建立以专业与专职教师为主、有一定专业知识的兼职辅导员为辅的心理咨询工作队伍，切实保证心理咨询工作的专业性与覆盖面。在常态化建设方面，建立新生入学心理测试制度，健全大学生心理健康档案，建立专业化的心理咨询中心、实现心理健康教育进课堂，定期开展集中式的心理健康教育，有针对性地追踪开展个性化的心理疏导等，使大学生心理疏导工作体系化和常态化。在此基础上，特别注意帮助入学新生、毕业学生、经济困难学生和言行异常学生等特殊群体及时化解心理危机，消除心理障碍，做到重点群体抓住不放，面上工作科学规范，把对大学生的人文关怀变成促进他们健康成长、顺利成才的正能量。

六、强化提升自我教育的意识与能力，建立大学生思想政治教育工作长效机制

“教是为了达到不需要教。”①教育的真谛主要不是把现成的知识交给学生，而是把学习的方法教给学生，让学生受用一辈子。大学生思想政治教育既要帮助解决他们在校期间的思想问题，更要帮助他们增强自觉、自我和自主解决思想问题的能力，这是大学生思想政治教育注重人文关

① 叶圣陶:《自力二十二韵》,《叶圣陶语文教育论集》,科学教育出版社1980年版，第539页。

怀的崭新境界。

强化提升大学生思想政治教育的自我教育意识与能力，重点教给大学生面对问题的勇气、应对问题的态度、分析问题的办法和解决问题的能力。加强马克思主义理论特别是唯物论和辩证法的教育。我国高校普遍开设了“马克思主义基本原理”等思想政治理论课，这在帮助提高大学生解决思想问题和实际问题的能力方面作用巨大，不可或缺。今后在保证知识性教育的基础上，重在加强能力性教育。在授课过程中，既传授知识，更注重大学生正确立场、科学观点和有效方法的培养。在课程考试安排上，着重考察大学生发现、分析和解决问题的能力，培养大学生积极、主动、创造性地解决问题的自觉意识、基本能力和行为习惯。教师在帮助大学生解决思想问题和实际问题的同时，教给他们解决类似问题的思路、方法。教给大学生面对问题的勇气最好采取寓事说理的办法，大学生容易接受，教育效果较好。教给大学生应对问题的态度，重点讲明道理、分析形势、指出思路。人生失意十之八九，坦然面对无常之事。天下之事何所惧，办法总比困难多。教给大学生分析问题的方法，可以“解剖麻雀”，举一反三，触类旁通，融汇贯通，从解决具体问题的方法中悟出分析解决问题的模式。最终通过教给大学生面对问题的勇气、应对问题的态度和分析问题的方法等，帮助他们形成创造性地解决问题的思维、思路、能力与习惯。

第八章　文化型的大学生思想政治教育质量提升模式

培养什么人、如何培养人，始终是我国社会主义教育事业发展中必须解决好的根本问题。中共"十八大"提出了全面建成小康社会的奋斗目标，并把建设社会主义文化强国、办好人民满意的教育作为全面建成小康社会的重要任务，提出了"必须推动社会主义文化大发展大繁荣，兴起社会主义文化建设新高潮，提高国家文化软实力，发挥文化引领风尚、教育人民、服务社会、推动发展的作用"和"把立德树人作为教育的根本任务，培养德智体美全面发展的社会主义建设者和接班人"的要求。① 中国特色社会主义文化内涵广泛，是以马克思主义为指导，以培养有理想、有道德、有文化、有纪律的"四有"公民为目标，发展面向现代化、面向世界、面向未来的民族的、科学的、大众的社会主义文化。大学生思想政治教育作为文化的特殊形态，具有文化属性。适时根据全面建成小康社会和建设文化强国的新要求，适应大学生文化层次与文化需求的新特点，凸显思想政治教育的文化品质与文化特性，增强思想政治教育的文化魅力和文化实力，努力探索文化型的大学生思想政治教育新模式，是进一步提升大学生思想政治教育质量的内在要求。

---

① 参见胡锦涛：《坚定不移沿着中国特色社会主义道路前进，为全面建成小康社会而奋斗——在中国共产党第十八次全国代表大会上的报告》，《人民日报》2012 年 11 月 18 日。

第一节　文化型大学生思想政治教育质量提升模式的内涵

一、文化型大学生思想政治教育质量提升模式的内涵

文化性是思想政治教育的基本属性。属性即特点、特征，它是事物本身所固有的、必然的和基本的特性，又是事物某方面质的表现。文化的内涵十分丰富，“广义指人类在社会实践过程中所获得的物质、精神的生产能力和创造的物质、精神财富的总和。狭义指精神生产能力和精神产品，包括一切社会意识形式：自然科学、技术科学、社会意识形态。有时又专指教育、科学、文学、艺术、卫生、体育等方面的知识与设施”①。文化属性是指个体的人、社会团体、一个民族或国家生产生活的习惯定性，或者说是基本的文化素质表现。思想政治教育是指“一个阶级或集团为了建立或巩固其政治统治而进行的符合本阶级或集团根本利益的、包括一定的政治、法律、哲学、道德、艺术和宗教思想的意识形态理论的教育”②。从思想政治教育的内涵来看，思想政治教育具有文化属性。一方面，思想政治教育是一种特殊的文化形态。思想政治教育是为了阶级或集团的利益而进行的意识形态教育，而意识形态是阶级意志的表达，是文化的特殊部分，属文化范畴，文化与意识形态是一般与特殊的关系。另一方面，思想政治教育是一种文化过程。思想政治教育是一门科学，遵循人的思想品德形成规律和教育的一般规律，政治、法律、哲学、道德、艺术和宗教等，作为思想政治教育的内容均隶属文化范畴。思想政治教育的过程，其实就是以文“化”人的过程，它遵循文化的逻辑，体现知识的传授和价值的认同、情感的交融和理性的选择的有机统一。文化性是思想政治教育的基

---

① 夏征农:《辞海》(中),上海辞书出版社 2003 年版,第 1137 页。

② 杨生平:《关于思想政治教育概念的理解问题》,《首都师范大学学报》1998 年第 6 期。

本属性，文化型的大学生思想政治教育质量提升模式，是思想政治教育的文化属性在其结构要素、实施过程中得到充分展现，成为一种成熟的、常态化的理论模型和实践范式。

能够成为一种教育模式，一定有异于其他模式的显著特点。文化型的大学生思想政治教育模式的特点体现在它的文化特性上。大学生思想政治教育作为一种特殊的文化形态，其文化特性充分展现在"思想政治教育的目标定位上，就是提高人的思想文化素质、培养健康完美的人格、促进人的全面发展；体现在思想政治教育的价值选择上，就是突出先进文化，提升文化品位，体现培养目标的人本性；体现在思想政治教育的功能效用上，就是通过丰富文化内涵、凝聚文化力量、引领文化方向来影响人的心理活动、思维观念和意识形态；体现在思想政治教育的主体责任上，就是提升教育者与被教育者的文化素质，增强教育的共鸣性、魅力性和实效性"①。体现在思想政治教育的内容上，意识形态、价值取向、思想品德和知识规范等作为思想政治教育的内容，本身隶属于文化范畴，更要以文化的外在形态予以展现，增强其文化品位和文化魅力；体现在思想政治教育的方式上，思想政治教育的渠道、载体、活动和手段等，都应赋予文化的内涵和文化的形态，以适应大学生较高的文化层次和不断增强的文化需求。思想政治教育的文化性，决定了文化型的大学生思想政治教育模式必须充分赋予文化内涵，不断提升文化品位，适时展现文化形态，突出彰显文化魅力，成为提升大学生思想政治教育质量的有效模式。

二、文化型大学生思想政治教育质量提升模式的提出

构建文化型的大学生思想政治教育模式是社会主义文化建设的重要组成部分。改革开放以来，随着以市场为导向的社会主义经济体制改革的深入，我国经济建设取得了世界瞩目的成就，同时提出了文化体制要适

① 王芳、邢亮：《构建文化型大学生思想政治教育新模式探讨》，《理论导刊》2012 年第 6 期。

应社会主义市场经济体制的要求，突破束缚文化生产力发展的制度性障碍，开创文化发展繁荣新局面的改革也随之启动。在这一过程中，党对社会主义文化建设的本质、规律、内容和形式等的认识逐步深入，越来越深刻。以邓小平为核心的党的第二代领导集体提出了“三个面向”、“四有”和社会主义物质文明与精神文明“两手抓、两手都要硬”的思想。以江泽民为总书记的党中央提出要建设社会主义先进文化，强调中国特色社会主义文化是“综合国力的重要标志”。以胡锦涛为总书记的党中央从战略高度深刻认识文化的重要地位和作用，提出了建设社会主义文化强国的奋斗目标，对文化改革建设、促进发展繁荣作了战略部署，牢牢把握文化发展的主动权。2011 年，中共十七届六中全会召开，这是 2007 年中共“十七大”以来，首次将“文化建设”作为中央全会的议题，也是 1996 年中共十四届六中全会讨论思想道德和文化建设之后，决策层再一次集中讨论文化课题。中共十七届六中全会对思想政治教育提出了明确要求：“深入推进马克思主义理论研究和建设工程，实施中国特色社会主义理论体系普及计划，加强重点学科体系和教材体系建设，推动中国特色社会主义理论体系进教材、进课堂、进头脑，加强和改进学校思想政治教育。”“各级党委和政府要把文化建设摆在全局工作重要位置，深入研究意识形态和宣传文化工作新情况新特点，及时研究文化改革发展重大问题，加强和改进思想政治工作，牢牢把握意识形态工作主导权，掌握文化改革发展领导权。”①中共“十八大”再次把加强和改进思想政治工作作为社会主义文化强国建设的重大举措。思想政治教育隶属文化范畴，思想政治教育具有文化功能。建设社会主义文化强国，彰显思想政治教育的文化特性，根据大学生的文化需求，构建文化型的大学生思想政治教育模式成为提升大学生思想政治教育质量的应然选择。

---

① 《中共中央关于深化文化体制改革推动社会主义文化大发展大繁荣若干重大问题的决定》，《人民日报》2011 年 10 月 26 日。

第二节　文化型大学生思想政治教育质量提升模式的吁求

一、文化性的缺失影响大学生思想政治教育质量

文化是民族的血脉,是人民的精神家园。思想政治教育具有文化属性,必须在具体的教育实践中充分体现文化性,才能提升文化品位与文化魅力,增强教育的吸引力和感染力。文化性的缺失将影响思想政治教育的自身魅力及教育效果。

首先,文化本身具有思想政治教育的功能,制约和影响着思想政治教育的方式、过程和目标。思想政治教育本质上是一定社会的主流思想要求与个体思想品德之间的矛盾运动过程,这个矛盾运动的过程实际上是在一定文化环境下并受主流文化影响的个体思想认知的塑造与发展的过程,其教育内容、教育方式和实施载体必然会打上时代文化的烙印,与时代文化的传承、变迁和发展紧密相连,不存在脱离文化而单独存在的思想政治教育。价值观是文化的核心内容,解决人们的价值观问题是思想政治教育的重要任务。价值导向功能是文化最重要的功能,主流意识形态或核心价值体系必须借助文化作为桥梁和纽带,才能转化为社会成员的认知、情感、意志、信念及行动,内化为社会成员共同的文化自觉与价值认同。

其次,大学生作为文化层次较高的社会群体,其诸多思想问题是由文化冲突引起的。和谐与冲突是人类社会存在和发展的两种基本形式,社会开放和文化多元是当代社会发展的重要特征和基本趋势。当代大学生身处全面开放的社会环境中,在传统文化与现代文化、本土文化和外来文化等诸多文化的冲突与和谐中,不断调整思想和行为,逐步修养完美人格。在诸多文化的冲突中,大学生开阔了视野、汲取了营养、提高了素质、增强了能力,同时也不同程度地带来思想上的困惑、认知上的迷失和道德

上的失衡等问题。文化的影响具有隐蔽性和渗透性等特点，以文化的方式解决文化冲突带来的思想问题，对于具有较高文化层次和文化要求的大学生来说，是魅力无穷、行之有效的思想政治教育方式。文化性的缺失、文化味的淡薄是当代大学生思想政治教育的薄弱环节，导致大学生思想政治教育的吸引力降低、凝聚力不够、感染力不强、说服力不高，丧失了文化“化”人应有的品位与魅力。实施隐性教育的策略，探索文化渗透的方式，构建大学生思想政治教育新模式，是进一步提升大学生思想政治教育质量的重要课题。

二、大学生思想政治教育质量提升吁求文化性的回归

大学生作为文化层次较高的社会群体吁求思想政治教育的文化性。改革开放以来，我国高等教育事业取得了巨大成就，“全面提高教育质量和水平，高等教育毛入学率提高到30%”①。我国高等教育已经进入大众化发展的阶段，但与西方发达国家相比，还没有达到毛入学率超过50%的普及化阶段，大学生仍然是我国文化层次较高的社会群体和紧缺的人力资源。大学生正处在成长成才的关键时期，文化学习是其重要任务。他们对文化消费的需求旺盛，对教育活动的文化品位要求较高。思想政治教育具有文化特性，文化亦具备思想政治教育的功能，对大学生这样的群体来说，他们吁求富有文化品位的思想政治教育。因此，丰富思想政治教育内容的文化内涵、提高思想政治教育队伍的文化素养、增强思想政治教育方式的文化魅力、强化思想政治教育模式的文化特征，是提升大学生思想政治教育质量的内在要求。

大学生成长成才的时代特征吁求思想政治教育的文化性。 中共“十八大”提出了全面建成小康社会的奋斗目标。促进社会主义文化大发展大繁荣、建设社会主义文化强国，是全面建成小康社会的重大举措和重要标志。“当代中国进入了全面建设小康社会的关键时期和深化改革

① 温家宝:《政府工作报告》,《人民日报》2013年3月19日。

开放、加快转变经济发展方式的攻坚时期，文化越来越成为民族凝聚力和创造力的重要源泉、越来越成为综合国力竞争的重要因素、越来越成为经济社会发展的重要支撑，丰富精神文化生活越来越成为我国人民的热切愿望。”①文化传承创新是高等学校的重要职责，用社会主义核心价值体系引领社会思潮、凝聚社会共识，高等学校发挥着重要的辐射和带动作用。积极推进中国特色社会主义理论体系进教材进课堂，武装大学生头脑，是大学生思想政治教育的政治任务。人才的培养与时代的发展休戚相关，大学生思想政治教育应把握时代脉搏，紧跟时代潮流，与社会主义先进文化大发展大繁荣的时代特征相适应，不断丰富新内容，探索新模式。

大学生思想政治教育质量提升空间的拓展吁求文化性。　新中国成立以来，特别是改革开放以来，党和政府高度重视大学生思想政治教育工作，制定了一整套推进大学生思想政治教育工作的方针政策，采取了一系列行之有效的具体措施。总体上看，大学生思想政治状况的主流是积极、健康和向上的，大学生思想政治教育为社会主义事业建设者和接班人的培养提供了有力的思想保证和精神动力。应该看到，与时代环境变迁相适应，与人才培养要求相协调，大学生思想政治教育的质量还有较大的提升空间。一方面，在市场经济和改革开放的环境中，各种思想文化相互激荡。大学生受各种思想文化影响的广度、深度和强度日益明显，这种影响对大学生思想政治教育工作是一种严峻挑战。适应环境顺势而变，探索有效的工作新模式，这种影响就会变成大学生思想政治教育质量进一步提升的难得机遇。另一方面，复杂的社会环境和多样的家庭条件使当下大学生思想状况呈现出独立性、选择性、多变性和差异性等显著特点，部分大学生中还存在一些突出的思想问题，“有的政治信仰迷茫、理想信念模糊，有的社会责任感不强、团结协作意识较差，有的艰苦奋斗精神不足、

---

① 《中共中央关于深化文化体制改革推动社会主义文化大发展大繁荣若干重大问题的决定》，《中国教育报》2011 年 10 月 26 日。

心理素质脆弱,有的受到拜金主义、享乐主义、极端个人主义影响较深”①。这些问题都迫切要求大学生思想政治教育有新思路、新举措和新突破,也为进一步提升大学生思想政治教育质量提供了较大的拓展空间。无论是从体现自身文化特性的需要,还是与文化大发展大繁荣的时代背景相适应,都吁求探索文化型的大学生思想政治教育新模式。

第三节　构建文化型大学生思想政治教育质量提升模式的路径

路径一般指到达目的地的路线,也比喻办事的门路与办法。构建文化型的大学生思想政治教育模式,是在全面建成小康社会、建设社会主义文化强国的历史背景下,适应思想政治教育的文化特性和大学生的文化需求,不断创新教育模式、进一步提升教育质量的必然要求。大学生思想政治教育模式创新是实践问题,也是理论问题。大学生思想政治教育模式创新要有一定的前瞻性,“看准了的,就大胆地试,大胆地闯”。“对的就坚持,不对的赶快改,新问题出来抓紧解决。”②构建文化型的大学生思想政治教育模式,使大学生思想政治教育从工作理念到构成要素都体现文化特性,展现文化魅力,成为具有理论意义和实践价值的提升大学生思想政治教育质量的工作范式。

一、坚持以文“化”人,用先进理念指导大学生思想政治教育

理念就是思想、观念。理念是行动的先导,有什么样的理念,就会有什么样的战略与策略、思路和措施。做任何事情、干任何事业都需要一定

① 胡锦涛:《切实加强和改进大学生思想政治教育工作》,《十六大以来重要文献选编》(中),中央文献出版社 2006 年版,第 635 页。

② 邓小平:《在武昌、深圳、珠海、上海等地的谈话要点》,《邓小平文选》第 3 卷,人民出版社 1993 年版,第 372 页。

的理念为指导。以零售业为主打的世界500强企业沃尔玛就是先进理念行为化的成功典型,其创始人山姆·沃尔顿是一个普通人,却有着极强的竞争意识和冒险精神。在创业伊始他就意识到:沃尔玛要想获得成功,除了为顾客提供低价位的商品之外,还必须超越顾客对优质服务的期望。他倾其毕生精力为此工作理念转化为企业行为而不懈努力。他激励并鼓舞员工,并身体力行地实践他所倡导的一切,最终取得了成功,先进的理念引领沃尔玛走向成功之路。虽然山姆先生在1992年早已驾鹤西去,但他的先进理念却一直引领沃尔玛的事业不断拓展。沃尔玛之所以获得今天的成就是源于其初创、坚守并始终践行着的先进企业理念。这样的典型不胜枚举。构建文化型的大学生思想政治教育模式,同样需要先进理念的指导,使大学生思想政治教育充分体现文化属性,广泛展现文化魅力,有效提升教育质量。

中共十七届六中全会通过的《中共中央关于深化文化体制改革、推动社会主义文化大发展大繁荣若干重大问题的决定》,对文化改革发展进行了战略部署,充分体现了党对所肩负的历史使命的深刻把握、对国内外形势的科学判断、对文化建设的高度自觉,是当前和今后一个时期指导我国文化改革发展的纲领性文件。中共"十八大"把文化建设列入建设中国特色社会主义"五位一体"的总布局,并从"加强社会主义核心价值体系建设"、"全面提高公民道德素质"、"丰富人民精神文化生活"、"增强文化总体实力和竞争力"四个方面对扎实推进社会主义文化强国建设作了部署,为构建文化型的大学生思想政治教育模式提供了指导思想和理论依据。根据我国文化建设的战略任务和总体部署,结合大学生思想政治教育基本现状和内在需求,构建文化型的大学生思想政治教育模式,应树立以人为本、以文"化"人的先进理念。以人为本、以文"化"人的理念有着丰富的内涵,从构建文化型的大学生思想政治教育模式的视角来看,其丰富内涵主要体现在:大学生思想政治教育应以科学发展观为指导,针对大学生的文化层次特点,遵循大学生思想政治教育规律,使大学生思想政治教育体现文化的品质,充满文化的魅力,运用文化的方式,满足文化的需求，实现以文“化”人的教育目的。以人为本、以文“化”人理念体现在具体的大学生思想政治教育实践中就是：在思想政治教育目标上，既要提高大学生的思想政治素质，又要着力培养健康完美人格、促进全面发展，做到思想政治教育政治性和文化性的和谐统一；在思想政治教育内容上，凸显丰富文化内涵、提升文化品位，增强吸引力与感染力；在思想政治教育方式上，倡导文化渗透、寓教于无形，做到春风化雨、滋兰树蕙；在思想政治教育队伍建设上，大力提升教育者的文化素养，增强人格魅力；在思想政治教育机制上，根据文化影响的渗透式、深刻化和持久性等特点，构建长效的文化育人新模式。

二、提升文化素养，建设充满文化魅力的大学生思想政治教育教师队伍

思想政治教育工作队伍是提升大学生思想政治教育质量的组织保证，构建文化型的大学生思想政治教育模式需要充满文化魅力的教师队伍。当今社会科学技术迅猛发展，大学生获取信息的渠道越来越多，拥有的知识面越来越广，对教师文化素养的要求越来越高，而且这种文化素养是综合性的，具有高品质、全方位、立体化的特点。许多人感叹现在大学生思想政治教育工作难做，这里面有客观的因素，也有文化实力不强、文化魅力不足等主观因素。全国思想政治教育工作模范、原大连舰艇学院思想政治理论课教授方永刚在这方面树立了榜样。方永刚讲的思想政治理论课学生爱听，思想政治教育内容学生愿信，其成功之道是对自己所宣传的创新理论坚信不疑，宣传教育建立在深厚的理论功底和充分的调查研究基础之上，具备能够将党的创新理论通俗化的高超演讲技巧，有着明确的教育目标和鲜活的教学内容，掌握着灵活而有针对性的教学方法和艺术等。教育做到极致就是文化，方永刚的思想政治理论课教学和思想政治教育工作蕴藏着丰富的文化内涵，充满着诱人的文化魅力，因而极具感染性和说服力。

面对思想政治教育的新形势和大学生思想状况的新特点，大学生思

想政治教育工作者须具有强烈的求知欲望、雄厚的知识底蕴和丰富的文化素养，展现出洋溢着文化魅力的人格形象，才能增强吸引力和凝聚力，成为大学生学习生活的良师益友和指点思想迷津的行家里手。大学生思想政治教育工作队伍的主体是高校党政团干部、思想政治理论课和哲学社会科学课教师、辅导员和班主任。思想政治教育是一门科学，从建设充满文化魅力工作队伍的视角，社会主义大学中的思想政治教育教师既要有坚定的政治立场、敏锐的政治责任感和较高的政治觉悟，更要有渊博的人文社科知识的积累和文化素养的提升，在工作中充分展现政治理论成熟的魅力和文化艺术修养的魅力。在大学生思想政治教育教师中大力倡导科学精神和人文精神，提升他们的知识厚度与文化高度，增强对大学生的人文情怀与以文“化”人的能力，通过富有文化魅力的言行引导大学生塑造健康人格，促进全面自由发展。大学生思想政治教育教师只有真正具备较高的政治理论素养和文化艺术修养，才能充分挖掘思想政治教育的文化资源，提升思想政治教育的文化品位，找准思想政治教育的切入点，成为大学生健康成长的指导者和引路人。

三、寓教育于无形，建设具有文化品位的大学生思想政治教育内容

隐性教育是指通过隐目的、藏计划、间接性、内隐化的社会活动，使受教育者不知不觉地受到影响的教育过程。它实现教育目的于日常生活中，渗透教育过程于休闲逸致间，以“潜移默化”、“滋兰树蕙”的方式对受教育者的思想、观念、价值、道德、态度和情感等产生影响，达到“春风化雨”、“润物无声”的教育效果。隐性教育与显性教育属于两种不同的教育方式，两者范畴对应、作用互补。大学生思想政治教育的隐性教育是相对于显性教育而言的，是指把教育的意向与目的隐藏到大学生周围的生活环境和特定形式的活动中，使富有教育意义的内容和哲理，通过大学生喜见闻乐的形式，在其心灵深处积淀下来，使他们在愉悦、兴奋、暗示等情感体验中无意识地获得教育熏陶，从而影响他们的世界观、人生观、价值观的形成及整体素质的提高。隐性教育具有渗透性、间接性、开放性和长

期性等特点，其在大学生思想政治教育中的重要地位和作用愈来愈受到人们的重视和利用。“隐性教育的优势在于它的隐蔽性，是通过耳濡目染、潜移默化、润物无声的方式进行的，因而更容易被学生接受。”①从文化的思想政治教育功能看，具备隐性教育的基本特点，因而具有文化品位的思想政治教育内容更容易被当代大学生所认同和接受。构建文化型的大学生思想政治教育模式，其教育内容必须适应时代要求，充实文化元素，凸显文化品位，增强隐蔽性和渗透性。

《中共中央、国务院关于进一步加强和改进大学生思想政治教育的意见》规定了当前大学生思想政治教育的主要内容是：以理想、信念教育为核心，深入进行树立正确的世界观、人生观和价值观教育；以爱国主义教育为重点，深入进行弘扬和培育民族精神教育；以基本道德规范为基础，深入进行公民道德教育；以大学生全面发展为目标，深入进行素质教育。大学生思想政治教育的这些主要内容，在实施教育的过程中应根据不同内容的特点赋予不同的文化内涵与文化形态，使其具有文化的品位与隐性教育的特点，以提升大学生思想政治教育质量。高校思想政治理论课作为大学生思想政治教育的主渠道，应坚持政治功能与文化功能并重，根据课程特点，凸显文化品位，增强亲和力。在课程内容上有机渗透优秀传统文化与当代先进文化，提高文化品质，增强感染力；在授课方式上以文化魅力的引导而不是政治说教的“灌输”来提高说服力。高校各门课程都具有育人功能，把思想政治教育内容融入到大学各门课程，渗透到教学的各个环节，使大学生在接受文化知识教育的同时收到春风化雨式的思想政治教育效果。作为大学生思想政治教育有效载体的校园文化活动，应集思想性、教育性、娱乐性和文化性于一体，做到寓教于乐趣、寓教于活动、寓教于常态和寓教于无痕。日常个性化的思想政治教育也应增强文化特质，做到以情感人、以理服人和以文“化”人的有机结合，收到滋兰树蕙、润物无声的教育效果。

---

① 黄焕汉：《思想政治教育的政治性与文化性》，《黑龙江史志》2008年第6期。

四、以文化为载体，探索具有文化特色的大学生思想政治教育方式

思想政治教育的文化载体，是指“思想政治教育者充分利用各种文化产品并将思想政治教育的内容寓于文化建设之中，借此对人们进行教育，以达到提高人们的思想道德素质的目的”①。以文化为载体，有利于增强吸引力和渗透力，提升思想政治教育质量。

以精神文化为载体，塑造大学生思想政治教育的崇高灵魂。　大学精神是大学独有的价值取向和发展取向，是给大学行为提供指导的基本态度、基本信念和基本准则。大学精神是无形的，又通过外在的形态呈现出来。大学精神文化的建构主要通过大学理念、办学定位、校歌校训以及学风、教风与校风等文化要素形成并发挥作用。大学应重视大学精神文化的总结与提炼、传承和创新，形成独具特色又切实有效的办学理念、办学定位、办学特色和办学气派。精神文化建设是文化建设的核心和灵魂，将大学精神文化融入到大学物质文化、制度文化等项建设之中，内化为大学生的日常行为准则和恒久精神支柱。

以物质文化为载体，形成大学生思想政治教育的文化氛围。　物质文化是指“其中凝聚、体现、寄托着人的生存方式、生存状态、思想感情的物质过程和物质产品”②。大学物质文化是指由大学教育教学条件构成并能被师生感受到客观存在的实体文化或物态文化，是大学文化的物质基础或外部表现形态，包括生态环境、建筑格局和人文景观等有形事物。大学物质文化具有承载文化、见证历史、熏陶内化和审美教育的功能，身临大学物质文化其境中，大学生将会获得精神的丰富和素养的提高。以大学物质文化为载体，提升大学生思想政治教育质量，关键是赋予物态环境以文化的内涵，营造一种积极向上的文化气息和浓郁的文化氛围。在大学物质文化建设中，应统筹做好长远规划，既要注重“硬件”的建设，更要注重其内涵的赋予、拓展与延伸，让大学所有的“物化”对象都体现一

① 沈壮海：《思想政治教育的文化视野》，人民出版社 2005 年版，第 26 页。

② 季萍：《“学校文化”的反思与再建》，《人民教育》2004 年第 2 期。

种文化、精神和品位。

以制度文化为载体，确立大学生思想政治教育的正确导向。 大学制度文化主要指大学各种管理制度、纪律要求以及为保证学校正常运行的各种组织形态、群体行为等诸方面所形成的引导激励环境与氛围。制度文化具有价值导向作用，大学制度文化建设与大学生思想政治教育目标具有一定程度的趋同性，是大学生思想政治教育的有效方式和途径。建设大学制度文化，重点是在制度设计时紧贴时代特点和大学生实际，把社会主义核心价值体系等要"灌输"的意识形态和倡导的价值观念与制度内容建设有机结合，并以制度的形式表达出来。在实践中应充分发挥制度文化的隐性教育功能，对大学生学习、工作和生活形成潜移默化的影响与引导，提升大学生思想政治教育质量。

以虚拟文化为载体，拓展大学生思想政治教育的崭新领域。 随着以互联网为标志的虚拟社会的到来，人类的文化活动和文化形态处于一场深刻的革命之中。所谓虚拟文化，除指互联网文化外，还包括有线或无线的其他网络文化以及脱离网络运行的类似形态的文化。虚拟文化以存在形态的可塑性、展示外延的生动性、传承内容的宏大性和操控方式的灵活性而深受大学生的欢迎，成为对大学生思想产生重大影响的新载体。提升大学生思想政治教育的质量，要与时俱进地运用好虚拟文化载体。以虚拟文化为载体开展大学生思想政治教育是全新的课题，大学生思想政治教育工作者应紧跟时代前进的潮流，及时了解科技发展新态势，在思想上重视、接纳虚拟文化为提升大学生思想政治教育质量服务。虚拟文化是高新技术的产物，大学生思想政治教育工作者应具备运用虚拟文化平台的能力，有效地以虚拟文化为载体，主动与大学生进行互动交流，开展思想政治教育。采取自学和培训相结合的方式，全面提高大学生思想政治教育工作者的现代科技水平，增强运用电脑、网络及编辑、制作等方面的操作能力。虚拟文化载体是个开放的平台，必须用先进的文化去占领才能在运用虚拟文化载体开展大学生思想政治教育方面掌握主动权，应组织精干力量，在打造以虚拟文化为平台的思想政治教育品牌上下工夫。

五、以网络为阵地，构建富有文化特征的网络思想政治教育平台

21世纪，信息技术革命全方位、多层次地渗透到社会生活的各个领域，人类社会进入了“信息时代”，我国也进入了建设工业化、迈入信息化社会的关键时期。网络作为信息的重要载体和主要传播途径，是帮助大学生获取知识、增强本领、顺利成才的重要渠道。信息凭借网络为大学生提供高效便捷服务的同时，其异化现象也日益严重。如何适应信息化社会建设的需要，根据大学生掌握信息的基本特点，探索以网络为阵地开展大学生思想政治教育，是文化型的大学生思想政治教育模式的题中应有之义，是摆在大学生思想政治教育工作者面前的重要课题。以网络为阵地开展大学生思想政治教育的重点是把网络变成开展思想政治教育、防止信息异化带来的负面影响，引导大学生健康成长成才的新渠道。异化的一般意义是：主体创造了客体，但客体却不受主体支配，演化成为一种不受主体控制的，甚至成为敌视和控制主体的异己力量。在信息时代，人们可以自由选择信息，自主传播信息，自行加工信息，自由创造信息，信息在无数个体的自主选择、运用和创造过程中，在量与质两个方面无限扩张与提升，导致新概念、新知识和新理论层出不穷。同时信息技术是一把“双刃剑”，信息丰富但伴随着鱼目混珠，信息有利但混杂着有害内容，信息交流便捷但不乏低级庸俗，信息交流多向但往往情感淡漠，娱乐方式缤纷但隐藏诱惑成瘾等。人们创造了信息，但信息却失却了本真，不但不为人本身服务，反而成为奴役、支配人类的一种新的手段，这便是人类社会面临的崭新问题——人的信息异化。尤其互联网技术使信息突破了时空的界限，随时随地随便地为人们所浏览和利用。正是由于网络信息来自四面八方，体现着不同的意识形态、宗教信仰和价值观念，它既有加速信息交流、促进知识创新、推动经济发展的积极一面，也有信息控制不当导致异化的一面。调查显示：80%的大学生认为网络使他们开阔了视野，带来了便利，62%的大学生把网络作为获取信息的最主要途径，40%的大学

生把网络作为发表言论的最主要场所，互联网已经成为大学生学习知识、获取信息的重要渠道和表达思想、交流感情的重要场所。① 大学生正处于世界观、人生观和价值观形成的关键时期，又处在互联网高度发达的数字化生活环境中。数字信息技术的发展，改变了大学生的学习、生活、娱乐乃至语言表达方式。面对着网上海量信息、复杂信息和诱惑信息的冲击，面对着现实世界、理想世界和虚拟世界的碰撞，部分大学生的判断选择能力与之难以适应，无所适从甚至无法自拔，影响其健康成长成才，这就是大学生信息异化。大学生信息异化主要表现在如下方面：一是信息恐慌。在信息“爆炸”的社会里，很多大学生害怕在信息竞争中处于劣势，总感觉有查不完的信息，于是拼命下载资料，缺乏学习思考，满足囫囵吞枣，陷于信息获取的惶恐与疲劳中。二是信息依赖。信息时代，信息的获取快捷、简便。上网输入一个关键词，古今中外所有相关信息全部能够搜索出来。很多大学生由习惯变成依赖，不上网搜索资料就无从下笔，不敲键盘就不会写文章。三是信息崇拜。一些大学生对信息技术顶礼膜拜，认为一切胜利都归功于掌控信息，忽视主观能动性的发挥。网络里流传的关于专升本、本考研和各种等级考试“强化班”、“押题班”和“内部资料”之类的小道消息，成为大学生中的一种时尚。有些大学生对这些信息的信赖和依赖程度超过对学习本身的认知和态度，成为“网迷”甚至“网虫”。四是信息毒害。大学生正处于世界观、人生观和价值观形成的重要时期，对信息的鉴别、是非的判断能力有待进一步提升，容易为网上的黄、赌、毒等有害信息所诱惑，进而陷入其中不能自拔，也容易在敌对势力利用网络进行政治制度、文化思想和价值观念的渗透面前迷失方向。五是信息犯罪。信息犯罪是信息社会中的一种新的犯罪类型，一般指运用信息技术故意实施严重危害社会、危害公民合法权益并应负刑事责任的行为。有的大学生利用计算机网络进行制造传播有害信息、网络盗窃

---

① 参见迟刚毅、余先亭、李辉：《全面加强高校校园网建设，牢牢掌握网上思想政治教育的主动权》，《光明日报》2009 年 9 月 12 日。

和金融诈骗等犯罪活动。大学生信息异化这五个方面是递进关系，往往由最初表现为信息恐慌，由轻到重，最后发展到信息犯罪。

信息异化的根源不在信息而在人自身。防止大学生信息异化，就要从做好大学生思想政治教育入手，加强网络思想政治教育，探索文化型的网络思想政治教育模式，引导大学生充分认识信息异化的实质和危害，克服信息活动的自发、片面和畸形状态，正确地选择、获取和利用信息，科学地整合、转化和创新信息，促进自身全面、协调、可持续发展。一是树立主体意识，引导大学生在人与信息的关系中准确定位。信息本身是人的创造物，为人所用，相对于人而言是客体。人应当以主体身份选择、运用信息，为人的生存和发展服务。人如果不能驾驭信息，无法把握自身的主体地位，必然导致信息异化，从而丧失主体地位走向对象化和工具化。应把培养大学生的主体意识作为加强大学生网络思想政治教育、防止信息异化的前提和基础，教育引导大学生明确自己与信息的关系是主体与客体的关系，一方面要适应信息社会，学习和掌握信息技术，这是在信息社会生存和发展的重要条件，另一方面也要克服对信息、信息技术的过分依赖和迷信，充分利用信息而不为信息所左右，始终掌握在信息社会中学习、发展和成才的主动权。二是树立政治意识，增强大学生的政治敏锐性和明辨是非的能力。面对网络提出的严峻挑战，防止大学生信息异化，增强大学生的政治敏锐性和明辨是非的能力，使他们在享受网络传播信息便利、快捷的同时，在思想上筑起有效的“防火墙”。提高大学生的思想政治素质，用马列主义、毛泽东思想、邓小平理论、“三个代表”重要思想和科学发展观武装大学生头脑，帮助他们树立正确的世界观、人生观和价值观，增强政治敏锐性和政治鉴别力；提高大学生的思想道德素质，培养健全的人格和高尚的情操，使其在复杂信息的诱惑面前，能够自觉地鉴别、吸收和抵制；提高大学生的法治意识，自觉地遵守有关信息与网络方面的法律和制度，规范自己的行为，做遵纪守法的优秀“网民”。三是树立阵地意识，把校园网作为对大学生进行思想政治教育的重要阵地。根据《山东省高校大学生思想政治状况调查报告》显示，有 32.3%的大学生是在校园周边网吧上网，说明高校网络建设还需进一步加强。网络文化阵地同任何思想阵地一样，如果不用先进文化、积极向上的思想去占领，那些非主流的、腐朽的、低级颓废的精神垃圾就会乘虚而入。高校要树立强烈的阵地意识，加强校园网络建设，积极推进思想政治教育进网络，一个宽松的上网环境的平台建设，将是防止信息异化、构建网络思想政治教育阵地的首要条件和基本前提。积极推进邓小平理论、“三个代表”重要思想和科学发展观进网络，利用校园网为大学生的学习和生活提供服务，建设融思想性、知识性、趣味性、服务性于一体的主体教育网站，开展生动活泼的网络思想政治教育，牢牢把握网络思想政治教育的主动权。坚持贴近实际、贴近思想、贴近生活的方针，及时了解大学生的思想状况，积极回答和解决他们提出的各种问题，提高网络思想政治教育的针对性和有效性。四是树立时代意识，进一步提高大学生的信息使用能力。信息技术的发展、更新不仅速度快，而且向社会各个领域渗透，不断改变着大学生的学习、工作、生活及思维方式。只有不断学习新的信息技术知识，掌握新的信息技术手段，提高信息使用能力，大学生才能主动适应并驾驭信息社会，否则就会在信息技术迅速更新、信息快速变化中陷入被动，甚至可能出现新的异化现象。提高大学生信息技术水平，培养信息使用能力，是加强大学生网络思想政治教育，防止大学生信息异化的重要条件。五是树立法治意识，用法律的强制力来约束信息活动。法律是约束人们行为的重要手段，也是规范网络行为的重要方式。由于互联网无中心控制点，且信息源太多，在技术上难以完全控制网络信息的发布和传播。必须加强信息立法，制定和完善各种信息法律、法规，加大司法执法力度，不断健全传播信息的政策和法规体系，严格规范和控制信息活动行为，用法律武器打击信息犯罪，约束信息泛滥，这样才能从源头上控制信息异化现象的产生。高校要加强大学生法制宣传教育和制度规范，严格审查校园网络信息，防止不良信息从校园网络传播。加强大学生网络道德建设，培育大学生文明上网意识，做到自律与他律有机结合，从主观和客观两个方面防止信息异化。

第九章　开放式的大学生思想政治教育质量提升模式

教育是民族振兴和社会进步的基石,立德树人是教育的根本任务。“牢固树立人才培养在高校工作中的中心地位,着力培养信念执着、品德优良、知识丰富、本领过硬的高素质专门人才和拔尖创新人才”,是《国家中长期教育改革和发展规划纲要(2010—2020年)》对高等教育提出的三大任务之一。育人为本,德育为先。思想政治教育对大学生健康成长、顺利成才、成功就业起着重要的思想保证和精神动力作用。面对处于前所未有的开放性融合中的当代社会,大学生思想政治教育应与时代发展相适应,与社会进步相协调,树立开放式的教育理念,构建开放式的教育体系,形成开放式的教育模式,培养适应开放社会需要的社会主义事业建设者和接班人。

第一节　开放式的大学生思想政治教育质量提升模式的内涵

一、开放式的大学生思想政治教育质量提升模式的内涵

开放式教育最早源于法国卢梭的自然主义思想,在20世纪初经过英国教育家尼尔等人的努力,转化为实际教育行动。后来逐渐在美国盛行起来,现已在世界各地传播。开放式教育是“针对传统封闭式、灌输式的

教育模式而言的，是指以寻求学生的自主学习为中心，以提高学生学习效果和培养人的全面发展为目的，通过营造开放、民主、平等、自由、互动、和谐的师生关系及教育氛围，优化各种教育资源和环境，借助社会力量和现代科技成果和手段构筑起来的新型教育模式"①。

开放式的大学生思想政治教育模式的提出，源自于开放式教育的启示。开放就是解除封锁、禁令和限制等。思想政治教育是开展世界观、人生观和价值观等方面的教育，使人们对世界、社会和人生有一个正确的认识，从而正常地参加社会生活，推动社会不断向前发展。借鉴开放式教育的定义，结合大学生思想政治教育实践，所谓开放式的大学生思想政治教育模式就是指与开放、多元的社会环境相适应，以保证和推动个人全面自由发展进而推动社会发展和全面进步为目标，通过树立开放包容的教育理念，利用多元有效的教育资源，探索自主互动的教育方式，建立民主平等的师生关系，营造创新和谐的教育氛围，引导大学生树立科学世界观、人生观和价值观，成为适应个体发展和社会需要的高素质专门人才和创新拔尖人才的一种具有理论意义和实践价值的思想政治教育范式。

开放式的大学生思想政治教育是一种包容性的教育。 多样性是自然界和社会发展中的必然现象，面对开放、多元的社会环境，大学生思想政治教育应具备与之相适应的包容性特征，使大学生思想政治教育环境呈现复杂性与选择性有机结合的导向性，教育目标达到普遍性要求与先进性要求有机结合的层次性，教育内容体现主旋律与多样化有机结合的丰富性，教育模式达到共性教育与个性教育有机结合的科学性。

开放式的大学生思想政治教育是一种民主性的教育。 教育是师生双方共同的活动，是在一定的师生关系维系下进行的，这种关系体现在开放式的大学生思想政治教育中的特征就是民主性，师生地位平等，师生关系和谐，教育过程互动，同位主体，教学相长。

---

① 诸凤娟:《论高校思想政治教育开放式模式的构建》,《绍兴文理学院学报》2007 年第 12 期。

开放式的大学生思想政治教育是一种自主性的教育。　自主学习是学习者在总体教学目标的宏观调控下，在教师的指导下，根据自身条件和需要自由地选择学习目标、学习内容、学习方法并通过自我调控的学习活动完成具体学习目标的学习模式。大学生思想政治教育效果的实现，经过大学生自主性地筛选、过滤、选择、接受等内化过程十分关键。相信、尊重、依靠大学生的自我教育能力，充分引导好、发挥好他们自我教育的积极性、主动性与创造性，坚持教育的“外授”与“内练”相结合，动之以情，晓之以理，导之以行，有效内化。

开放式的大学生思想政治教育是一种创新性的教育。　开放不是绝对地自由放任，开放的目的是为了开阔视野、革故除弊、创新发展。传统的大学生思想政治教育带有一定的封闭性，延续以往的东西较多，内容的陈旧性、方法的单一性、手段的落后性、效果的肤浅性等问题很少有突破性的改变。面对开放的社会、开放的世界，大学生无不深深打上时代的烙印。大学生思想政治教育只有立足时代，放眼世界，通过比较鉴别，汲取先进经验，才能创新发展。

二、开放式的大学生思想政治教育质量提升模式的提出

开放性是当代世界的普世性特点，开放是强国富民的必由之路。科学技术是第一生产力，科学技术的飞速发展，缩短了世界人民之间的距离，使世界成为一个开放性的“地球村”。当代世界呈现经济全球化、政治多极化、文化多元化、信息网络化等特点，无一不是建立在科学技术高度发达的基础之上，开放性是当代世界的普世性特点。纵观历史，横看世界，开放是世界经济发展的推动力。世界工业革命之所以发生在英国，有很多原因，但其发达的国外殖民贸易市场和开放性的不列颠社会结构是重要的原因。日本由曾经是封建、封闭与落后的国家成为现代化的资本主义国家，与其从西方引进新思想来推进日本的政治、社会现代化因而具有开放性、世界性不无关系。我国改革开放三十多年的实践经验表明，改革开放是富民强国的必由之路。“改革开放是决定当代中国命运的关键

一招，也是决定实现‘两个100年’奋斗目标、实现中华民族伟大复兴的关键一招。”①改革开放是当代中国的主旋律，是贯穿邓小平理论、“三个代表”重要思想以及科学发展观等重大战略思想的一条主线，也是发展中国特色社会主义的必由之路。

思想政治教育有规律可循，大学生思想政治教育需要开放的境界。思想政治教育规律具有客观性和普遍性，这种客观性和普遍性适用于世界不同国家、不同民族和不同高校。现代意义的高等教育起源于中世纪的欧洲，我国现代意义上的高等教育起源于19世纪末，作为高等教育的后起国家，需要的往往更多的是虚怀若谷的心态、勇气和行动。无论是现代意义的高等教育，还是大学生思想政治教育，我们都是后起者。如果说开放是强国富民之路，那么具备开放的视野、开放的境界、开放的理念、开放的模式，是提升大学生思想政治教育质量的必由之路。世界的开放性决定了高等教育的开放性，开放性的高等教育内在要求大学生思想政治教育具有开放性的特点。与开放性的世界、开放性的高等教育和开放性的大学生需求相适应，构建具有开放性的视野、开放性的理念、开放性的目标、开放性的内容、开放性的手段等特点的现代化的大学生思想政治教育新模式，是提升大学生思想政治教育质量的必然要求，是摆在大学生思想政治教育工作者面前的重要课题。

第二节　构建开放式的大学生思想政治教育质量提升模式的吁求

一、构建开放式的大学生思想政治教育质量提升模式是对传统教育弊端深刻反思的必然结果

新中国成立后特别是改革开放三十多年来，我国大学生思想政治教

① 胡军：《习近平谈“关键一招”抓住发展“牛鼻子”》，《人民日报》2012年12月12日。

育成绩斐然，为培养社会主义事业建设者和接班人做出了巨大贡献，但一定程度上存在着封闭式的教育弊端。一是教育视野的封闭性。总体上存在着思想不够解放，视野不够开放的问题。过于强调“国情不同”、“意识形态不同”、“思想政治工作是我们的优势”等，各种禁区较多，国内同行交流得多，国际间交流得少，思想政治教育教师与其他专业老师相比出国学习考察的机会很少，国外许多思想政治教育方面的前沿信息、先进经验、共性规律不能及时了解和掌握。二是教育内容的封闭性。主要体现在内容价值取向的狭隘性，更多地强调社会政治需要，体现政治性方向，弱化了个体发展需要的主体性方向；内容效能要求的排他性，往往用只有少数先进分子才能达到的先进标准作为唯一标准去教育、要求与衡量所有大学生；对外来的思潮不加分析，过多地批判和否定，甚至视为不可接触的“洪水猛兽”；内容表现形式的单一性，主旋律“丰满”，多样化“骨感”，往往停留在一般性的理论分析和口号式的宣教上，不能就社会重大问题和热点问题进行深入全面、令人信服的阐释。三是教育方法的封闭性。存在着重“灌输”轻“引导”、重“理论”轻“实践”、重“结论”轻“推论”、重“管理”轻“教育”等现象。

封闭式的大学生思想政治教育，造成教育效果往往经不起时间的考验、社会的考验和具体问题的考验，往往是学生一踏入社会，一遇到实际问题，就会困惑和迷茫。培养中国特色社会主义事业建设者和接班人，是高校的根本任务，只有革除弊端，实施开放式的大学生思想政治教育，以开放式的教育理念指导工作，用开放式的教育方法培养学生，用开放式的教育内容武装学生，才能培养具有开放意识、适应开放环境、综合素质较高的合格人才。

二、构建开放式的大学生思想政治教育质量提升模式是适应新时代人才培养环境的必然要求

当今世界是开放的世界，大学生思想政治教育面临开放的国际国内环境，面临多元化的社会思想文化。在国际方面，随着科学的发展、技术

的进步，经济全球化、信息网络化、文化多元化、价值取向多样化趋势日益明显。“当代中国同世界的关系发生了历史性变化，中国的前途命运日益紧密地同世界的前途命运联系在一起。中国发展离不开世界，世界繁荣稳定也离不开中国。”①在开放的国际环境中，各种思想文化交流、交融与交锋更加频繁。高等学校历来是意识形态领域斗争的重要阵地，也是西方敌对势力同我们争夺下一代的斗争前沿。在国内方面，当前我国的开放进入了新的历史时期，整个社会处于改革的攻坚期、发展的关键期、矛盾的凸显期，社会经济成分、组织形式、就业方式、利益关系和分配方式日益多样化。在开放、宽容的社会环境中，历史的和现实的、本土的和外来的、进步的和落后的、积极的和颓废的各种社会思潮相互交织碰撞，深刻地影响着大学生的思想认识和价值取向，他们思想活动的独立性、选择性、多变性和差异性前所未有地凸显出来。

开放性、融合性是当今世界发展的趋势和特点，这种开放的环境是现实、复杂和客观的。1916 年 9 月，辛亥之父孙中山来到浙江海宁盐官观看钱江大潮，回上海后写下了“世界潮流，浩浩荡荡，顺之则昌，逆之则亡”②的名言。纵观世界大势，开放的浪潮势不可当。任何国家都在开放的浪潮中席卷向前，毫无退路。面对世界历史潮流，只有踏浪逐波随潮流而动。反之，必将被潮流淹没窒息而亡！大学生思想政治教育必须适应开放的世界环境、教育环境，探索开放式的教育模式，引导大学生在开放、复杂的国际国内环境当中，牢固树立社会主义核心价值观和共同理想信念，德智体美全面自由发展，成为社会主义事业合格建设者和可靠接班人。

---

① 胡锦涛：《高举中国特色社会主义伟大旗帜，为夺取全面建设小康社会新胜利而奋斗——在中国共产党第十七次全国代表大会上的报告》，《十七大以来重要文献选编》（上），中央文献出版社 2009 年版，第 16 页。

② 转引自徐迅雷：《辛亥革命后孙中山来过浙江四次，两次凭吊秋瑾墓，两次观看钱江潮，留下千古名言：世界潮流，浩浩荡荡，顺之则昌，逆之则亡》，《杭州日报》2011 年 10 月 9 日。

第三节　构建开放式的大学生思想政治教育质量提升模式的路径

一、树立开放式的大学生思想政治教育理念

理念是对某种事物的观点、看法和信念，理念是行动的先导、灵魂，有什么样的教育理念，就有什么样的教育思路、教育模式和教育效果。构建开放式的大学生思想政治教育模式，首先必须树立与之相适应的开放式的教育理念，即：解放思想理念、改革开放理念、民主平等理念、以人为本理念、和谐教育理念等。

解放思想指打破习惯势力和主观偏见的束缚，研究新情况，解决新问题，使思想和实际相符合，使主观和客观相符合。大学生思想政治教育树立解放思想的理念，适应新形势下教育环境和人才培养需要，进一步开放视野，进一步解放思想，有敢创、敢冒的创新精神，探索思想政治教育新路子；改革开放是决定当代中国命运的关键抉择，是发展中国特色社会主义，实现中华民族伟大复兴的必经之路。大学生思想政治教育树立改革开放的理念，放眼世界，吸收借鉴世界一切思想政治教育优秀成果，革除传统大学生思想政治教育中存在的弊端，探索具有中国特色、开放式的大学生思想政治教育新模式；民主是一种国家制度，是“人民的统治”，以多数决定、同时尊重个人与少数人的权利为原则。平等是民主的基本规定性，指大众“一起”以人人“平等”的原则来讨论和解决问题，处理事务。大学生思想政治教育树立民主平等的理念，师生地位平等，关系融洽，交流探讨，教学相长，思想政治教育质量在平等互动中得到提升；以人为本是科学发展观的核心，是党全心全意为人民服务根本宗旨的具体体现。大学生思想政治教育树立以人为本的理念，坚持为了学生、依靠学生和发展学生，在解决学生具体的思想问题的同时，教给学生自主思考、自我判断和自主选择的能力，使教育效果经得起时空考验；和谐一般指和睦协调，是不同

事物间相同相成、相辅相成、相反相成、互助合作、互利互惠、互促互补与共同发展的关系。大学生思想政治教育树立和谐教育理念,教育的目标、内容、方式、方法等各大要素之间实现相互协调与有机统一,形成和谐有效的思想政治教育运行体系,运用和谐的方法来培养和谐发展的人。

二、明确开放式的大学生思想政治教育目标

目标是人们在一定条件和环境下,在预测的基础上,所期望达到的结果。有一定的目的性是人类活动的特点之一,“在社会历史领域内进行活动的,全是具有意识的、经过思虑或凭激情行动的、追求某种目的的人;任何事情的发生都不是没有自觉的意图,没有预期的目的的”①。思想政治教育是党的经济工作和其他一切工作的生命线,是党的优良传统和政治优势,科学而明确的目标是党动员和领导人民取得革命胜利和建设成就的“发动机”。目标明确是大学生思想政治教育的基本前提,没有目标就没有方向和力量,大学生思想政治教育就失去了存在的意义和发展的动力。确定大学生思想政治教育目标的主要依据是党的奋斗目标和大学生的思想实际。开放式的大学生思想政治教育模式,其教育目标必然呈现开放性,即层次性——总目标与具体目标的统一、社会目标与个人目标的和谐。

开放式的大学生思想政治教育目标具有层次性。第一个层次体现是总目标与具体目标的统一。党的最终目标是实现共产主义的社会制度,也是人类社会发展的规律。党的思想政治教育的总目标是使包括大学生在内的社会成员具有社会主义、共产主义思想意识,动员人们为建设社会主义、实现共产主义而奋斗。这一总目标是明确而坚定的,不应因国际共产主义运动处于低潮而彻底抛弃或理直而气不壮。同时还应看到,我国还处在社会主义初级阶段,多种所有制形式、经营形式、分配形式并存。

① 恩格斯:《路德维希·费尔巴哈和德国古典哲学的终结》,《马克思恩格斯选集》第4卷,人民出版社1995年第2版,第247页。

在坚持大学生思想政治教育总目标的前提下，与时俱进地提出大学生思想政治教育的时代性的具体目标，更能有效动员各种力量做好大学生思想政治教育。当前，这个时代性的具体目标应是动员大学生坚信中国特色社会主义理论，坚持社会主义制度，坚定走中国特色社会主义道路。立德树人是教育的根本任务，培养德智体美全面发展的社会主义建设者和接班人是社会主义初级阶段大学生思想政治教育的根本目标。开放式的大学生思想政治教育目标的第二个层次是社会目标与个人目标的和谐。我国大学生思想政治教育目标不应是单一的，而是培养社会主义事业合格建设者和可靠接班人的社会目标和促进大学生自由全面发展的个人目标的有机统一。一是培养社会主义事业合格建设者和可靠接班人，引导学生成为德智体美全面发展，具备科学世界观、人生观和价值观的社会主义事业建设者和接班人，这是当下大学生思想政治教育的社会目标。二是促进大学生全面发展，引导大学生学会学习，学会生活，成为合格大学生；学会做人，成为文明修养，人际关系良好，国家民族意识、社会公民意识、民主法治意识较强，具备社会主义道德观和共同理想的合格公民，这是面向全体大学生的思想政治教育基本目标。开放式的大学生思想政治教育目标，能够从实际出发，区分不同层次，有针对性地开展教育，增强吸引力、说服力和实效性。

三、充实开放式的大学生思想政治教育内容

思想政治教育内容蕴含着意识形态、价值取向、思想观念和道德品质等，是对教育对象施加影响、实现教育目标的最重要载体。没有教育内容，思想政治教育就无以实施。教育内容的科学性是提升教育质量的根本保证。思想政治教育内容具有科学性、丰富性、时代性和层次性等特点。思想政治教育本身是一门科学，要求其教育内容具有科学性；思想政治教育目标的层次性，内在地规定了思想政治教育内容的丰富性；形势的发展和教育对象的需求，要求思想政治教育内容具有时代性，不断充实和发展，及时回答人们在现实生活中最关心的思想问题；教育对象需求的差

异性和思想政治教育目标的层次性,决定了思想政治教育内容具有层次性。2004年,中共中央国务院发出了《关于进一步加强和改进大学生思想政治教育的意见》,这是指导我国大学生思想政治教育工作的纲领性文件,明确了对今后一个时期加强和改进大学生思想政治教育的主要任务:以理想信念教育为核心,深入进行树立正确的世界观、人生观和价值观教育;以爱国主义教育为重点,深入进行弘扬和培育民族精神教育,并把民族精神教育与以改革创新为核心的时代精神教育结合起来;以基本道德规范为基础,深入进行公民道德教育。以大学生全面发展为目标,深入进行素质教育,促进大学生思想道德素质、科学文化素质和健康素质协调发展,引导大学生勤于学习、善于创造、甘于奉献,成为有理想、有道德、有文化、有纪律的社会主义新人。大学生思想政治教育内容随着时代发展不断与时俱进,但基本内容离不开上述四个方面。开放式的大学生思想政治教育,内在要求其教育内容具有开放性。开放性的大学生思想政治教育内容,除具备科学性、丰富性、时代性和层次性等特点外,最显著的特征是具有开放性,即思想政治教育内容经得住时空的检验和比较中的考验,是开放的、多样的与持久的,而不是封闭的、一元的和短期的。

开放式的大学生思想政治教育内容是开放的和“自信的”。开放性是当今世界的显著特点,大学生思想政治教育内容应有海纳百川的胸怀,充分汲取人类文明的一切优秀成果,同时剔除那些不利于大学生健康成长成才的糟粕。开放式的大学生思想政治教育内容是多样性和主导性的统一。世界本质上是多元的,文化层次较高的大学生的精神需求也是复合的,这就要求大学生思想政治教育内容在坚持丰富性和多样性的同时,以社会主义核心价值体系引领教育内容,做到弘扬主旋律与提倡多样化的有机结合。开放式的大学生思想政治教育内容在比较中体现科学性。教育内容的科学性是大学生思想政治教育的本质要求,当代大学生不仅要求思想政治教育内容具有科学性,而且要求这种科学性是在比较中鉴别出的自然结论,而不是教育者生硬灌输既定结论。在宣传大学生思想政治教育主要内容、核心价值的同时,不妨适当介绍一些具有显著特点的社会思潮和理论流派,让真理在千锤百炼中升华为大学生的自觉认知。开放式的大学生思想政治教育内容经得起考验才能持久。大学生思想政治教育内容具有海纳百川的开放性、核心价值主导中的多样化、比较鉴别中的科学性,并因此而具有持久性,经得起时空变化的检验、曲折发展的考验和比较鉴别的验证。

四、探索开放式的大学生思想政治教育方法

方法一般指为达到某种目的而采取的途径、步骤和手段等。所谓大学生思想政治教育方法,是根据大学生思想政治教育的根本目的和任务、方针和原则,对大学生进行思想政治教育所采取的一系列思维和实践活动的根本方式。思想政治教育本身就是解决思想问题的方法,毛泽东曾形象地将工作比喻成过河,把方法比喻成桥或船,没有桥和船过不了河,没有方法就做不好工作。"我们不但要提出任务,而且要解决完成任务的方法问题。我们的任务是过河,但是没有桥或没有船就不能过。不解决桥或船的问题,过河就是一句空话。不解决方法问题,任务也只是瞎说一顿。"[①]何谓开放式的大学生思想政治教育方法?清华大学前校长蒋南翔先生曾说:学校既要给学生干粮,还要给学生猎枪。著名教育家叶圣陶认为:教是为了不需要教。大学生在校期间乃至踏上社会后会遇到各种现实问题,产生各种思想困惑,教育工作者不可能也没有必要解决大学生的所有具体的思想问题,必须建立一种培养提高大学生分析、解决思想问题能力的长效机制。开放式的大学生思想政治教育方法,是教给大学生"方法"的方法,是注重教给大学生"选择"的方法,既授之以"鱼",更授之以"渔"。

在开放的社会环境面前,大学生思想政治教育要"干粮"和"猎枪"一样不能少。开放式的大学生思想政治教育方法,一方面要教给学生科学

---

① 毛泽东:《关心群众生活,注意工作方法》,《毛泽东选集》第1卷,人民出版社1991年第2版,第139页。

的方法论。方法论是指导人们认识世界和改造世界的根本方法的系统化、理论化学说或理论体系。马克思主义哲学是唯物论、辩证法和认识论的有机统一,是科学的世界观和方法论,为人们提供了认识、分析和解决问题的立场、观点和方法。大学生马克思主义基本原理课程建设只能加强不能削弱,关键是要在提高吸引力、感染力和说服力上下工夫,使大学生愿意学,入耳入心。二是在具体工作中教给大学生解决具体问题的方法。大学生思想政治教育工作者在解决他们一些具体的实际问题的同时,探索启发式、交流式教育模式,变教学生"结论"为教学生"方法"的教育方法观上来,彻底解决大学生思想政治教育校内与校外、理论与实践、灌输与内化、主导性与多样性相脱节等问题。对社会上一些主要的理论观点、社会思潮不能片面地一概进行"屏蔽",事实上也"屏蔽"不了,有选择、有重点地进行剖析,引导大学生明白什么是科学的、正确的,什么是非科学的、错误的,增强免疫力。对大学生关注的热点、重点和难点问题,科学地进行解惑释疑,教育、引导大学生能够正确地认识社会现实,增强判断鉴别力。通过对这些问题的剖析,教育引导大学生学会辩证认识问题的立场、观点和方法。

五、建立开放式的大学生思想政治教育评价体系

"所谓思想政治教育评价,就是根据我国思想政治教育的社会主义性质和要求,通过系统地搜集资料和对资料的定性和定量分析,对思想政治教育活动过程及其效果做出的价值判断,以促进思想政治工作的改革和完善的一种方法。"①"思想政治教育评价体系,是由反映思想政治教育效果的若干个既相互区别又相互联系的评价项目和评价标准指标构成的有机结构体。"②立德树人是教育的根本任务。大学生思想政治教育目标

① 王茂盛、邵莉莉:《思想政治教育评价的科学内涵及特征》,《学校党建与思想教育》2002 年第 21 期。

② 李春华:《论构建现代思想政治教育评价体系的基本原则》,《学校党建与思想教育》2011 年第 11 期。

体现了社会对高等教育的政治发展要求，反映了高等教育的社会主义办学方向，直接关系到高等教育培养什么人、如何培养人的核心问题。大学生思想政治教育质量如何，一定程度上决定着我国高校为社会培养和造就什么样的人才、培养的人才能否担当起国家富强与民族复兴的历史重任。对大学生思想政治教育进行科学评价，有利于总结经验、发扬优势、激励先进、找出差距、克服不足，有利于进一步提升大学生思想政治教育质量，更好地发挥大学生思想政治教育在人才培养中的首要地位和基础作用。与开放式的大学生思想政治教育模式相适应，大学生思想政治教育的评价体系也应是开放式的。

大学生思想政治教育评价体系的内容可有多个分类：对思想政治教育工作的评价，对思想政治教育部门的评价，对思想政治教育过程的评价，对思想政治教育效果的评价等。为了阐述方便，这里只从效果的角度探讨大学生思想政治教育评价体系。开放式的大学生思想政治教育评价体系是科学的、多层面的和可操作的，有利于提升大学生思想政治教育的质量。开放式的大学生思想政治教育评价体系可以分三个层次：第一个层次，思想政治教育基本内容掌握得如何？这是知识性评价，也是基础性评价，因为没有理论思想支撑的行为是不自觉、不长久的。第二个层次，思想政治教育内容践行得如何？这是实践性评价，是重点的关键性评价，知行统一是思想政治教育的重要原则。第三个层次，作为受教育者的大学生能否在开放、复杂、多变的社会时空中，通过自已的认识、分析，作出科学判断，采取正确选择，解决自身的理想信念问题，世界观、人生观、价值观问题，以及学习、工作、生活中的各种困难和问题，这是能力性评价，是理想的终极性评价。这三个层次的评价是大学生思想政治教育效果科学评价体系的三个不同层面，是统一的、递进的关系，是完整的、科学的评价体系的组成部分。对大学生思想政治教育效果的评价要三个层次兼顾，并逐步从第一层次向第二层次过渡，最高目标是达到第三层次。

六、构建开放式的大学生思想政治教育和谐师生关系

思想政治教育中的师生关系是指教育者和被教育者在教育活动中的相互关系，包括彼此所处的地位、作用和相互对待的态度。法国教育社会学家埃米尔·涂尔干指出："教育的成功取决于教师，然而教育的不成功也取决于教师。"①思想政治教育活动是师生双方共同的活动，是在一定的师生关系维系下进行的。良好的师生关系对增强大学生思想政治教育效果至关重要，也是开放式的大学生思想政治教育模式的应有内涵。构建开放式的大学生思想政治教育模式，内在要求师生关系是和谐的。和谐是当下的一个热词，和谐是对立事物之间在一定的条件下、具体、动态、相对和辩证的统一，是不同事物之间相同相成、相辅相成、相反相成、互助合作、互利互惠、互促互补、共同发展的关系，这是辩证唯物主义和谐观的基本观点。在和谐的师生关系中，教师和学生在人格上是平等的、在交互活动中是民主的、在相处的氛围上是融洽的，其核心是师生心理相容，心灵相通。体现在：一方面，学生在与教师相互尊重、合作、信任中全面发展自己，获得成就感与生命价值的体验，获得人际关系的积极实践，逐步完成自由个性和健康人格的确立；另一方面，教师通过教育教学活动，让每个学生都能感受到自主的尊严，感受到心灵成长的愉悦。和谐的师生关系，是大学生思想政治教育质量提升的内在的、必然的要求。师生关系处于平等、信任、理解的和谐状态，它所营造的和谐、愉悦的教育氛围必然会产生良好的教育效果。

构建大学生思想政治教育和谐的师生关系，应落实到平等、民主、互动、融洽四个方面，即在大学生思想政治教育过程中，师生在人格上是平等的、在交互活动中是民主的、在教育过程中是互动的、在相处的氛围上是融洽的。开放的师生关系，是民主、平等的关系。大学生思想政治教育"情"字当头，充满感情地去做，以情感人，以理服人，入情入理，情理交融。这个情通过相互尊重、民主平等的师生关系来实现。高等教育的根

① 转引自眭依凡：《大学如何培养创新型人才》，《江西日报》2007年3月12日。

本任务要求思想政治教育坚持以学生为本，教育者与被教育者双方是主导与主体的关系，也是民主的、平等的关系。教师在思想政治教育过程中理解、尊重和信任学生，心灵相通，心心相印。只有与大学生产生感情上的共鸣，以民主、平等的方式教育学生，才能进入思想政治教育的最佳境界。开放的师生关系，是互动、和谐的关系。信息时代的到来，使传统封闭的、单向灌输的教育模式变成开放式的、互动型的教育模式。在思想政治教育过程中，教师有计划、有目的和有针对性地指导学生，教育引导他们全面自由发展，学生也能发表自己的意见、坚持自己的主张，双方在相互交流、相互探讨的过程中，实现同位主体，教学相长。

七、与时俱进实现大学生思想政治教育的现代化

改革开放是实现中华民族伟大复兴的必由之路。开放性和现代化是提升大学生思想政治教育质量的必然要求，大学生思想政治教育在开放中实现现代化。我国经济社会发展进入了结构转型期、改革攻坚期、发展关键期和矛盾凸显期，社会主义现代化建设的伟大实践不断向思想政治教育提出新的问题和新的要求，迫切需要思想政治教育能够担负起时代的重任，与时俱进服务于社会主义现代化建设。大学生思想政治教育与时代接轨、与现代化同步，是社会主义现代化建设对高等教育提出的必然要求，是开放式的大学生思想政治教育的内在要求，也是大学生思想政治教育与时俱进、提升质量的必由之路。从词义上理解，“现代”是指现在这个时代；“化”加在名词或形容词之后构成动词，表示转变成某种性质或状态；“现代化”是使事物具有现在这个时代的特征和水平的过程和目标。大学生思想政治教育现代化是社会现代化的重要组成部分。“现代化是一个多方面的进程，它涉及人类思想和活动的所有领域中的变化。”①大学生思想政治教育现代化是大学生思想政治教育由传统模式向

① ［美］萨缪尔·亨廷顿：《变动中的政治秩序》，王冠华等译，上海译文出版社 1989 年版，第 35 页。

与现代社会相适应的现代性转向的过程和目标。作为过程,首要标志是用现代先进思想指导大学生思想政治教育,将现代科学技术运用于大学生思想政治教育过程,增强大学生思想政治教育的先进性,提高科技含量,提升教育质量。作为目标,指以现代世界先进的思想政治教育为参照系的大学生思想政治教育视野和理念、内容与方法、评价及效果。大学生思想政治教育现代化具有如下基本特征:一是先进性。将当代先进的思想理念、教育内容和科技手段等运用于思想政治教育,符合思想教育规律,体现时代教育特点,代表着当代大学生思想政治教育的先进水平。二是开放性。当今世界是开放性的,大学生思想政治教育现代化是以开放的视野、世界的范畴、时代的背景作为参照系。三是时代性。大学生是思维最为活跃、接受新生事物最为迅速的社会群体,其思想活动和行为方式呈现鲜明的时代特征,必须用时代的眼光来审视大学生,使大学生思想政治教育体现时代性,富于创造性。四是科学性。大学生思想政治教育现代化不仅具有所处时代的表面印迹,更富有反映时代特点、符合客观规律的深刻内涵,科学性是大学生思想政治教育现代化的题中应有之义。五是实效性。大学生思想政治教育现代化以其全方位的先进性、视阈认知的开放性、贴近当下的时代性、符合规律的科学性而更富有吸引力和感染力,更具有针对性和实效性。

实现大学生思想政治教育的现代化重在三个层面:建设专业化的教育队伍、充实时代性的教育内容、采取现代化的教育手段。首先是建设专业化的教师队伍。在角色定位上坚持职业化方向,在知识要求上坚持专业化标准。从社会分工来看,大学生思想政治教育是一项具有基本理论和专业技术要求的专门化职业,大学生思想政治教育现代化需要有一批以思想政治教育为职业、进行专业化思想政治教育的专门队伍,作为大学生思想政治教育教师的主体。目前,我国大学生思想政治教育队伍的从业标准、准入制度、考核机制还需进一步完善,教育者的职业精神、职业标准和职业道德还需从职业化的标准来进一步培养、规范和提升。专业化是指某项工作由专门人员经过专业培训,进而专门从事某项工作并不断提高的过程。大学生思想政治教育者应具备较强的思想政治教育学、教育学、心理学、管理学、历史学、职业咨询等相应的专业背景，同时对党的路线、方针和政策有着较为深刻的认识和理解，有较高的理论政策水平和实际应用能力，在大学生思想困惑、心理障碍、人际交往、专业学习、职业规划等问题上予以专业化的正确引导。以思想政治教育学科建设为依托，培养思想政治教育专门人才是大学生思想政治教育现代化的重要举措。其次是充实时代性的教育内容。坚持“三个面向”、“三个贴近”和“一个突出”。坚持“三个面向”，即面向现代化、面向世界和面向未来。大学生思想政治教育内容面向现代化，充分体现当代马克思主义中国化、时代化和大众化的最新理论成果，解答社会主义初级阶段和现代化建设中遇到的各种实际问题。大学生思想政治教育内容面向世界，在坚持社会主义核心价值导向的前提下，向大学生适当介绍人类文明创造的优秀成果，在全球视野中保持思想政治教育内容的不断更新和持久生命力。大学生思想政治教育内容面向未来，坚持前瞻性和先导性原则，用先进的理论、思想和观念教育大学生，为他们全面自由发展提供有效指导。坚持“三个贴近”，即贴近思想、贴近学习和贴近生活。大学生思想政治教育内容贴近思想，即贴近大学生关切的热点、难点和重点问题，解惑释疑，同频共振，为大学生所关注，才能产生效果。大学生思想政治教育内容贴近学习，即贴近大学生的根本任务开展成才教育，引导大学生解决好学习目的、方法和效果等方面问题。大学生思想政治教育内容贴近生活，即从大学生日常的经济、交往、情感和心理等方面实际问题入手，帮助他们排忧解难，充分体现人文关怀，进而解决因此类问题带来的思想问题。坚持“一个突出”，就是突出社会主义核心价值体系的引领作用。“社会主义核心价值体系是兴国之魂，是社会主义先进文化的精髓，决定着中国特色社会主义发展方向。”①当下，大学生思想政治教育充实时代性的教育内

---

① 《中共中央关于深化文化体制改革推动社会主义文化大发展大繁荣若干重大问题的决定》，《人民日报》2011 年 10 月 26 日。

容,应突出社会主义核心价值体系教育,用社会主义核心价值体系引领大学生思想政治教育,在大学生中形成共同理想信念、强大精神力量和基本道德规范。再次是采取现代化的教育手段。思想政治教育手段的现代化“就是结合我国国情,吸取他国经验,不断地用现代科学技术武装、改造教育信息的传播载体,以实现教育方法的最优化”①。现代科学技术的迅猛发展,为大学生思想政治教育现代化提供了现实条件和更高要求,尤其信息技术的发展带来了经济、社会多层面、宽领域的变革,改变、丰富了大学生获取信息的渠道,深刻影响着大学生的思想观念、认知水平和行为方式。作为现代科技的标志性成果的互联网已成为大学生获取信息最重要的渠道之一,如果大学生思想政治教育不主动去占领网络新阵地,控制制高点,其吸引力、感染力和针对性、实效性将大打折扣。大学生思想政治教育现代化,应充分利用互联网技术,以 3G、QQ 和微博等现代传媒为教育平台,增强与大学生进行思想交流、感情交融的机会,引导他们利用现代科技成果学习、工作和生活的同时,学会面对纷繁复杂的网络信息、社会思潮和多元文化,头脑清醒,辨证思考,辩明方向,理性行动。

---

① 袁辉:《思想政治教育现代化》,《太原城市职业技术学院学报》2011 年第 3 期。

第十章　和谐型的大学生思想政治教育质量提升模式

“和谐”是当代社会的热词。社会和谐是中国特色社会主义的本质属性。中共十六届四中全会第一次鲜明地提出和阐述了“构建社会主义和谐社会”这个科学命题,并把它作为加强党的执政能力建设的五项任务之一。中共“十八大”报告先后 33 次提到“和谐”这一概念,并把建成富强、民主、文明、和谐的社会主义现代化国家作为新中国成立一百年时的奋斗目标。党中央提出构建社会主义和谐社会的战略任务,这是对建设中国特色社会主义的新认识,是党执政理念的重大发展和提升,不仅对指导我国经济社会协调发展具有十分重要的意义,也为大学生思想政治教育创新发展提供了全新视野。用和谐理念引领大学生思想政治教育创新,构建和谐型的大学生思想政治教育模式,是加强和改进大学生思想政治教育的时代课题。

第一节　和谐型的大学生思想政治教育质量提升模式的内涵

一、和谐型的大学生思想政治教育质量提升模式的内涵

“和谐”是中国传统文化的精华。《辞海》对“和谐”一词的解释是“协调”,《现代汉语词典》对“和谐”一词的解释是“配合得适当和匀称”。

和谐思想在我国古代典籍中早有阐述,《左传》"襄公十一年"有:"八年之中,九合诸侯,如乐之和,无所不谐。"《晋书》"挚虞传"讲:"施之金合,则音韵和谐。"《论语·学而》中孔子弟子有若说:"礼之用,和为贵。"孟子认为:"天时不如地利,地利不如人和。"这些论述都强调了和谐的思想内涵与至上地位。我国古代的和谐思想强调各方面的协调,并不是指各方面的完全一致,而是指各方"和而不同"。孔子《论语·子路》中说:"君子和而不同。"和谐以共生共长,不同以相辅相成,这种和谐和包容,体现的是中华文化"海纳百川,有容乃大"的博大胸怀。我国古人将"和谐"作为处理人天、人际、身心等关系的理想范式,成为中国文化思想的普遍原理,影响着中华民族的思维方式、心理结构、价值选择、审美情趣、伦理道德和行为特征,成为中国人民自古以来处理人际关系和民族关系的基本价值取向,对中国现代文化的影响是一脉相承,与时俱进。和谐是对立事物之间在一定的条件下、具体、动态、相对、辩证的统一,是不同事物之间相同相成、相辅相成、相反相成、互助合作、互利互惠、互促互补、共同发展的关系。这是辩证唯物主义和谐观的基本观点。

刘龙洲在硕士学位论文《大学生思想政治教育模式研究》中讲道:"大学生思想政治教育模式是指在一定思想政治教育理论指导下,根据大学生思想政治教育现实需要所设计和构建起来的教育目标、内容、方式、方法、手段、结构等方面的综合性理论模型和实践范式。"和谐型的大学生思想政治教育模式,就是将和谐理念融入大学生思想政治教育的目标、内容、方式、方法、手段和结构等,使大学生思想政治教育的诸多因素和整体结构、局部环节和全局工作呈现协调顺畅的状态与特征,教育的感染力和说服力、针对性和实效性更加强大,教育质量得到进一步提升的教育理论模型和实践范式。"我们所要建设的社会主义和谐社会,应该是民主法治、公平正义、诚信友爱、充满活力、安定有序、人与自然和谐相处的社会。"①和谐型

① 胡锦涛:《在省部级主要领导干部提高构建和谐社会能力专题研讨班开班式上的讲话》,《光明日报》2005年2月20日。

的大学生思想政治教育模式，应该具有平等性、民主性、审美性、互动性、层次性与协调性等特点。大学生思想政治教育的平等性，指教师与大学生在地位、人格、诉求等方面是平等的，通过平等的对话、交流、讨论达到思想政治教育的效果；大学生思想政治教育的民主性，指在思想政治教育过程中贯彻民主的原则和运用民主的方法，引导大学生的思想和行为向健康正确的方向转化；大学生思想政治教育的审美性，指在教育过程中依据美学原则，加入美学因子，运用美学方法，使思想政治教育行云流水、入耳入心；大学生思想政治教育的互动性，指在思想政治教育过程中大学生的主体性和教师的主导性都得到充分尊重，达到交流探讨、教学相长、相得益彰的教育效果；大学生思想政治教育的层次性，指运用因材施教的原则，对不同类型的大学生确定并采取相应的教育目标、内容、方法和手段等，使不同层次的大学生皆得到有针对性的思想政治教育，实现大学生人性的全面发展和能力的全面提升；大学生思想政治教育的协调性，指对教师与大学生、教育目标、教育内容和具体措施等组成要素、运行机制及教育系统本身进行优化，充分发挥思想政治教育的整体功能，形成强大合力，提升教育质量。和谐型的大学生思想政治教育模式是平等性、民主性、审美性、互动性、层次性与协调性等的有机统一，是效率高、质量好、运行流畅的一种思想政治教育理论模型和实践范式。

二、和谐型的大学生思想政治教育质量提升模式的提出

大学生思想政治教育具有时代性，和谐型的大学生思想政治教育模式是伴随社会主义和谐社会的提出与建设应运而生。社会主义和谐社会的提出，是建立在对中国优秀传统文化的深刻领会和当代中国建设发展深刻把握的基础之上。中共十六届四中全会第一次鲜明地提出和阐述了“构建社会主义和谐社会”这个科学命题。2005 年 2 月 19 日，党中央举办和谐社会高级干部专题研讨班，时任党的总书记胡锦涛作了重要讲话。2005 年 2 月 21 日，中央政治局组织第二十次集中学习，重点研究和谐社会的问题。六十多位专家走进中南海讲课。2005 年 3 月，全国人大第三

次会议上，时任国务院总理温家宝围绕树立科学发展观与构建和谐社会作了重要讲话，要求各级党委政府加强和改善对构建和谐社会各项工作的领导，把指导构建社会主义和谐社会摆在全局工作的重要位置，建立有效的领导体制和工作机制，认真研究解决重大问题和突出问题，不断认识和把握新形势下和谐社会建设的特点和规律。建设社会主义和谐社会成为党领导人民谋福祉的行动目标。中共“十七大”报告指出：“深入贯彻落实科学发展观，要求我们积极构建社会主义和谐社会。社会和谐是中国特色社会主义的本质属性。科学发展和社会和谐是内在统一的。没有科学发展就没有社会和谐，没有社会和谐也难以实现科学发展。构建社会主义和谐社会是贯穿中国特色社会主义事业全过程的长期历史任务，是在发展的基础上正确处理各种社会矛盾的历史过程和社会结果。”①中共“十八大”提出：“中国特色社会主义道路，就是在中国共产党领导下，立足基本国情，以经济建设为中心，坚持四项基本原则，坚持改革开放，解放和发展社会生产力，建设社会主义市场经济、社会主义民主政治、社会主义先进文化、社会主义和谐社会、社会主义生态文明，促进人的全面发展，逐步实现全体人民共同富裕，建设富强、民主、文明、和谐的社会主义现代化国家。”②作为建设中国特色社会主义总体布局之一，社会主义和谐社会是全方位、立体化、全局性的和谐，和谐型的大学生思想政治教育模式的提出，是建设社会主义和谐社会对大学生思想政治教育的客观要求。

大学生思想政治教育具有与时俱进的品格，和谐型的大学生思想政治教育模式既反映了时代变革的主题，也是自身创新发展的内在要求。构建社会主义和谐社会是党在新的历史时期的重大战略任务，和谐已经

① 胡锦涛：《高举中国特色社会主义伟大旗帜，为夺取全面建设小康社会新胜利而奋斗——在中国共产党第十七次全国代表大会上的报告》，《人民日报》2007 年 10 月 25 日。

② 胡锦涛：《坚定不移沿着中国特色社会主义道路前进，为全面建成小康社会而奋斗——在中国共产党第十八次全国代表大会上的报告》，《人民日报》2012 年 11 月 18 日。

成为时代发展的主旋律。党提出构建社会主义和谐社会,既是对自己执政经验的总结,也是对国外一些执政党执政经验和教训的借鉴。社会主义制度决定了不能允许不公平现象的长期存在。构建社会主义和谐社会是对中国传统和谐理念的继承与发展,其中也蕴含着民主和法治思想。构建社会主义和谐社会,开辟了中国特色社会主义的新境界。构建和谐型的大学生思想政治教育模式,是大学生思想政治教育贯彻落实科学发展观的必然要求,是社会主义和谐社会在大学生思想政治教育领域的具体体现。适时提出并构建和谐型的大学生思想政治教育模式,是大学生思想政治教育体现时代性,富于创造性,与时俱进的必然结果。和谐是思想政治教育的内在品质和内在要求,当前大学生思想政治教育还存在着与社会主义和谐社会要求不相称的"不和谐音":思想政治教育目标理想化,缺少层次性,往往将只有先进分子才能达到的目标,却要求所有大学生普遍达到;思想政治教育内容空泛化,缺少针对性,往往不区分对象,千篇一律,使不少大学生难以理解、内化;思想政治教育方式简单化,缺少多样性,往往外部灌输的多、自我修炼的少,知识说教的多、实践体验的少,抽象化的规范多、个性化的指导少,强制性的管教多、人性化的教育少。这些"不和谐"的问题不解决,和谐型的大学生思想政治教育模式就难以构建,就会影响德才兼备合格人才的培养和社会主义和谐社会的建设。

第二节　和谐型的大学生思想政治教育质量提升模式的吁求

一、和谐型的大学生思想政治教育质量提升模式,是构建社会主义和谐社会的内在要求

加强和改进大学生思想政治教育,培养全面、自由发展的人才,是构建社会主义和谐社会的题中应有之义。和谐社会是指人的自身、人与社会、人与自然全面和谐的社会。在这三对和谐关系中,人自身的和谐是核

心，只有以人自身的和谐为前提，才能实现人与自然、人与社会的和谐；同时，人自身的和谐又是人与自然、社会和谐的产物，人与自然、社会的和谐根本目的是要促进人的全面和谐发展。为了人、依靠人、发展人是和谐社会的本质，应当成为建设和谐社会的核心文化与价值取向。大学生思想政治教育的主要任务，就是深入进行理想信念教育、爱国主义教育、基本道德规范教育和素质教育，根本目的是培养德智体美和谐发展的社会主义事业建设者和接班人，这与构建社会主义和谐社会在本质上是一致的。社会主义和谐社会是民主法治、公平正义、诚信友爱、充满活力、安定有序、人与自然和谐相处的社会。大学生思想政治教育就应引导大学生树立民主法治观念、公平正义观念、诚信友爱观念、人与自然和谐观念，把他们培养成为国家需要的栋梁之才，担负起建设公平、正义、和谐社会这一光荣而艰巨的历史使命。

我国经济社会发展处于攻坚阶段，构建社会主义和谐社会，需要大学生思想政治教育提供思想保证、精神动力和智力支持。我国正处于“发展黄金期”和“矛盾凸显期”。历史发展进程表明，人均 GDP 在 1000 美元到 3000 美元之间的发展阶段，往往是一个国家经济社会发展的黄金期，也是矛盾凸显期。随着社会主义市场经济的深入发展，我国经济社会生活发生了深刻变化，社会经济成分、组织形式、就业渠道、利益关系和分配方式日益多样化，社会利益关系更为复杂，需要卓有成效的思想政治教育化解各种矛盾，确保社会稳定和谐发展。在这样一个时期，当代大学生承受的学业、心理、就业等方面的压力巨大，极易出现发展不和谐的情况，而大学生作为国家高层次的人力资源，他们的稳定和谐发展，对全社会的稳定和谐发展具有举足轻重的影响。必须加强和改进大学生思想政治教育，构建和谐型的大学生思想政治教育模式，促进大学生的全面自由和谐发展，为建设社会主义和谐社会培养合格人才。

二、社会主义和谐社会为构建和谐型的大学生思想政治教育质量提升模式提供了全新视野

构建社会主义和谐社会，为加强和改进大学生思想政治教育，培养社会主义事业建设者和接班人提供了全新的背景、要求和视野。大学生思想政治教育创新发展，就要全面融入和谐理念，构建和谐型的大学生思想政治教育模式。

坚持以人为本的理念。　和谐社会带给我们一个全新的理念就是坚持以人为本。从全国的宏观层面来说，以人为本就是以实现人的全面发展为目标，从人民群众的根本利益出发谋发展、促发展，不断满足人民群众日益增长的物质文化需要，切实保障人民群众的经济、政治和文化权益，让发展的成果惠及全体人民。① 从大学生思想政治教育的层面来说，以人为本就是以学生为本，从大学生的实际出发，尊重大学生的主体地位，维护大学生的根本利益，以卓有成效的思想政治教育促进大学生的全面自由和谐发展。

坚持学生主体的理念。　教育只有通过学生的认同、内化才能转化为学生的自主意识和自觉行动。和谐社会条件下的大学生思想政治教育必须充分尊重大学生的主体地位，切实发挥大学生的主体作用，将大学生作为能动的、自主的、独立的个体，尊重他们的独立人格、自身价值和思想感情；塑造学生主体属性，通过说服教育、示范引导与提供服务，倡导师生相互尊重、平等对话和自由交流，启发大学生内在的思想政治诉求，培养他们的主体意识、自主能力、创造才能；把握好大学生个体内在价值发展的需要，引导他们实现自身价值与社会价值和谐统一。

坚持科学发展观。　科学发展观就是坚持以人为本，全面、协调、可持续的发展观。大学生思想政治教育坚持科学发展观，就是以学生为本，坚持全面发展，促进大学生思想政治素质、科学文化素质和身心健康素质

---

①　参见胡锦涛：《在中央人口资源环境工作座谈会上的讲话》，《人民日报》2004 年 3 月 11 日。

全面发展;坚持协调发展,统筹课内课外思想政治教育,统筹教书育人、管理育人、服务育人,统筹发挥党团组织和学生组织作用,统筹思想政治教育队伍建设,统筹解决学生面临的各种实际问题;坚持可持续发展,紧紧抓住制度建设这个重要环节,建立起既能立足当前,有效解决突出问题,又能着眼长远,保证工作不断推进的领导体制和工作机制。

坚持和谐教育观。 坚持和谐教育观就是用和谐的方法培养人、培养和谐发展的人。人自身的和谐是社会和谐发展的根本前提,构建社会主义和谐社会本身就包括促进人的全面和谐发展。"学校应该永远以此为目标:学生离开学校时是一个和谐的人,而不是一个专家。"①高校培养社会主义事业建设者和接班人,就要把和谐理念融入大学生思想政治教育全过程,使大学生思想政治教育诸要素相互协调、有机统一,培养大学生具有科学的世界观、人生观和价值观,能正确处理个人与自然、社会错综复杂的关系,德智体美各方面素质全面和谐发展。

第三节 构建和谐型的大学生思想政治教育质量提升模式的路径

一首歌曲的完美动听在于它音调、旋律、节奏等的和谐。和谐能产生最佳组合,发挥最佳水平,表现最好效果。以和谐理念引领大学生思想政治教育创新,构建和谐型的大学生思想政治教育模式,就要围绕"和谐"搞创新,通过创新促"和谐",实现大学生思想政治教育目标与原则、内容与形式、方法与手段、渠道与载体全方位的和谐,培养全面和谐发展的人。

一、在思想政治教育目标上坚持层次性的和谐

思想政治教育是目的性很强的教育实践活动,其教育目标具有多样

① 爱因斯坦:《论教育》,《爱因斯坦文集》第3集,商务印书馆1979年版,第289页。

性和层次性。一般按在实施过程中所处的地位、时间、可能性等,思想政治教育目标可分为总目标和分目标、远期目标和近期目标、主要目标和次要目标、社会目标和个人目标、普遍性目标和先进性目标、必须达到的目标和希望达到的目标等。现代管理科学中,有一个"分层目标结构"的概念,意指目标是由总目标到具体目标所构成的一个层次复杂的体系,下一级目标往往是实现上一级目标的手段。和谐型的大学生思想政治教育模式,其各层次教育目标形成有机的统一体。以远期目标和近期目标为例,思想政治教育的远期目标和近期目标是辩证统一的,近期目标应根据远期目标来确定,并服从和服务于远期目标,离开了远期目标,近期目标就会迷失方向。同时,远期目标的实现靠一个个具体的近期目标来完成,只有远期目标而没有近期目标,会使人感到难以实现而失却信心,远期的目标也难以实现。

坚持大学生思想政治教育目标的和谐性,关键在于把握好目标的层次性。确定思想政治教育目标主要依据党的奋斗目标和教育对象的思想实际。实现共产主义的社会制度是党的最终奋斗目标,大学生思想政治教育目标应依据和围绕党的这个最终目标来确定,用共产主义思想教育、动员、引导和激励大学生,激发大学生中的先进分子为实现共产主义社会制度而奋斗,并在奋斗中把自己培养锻炼成为具有高度共产主义觉悟的新人。"要积极引导大学生不断追求更高的目标,使他们中的先进分子树立共产主义的远大理想,确立马克思主义的坚定信念。"①在这一总目标下确定大学生思想政治教育的具体目标。在社会主义初级阶段,我国大学生思想政治教育的主要任务是:以理想信念教育为核心,进行正确的世界观、人生观和价值观教育;以爱国主义为重点,进行弘扬和培育民族精神教育;以基本道德规范为基础,进行公民道德教育;以大学生全面发展为目标,进行素质教育,引导大学生确立在中国共产党领导下走中国特

① 《中共中央国务院关于进一步加强和改进大学生思想政治教育的意见》,《中国教育报》2004年10月26日。

色社会主义道路、实现中华民族伟大复兴的共同理想和坚定信念。根据大学生思想政治教育主要任务和先进性目标,确定近期目标、普遍性目标和个人目标等不同层次的具体目标。大学生思想政治教育的目标,首先是塑造全面、和谐发展的人,在此基础上培养社会主义事业建设者和接班人,培养坚定的马克思主义者,坚持普遍性要求与先进性要求的和谐统一。

二、在思想政治教育原则上坚持诸要素作用的和谐

大学生思想政治教育是一项系统工程,提升大学生思想政治教育质量是思想政治教育诸要素和谐运行、综合作用的结果。尽管这些要素的作用不尽相同,但在大学生思想政治教育过程中的作用不可或缺。加强和改进大学生思想政治教育坚持的基本原则是:坚持教书与育人相结合;坚持教育与自我教育相结合;坚持政治理论教育与实践教育相结合;坚持解决思想问题与解决实际问题相结合;坚持教育与管理相结合;坚持继承传统与改进创新相结合。① 在和谐型的大学生思想政治教育模式框架下,用和谐理念审视大学生思想政治教育的基本原则,无不贯穿、体现和践行着和谐的理念,即教书与育人的和谐、教育与自我教育的和谐、政治理论教育与实践教育的和谐、解决思想问题与解决实际问题的和谐、教育与管理的和谐、继承传统与改进创新的和谐。

坚持教书与育人的和谐。教书是高校传授知识的基本形式,也是育人的主要载体,教书与育人是人才培养的两个重要方面,二者缺一不可。在人才培养过程中,在传授知识的同时,坚持育人为本、德育为先,把思想政治教育摆在首要位置;坚持教育与自我教育的和谐。大学生思想政治教育是双主体参与的教育活动,需要调动双方的主观能动性。既要充分发挥教师、党团组织的教育引导作用,又要充分调动大学生的积极性和主

① 参见《中共中央国务院关于进一步加强和改进大学生思想政治教育的意见》,《中国教育报》2004 年 10 月 26 日。

动性,引导他们自我教育、自我管理、自我服务;坚持政治理论教育与社会实践的和谐。大学生思想政治教育既需要理论灌输,也需要实践体验,二者不可偏废。在大学生思想政治教育过程中,既重视课堂教育,又注重引导大学生深入社会、了解社会、服务社会;坚持解决思想问题与解决实际问题的和谐。大学生诸多思想问题往往是由实际问题引发的,不解决实际问题,由实际问题引发的思想问题难以从根本上解决。大学生思想政治教育既要讲道理又要办实事,既以理服人又以情感人,这样才能增强思想政治教育的实际效果;坚持教育与管理的和谐。学生工作离不开管理,管理也是教育,科学的管理就是有效的教育。大学生思想政治教育应融入学校日常管理之中,在管理中开展教育,在教育中加强管理,建立长效工作机制,使自律与他律、激励与约束有机地结合起来,有效地引导大学生的思想和行为;坚持继承优良传统与改进创新的和谐。与时俱进是大学生思想政治教育的品质,是大学生思想政治教育的生命力所在,和谐型的大学生思想政治教育模式,客观上要求继承优良传统与改进创新的和谐,挖掘、总结、提炼传统大学生思想政治教育的精华,在新的时代中加以发扬光大,同时积极探索大学生思想政治教育的新途径、新办法,体现时代性,把握规律性,富于创造性,增强实效性。

三、在思想政治教育内容上坚持稳定性与创新性的和谐

大学生思想政治教育是一门科学,其教育内容具有一定的系统性、稳定性。大学生思想政治教育长远目标明确,要求其教育内容必然是相对系统、稳定。作为思想政治教育学的重要组成部分,大学生思想政治教育的系统内容主要是世界观、政治观、人生观、道德观和法治观教育等相互联系、相互渗透和相辅相成的五个方面。中共中央国务院《关于进一步加强和改进大学生思想政治教育的意见》从四个方面明确了加强和改进大学生思想政治教育的主要任务。与时俱进是大学生思想政治教育的品质,内在要求大学生思想政治教育的内容与时代同步。大学生思想政治教育内容是系统性、稳定性与开放性、创新性的和谐统一。没有教育内容

的系统性、稳定性，大学生思想政治教育就不能称其为一门科学，在教育过程中就会缺少“主心骨”和“定心丸”，大学生思想政治教育的说服力和实效性就会大大削弱。没有开放性和创新性，大学生思想政治教育就会因内容的陈旧、僵化而失去吸引力和感染力。

大学生思想政治教育内容稳定性与创新性的和谐，必须用科学精神规划大学生思想政治教育的内容体系。坚持以理想信念教育为核心、以爱国主义教育为重点、以基本道德规范教育为基础、以大学生全面发展为目标的和谐统一，坚持思想政治素质、科学文化素质与身心健康素质的和谐统一，坚持科学精神与人文素养的和谐统一。在坚持大学生思想政治教育内容系统性、稳定性的基础上，坚持与时俱进，与时代发展接轨。社会主义初级阶段和社会主义市场经济，这是我们的基本国情，大学生思想政治教育内容必须面对社会实际，既有理论知识的传授，也有社会实际的剖析，既宣讲“真、善、美”，也剖析“假、恶、丑”，摒弃“假、大、空”，提倡“真、活、实”，解决大学生思想政治教育与社会实际“两张皮”现象。“社会主义核心价值体系是兴国之魂，决定着中国特色社会主义发展方向。要深入开展社会主义核心价值体系学习教育，用社会主义核心价值体系引领社会思潮、凝聚社会共识。”①社会主义核心价值体系是大学生思想政治教育系统内容中的核心内容，是大学生思想政治教育内容与时俱进的具体体现。

四、在思想政治教育方式上坚持隐性教育与显性教育的和谐

形式是指事物的样子或构造。逆反心理是人们彼此之间为了维护自尊，而对对方的要求采取相反的态度和言行的一种心理状态。大学生正处于人生的第二次逆反期，“第二次逆反是指第二生命形态成长接近基本完成，逻辑思维丰富成长任务基本完成后，当逐步转化为以逻辑思维成

① 胡锦涛：《坚定不移沿着中国特色社会主义道路前进，为全面建成小康社会而奋斗——在中国共产党第十八次全国代表大会上的报告》，《人民日报》2012 年 11 月 18 日。

长补充为主要任务的成长过程时，其通过第一生命形态呈现出较之前更为积极主动的成长自觉性驱使下的不同于之前的外在表现现象”①。根据大学生的这一特点，和谐型的大学生思想政治教育模式要求其教育形式做到显性教育与隐性教育的和谐，适宜显性的则显性，适宜隐性的则隐性，显性教育与隐性教育各得其所，相得益彰。

传统思想政治教育往往强调正面灌输，表现为内容上突出主旋律、形式上展示大场面等“显性”的方式。随着社会主义市场经济的发展、高教体制改革的深入和大学生主体意识的增强，单纯的“显性”方式极易使大学生产生“审美疲劳”，思想政治教育效果往往不佳，而日常制度规范、师德垂范、集体活动、校园文化等方面以潜在的、渗透的方式作用于每一位大学生，影响着他们世界观、人生观和价值观的形成，这种间接传递给大学生教育信息的方式，是“隐性”的思想政治教育方式。“隐性”的思想政治教育方式的优势在于它的隐蔽性，耳濡目染、潜移默化、春风化雨、润物无声，更容易被大学生所接受。“高等学校思想政治理论课是大学生思想政治教育的主渠道。”②在充分发挥主渠道“显性”教育作用的同时，大力开展“隐性”教育，寓思想政治教育于日常活动中。

五、在思想政治教育双边关系上坚持主导性与主体性的和谐

主导是指统领、推动全局发展。主导性是指能够统领、推动全局发展的性能或性质。教师以其地位、学识、职责、工作性质等决定了其在大学生思想政治教育过程中具有主导性。主体一般指事物的主要部分，哲学上则指对客体有认识和实践能力的人。主体性是指人在实践过程中表现出来的能力、作用、地位，即人的自主、主动、能动、自由、有目的地活动的地位和特性。人“行动的一切动力都一定要通过他的头脑，一定要转变

① 顾宏翔：《精准式培育方法和技术指导手册》，天津教育出版社 2010 年版，第 9 页。

② 《中共中央国务院关于进一步加强和改进大学生思想政治教育的意见》，《中国教育报》2004 年 10 月 26 日。

为他的愿望动机,才能使他行动起来”①。科学世界观的形成需要科学理论的指导,而科学理论不可能在人的头脑中自发产生,需要从外部“灌输”进去。思想政治教育内容要真正成为人们世界观、价值观的有机组成部分,就必须经过主体的选择和确认,形成坚定的自我行为理念,内化为个人的品行特征。在思想政治教育过程中,大学生不是完全处于被动地位,而具有主观能动性,其态度、能力、素质等影响思想政治教育的实施,在一定意义上说大学生作为“内因”决定思想政治教育的效果,因而在思想政治教育过程中具有主体性特点。大学生思想政治教育是教师与大学生的双边活动,需要调动教师与大学生两个方面的积极性、主动性和创造性,需要教师的主导作用与大学生的主体作用都得到和谐发挥,二者不可偏废,否则提升大学生思想政治教育质量就难以落实。过去那种只注重发挥教师的主导作用,忽视学生主体地位和主观能动性发挥,没有主体切身体验、反复实践的思想政治教育,不能达到预期目的。

教师在大学生思想政治教育过程中充分发挥主导作用,牢牢把握大学生思想政治教育的主动权。在思想政治教育目标上,明确促进大学生全面自由发展和培养社会需要的合格人才的目标,并以此作为开展工作的目标指向。在思想政治教育内容上,弘扬主旋律,提倡多样化,在内容的多样化中凸显主旋律的科学性、真理性,并内化为大学生的自觉认知和行为习惯。在教育过程中,遵循思想政治教育规律,针对大学生实际特点,使大学生思想政治教育始终按既定方向健康有效地进行。在教育方式上,主动采撷能够用于思想政治教育的最新科技成果,主动采取为大学生所喜闻乐见的方式方法,想在大学生所想之前,做在大学生所欲之前,牢牢掌握教育主动权,避免处处被动、疲于应付。在思想政治教育过程中大学生的主体地位应得到充分尊重,真正体现思想政治教育为了学生、依靠学生、发展学生的工作理念。在提高“灌输”艺术魅力的同时,尊重大

---

① 恩格斯:《路德维希·费尔巴哈和德国古典哲学的终结》,《马克思恩格斯选集》第4卷,人民出版社1995年第2版,第243页。

学生的主体地位，通过他们的自我认知、自我体验、自我教育、自我建构，积极寻求外部“灌输”与自我体验之间的最佳结合点，通过共鸣来达到思想政治教育目的。在大学生思想政治教育过程中，教师的主导性和大学生的主体性的把握上应和谐有度。在教师主导性的发挥上，坚持思想政治教育先进性目标的引领作用，兼顾大学生群体层次性特点和普遍性要求；坚持社会主义核心价值体系的引领作用，在宽领域与多样化中凸显高品位弘扬主旋律；坚持充满吸引力、感染力和说服力的“灌输”，探索平等性、互动型、探讨式的教育新模式。在大学生主体性的发挥上，坚持尊重但不“失重”；在思想政治教育内容上，开放但不放任；在思想政治教育方式上，鲜活但不失理性；在思想政治教育载体上，创新但不猎奇。

六、在思想政治教育手段上坚持传统手段与现代技术的和谐

“传统”是人们用来界定人类发展历程的一个定性词语，一般指过去式。“现代”指现在这个时代。“传统”相对的一面是“现代”。“手段”这里指为某种目的而采取的方法、措施。就大学生思想政治教育而言，传统的与现代的手段都是具体措施，没有好坏高低之分，检验的标准在于是否有效及有效的程度。坚持大学生思想政治教育传统手段与现代技术的和谐，就是挖掘传统思想政治教育的有效手段，在新的历史时期加以发扬光大，同时根据时代特点与时俱进地采取最新、最现代的技术与手段，不断提升大学生思想政治教育质量。继承传统应注意汲取精华、剔除糟粕，坚持创新旨在有效，不为创新而创新。

坚持传统手段与现代技术的和谐，做到有效的传统手段不放弃，并在新的时期发扬光大，同时紧跟时代潮流、追踪大学生关注的热点，以能够利用的最新科技成果为手段和载体，开展大学生思想政治教育。如说理教育法、集体宣讲法、个别谈心法、典型示范法、环境熏陶法、实践锻炼法等。高校在长期的思想政治教育过程中，积累了丰富的工作经验，探索出有效的工作方法，许多传统方法至今仍然有效，但现代社会进入了信息化时代，在互联网继报纸、广播、电视之后成为世界第四大媒体的今天，如果

不在教育方法、手段上与时俱进，思想政治教育就很难吸引学生、赢得学生。譬如：调查显示，80%的大学生认为网络使他们开阔了视野、给他们带来了便利，62%的学生把网络作为获取信息的最主要途径，40%的学生把网络作为发表言论的最主要场所，互联网已经成为大学生学习知识、获取信息的重要渠道和表达思想、交流感情的重要场所。① 网络技术的发展把社会推进到信息时代，网络文化深刻影响着大学生的思想观念、生活方式和价值取向，高校要全面加强校园网建设，使网络成为有效开展思想政治教育的重要手段。近年来，许多高校开展了学分制学籍管理制度改革，由相同年级、相同专业学生组成的传统班级概念逐渐淡化，以传统学生班级为载体的大学生思想政治教育模式已不适应学分制改革新形势，大学生思想政治教育载体迫切需要创新。公寓是大学生学习、生活的重要场所，伴随后勤社会化改革，其育人功能越来越突出；学生社团是第二课堂的重要组成部分，是大学生思想政治教育的重要载体，在学生中的凝聚力、影响力很大，对学生的全面发展具有重要的促进作用。网络、公寓、社团具有吸引力大、学生相对集中、凝聚力强等特点，是学分制条件下开展大学生思想政治教育新的有效载体。当前大学生思想政治教育载体创新的工作重点是积极推进大学生思想政治教育进网络、进公寓、进社团，用健康、积极、先进的思想文化占领网络阵地、公寓阵地、社团阵地，引导、影响、塑造大学生。

七、在思想政治教育渠道上坚持各类教育的和谐

"渠道"原指在河、湖或水库周围开挖的排灌水道，引申比喻门路或途径。大学生思想政治教育的渠道丰富而广泛，主要包括课堂教学、社会实践、校园文化、网络媒体、心理咨询、寓思想教育于解决实际问题中、发挥党团组织班级的作用等。从更宏观的层面上还可以分为学校教育、家

---

① 参见迟刚毅、余先亭、李辉：《全面加强高校校园网建设，牢牢掌握网上思想政治教育的主动权》，《光明日报》2005年9月12日。

庭教育和社会教育等。用和谐理念审视大学生思想政治教育渠道，作为一项系统工程，大学生思想政治教育需要主渠道正常发挥作用，也需要多条渠道形成教育合力。

在高校内部，思想政治理论课是大学生思想政治教育的主渠道，是大学生的必修课，是帮助大学生树立正确的世界观、人生观和价值观的重要途径，体现了社会主义大学的本质要求。应坚持主渠道畅通，把理论武装与实践育人结合起来，切实改革教学内容，改进教学方法，改善教学手段，增强思想政治理论课的吸引力和说服力。坚持大学生思想政治教育渠道的多元化，社会实践、校园文化、网络媒体、心理咨询、寓思想教育于解决实际问题中、发挥党团组织班级的作用等渠道各得其所，共同作用，形成合力。现代社会是开放的世界，大学生思想政治教育也要实施开放性教育，做到学校、家庭、社会各渠道的匹配性和谐。学校是大学生思想政治教育的主渠道、主课堂、主阵地，家庭是最早的并持续一生的重要教育场所，社会是一本必须翻阅的“无字书”，是复杂多变的大课堂。它们在大学生思想政治教育过程中的作用不同，不能截然分开，而应和谐一致，形成教育合力。高校积极主动建立与家庭相互沟通的渠道，同时争取全社会的大力支持，努力建构党委统一领导、党政群齐抓共管、有关部门各负其责、学生家庭积极配合、全社会大力支持的领导体制和工作机制。

第十一章　民主式的大学生思想政治教育质量提升模式

中共“十八大”把“努力办好人民满意的教育”作为加强社会建设、全面建成小康社会的重要内容，强调“把立德树人作为教育的根本任务，培养德智体美全面发展的社会主义建设者和接班人”①。大学生作为国家十分宝贵的人才资源，是全面建成小康社会的主力军。进一步加强和改进大学生思想政治教育，是培养德才兼备合格人才的强劲动力与重要保证。“人民民主是我们党始终高扬的光辉旗帜。”②作为党的思想政治教育的一部分，把民主的原则运用于大学生思想政治教育，是提升大学生思想政治教育质量的内在要求。大学生思想政治教育是双边教育活动，需要教育者和大学生两者积极主动与和谐共鸣。在牢牢掌握大学生思想政治教育主导权的同时，充分尊重大学生在受教育过程中的选择权，有效调动大学生思想政治教育双主体的积极性，构建民主式的大学生思想政治教育模式，是进一步提升大学生思想政治教育质量的重要课题。

---

① 胡锦涛：《坚定不移沿着中国特色社会主义道路前进，为全面建成小康社会而奋斗——在中国共产党第十八次全国代表大会上的报告》，《人民日报》2012 年 11 月 18 日。

② 胡锦涛：《在庆祝中国共产党成立 90 周年大会上的讲话》，《人民日报》2011 年 7 月 2 日。

第一节　民主式的大学生思想政治教育质量提升模式的内涵

一、民主式的大学生思想政治教育质量提升模式的内涵

民主具有本质的内涵和原则。“民主”一词是由希腊语的“人民”和“统治或权威”等词演变而来,本意是“人民的统治”。希腊历史学家希罗多德在《历史》一书中首次使用这一概念,用来指希腊城邦国家雅典的政治制度和政治实践。民主是人类政治文明的共有成果。民主作为一种政治实践,其推进实现往往需要一个循序渐进的过程,不能一蹴而就。2005 年,我国第一个民主白皮书开宗明义:“民主是人类政治文明发展的成果,也是世界各国人民的普遍要求。”①原国务院总理温家宝曾在 2007 年记者招待会上明确提出:“民主、法制、自由、人权、平等、博爱等等,这不是资本主义所特有的,这是全世界在漫长的历史过程中共同形成的文明成果,也是人类共同追求的价值观。”“社会主义民主归根结底是让人民当家作主,这就需要保证人民的民主选举、民主决策、民主管理和民主监督的权利;就是要创造一种条件,让人民监督和批评政府;就是要在平等、公正和自由的环境下,让每一个人都得到全面的发展;就是要充分发挥人的创造精神和独立思维的能力。”②民主的原则主要有:平等原则,民主不仅是多数人的统治,还必须保护少数人的权利;自由原则,民主应与自由相结合,保护个人的合法自由;多元原则,与民主社会相配套的是多样化的客观现实与人类需求;法治原则,为了捍卫民主,必须实行法治,为了严格法治,必须实行民主。

民主式的大学生思想政治教育模式,是民主原则在大学生思想政治教育领域的具体应用和外在体现。大学生思想政治教育是教师与大学生

---

① 《中国的民主政治建设》,《人民日报・海外版》2005 年 10 月 20 日。

② 转引自李君如:《发展民主政治要有自信心》,《北京日报》2008 年 3 月 3 日。

的双边活动，民主式的大学生思想政治教育模式就是将平等、自由、多元和法治原则应用于大学生思想政治教育过程，使大学生思想政治教育渗透和体现民主的精神与理念，进而有效地提升“教育力”和教育质量的大学生思想政治教育的理论模型和实践范式。在民主式的大学生思想政治教育模式中，教育者与被教育者的地位是平等的，这是民主式的大学生思想政治教育模式的基点和核心，没有教育双方地位的实质性平等，就不可能有民主式的大学生思想政治教育。在民主式的大学生思想政治教育模式中，大学生作为教育主体之一，具有一定的教育内容和教育方式等的“自由”选择的权利，尽管这种权利有时以隐性的形式展现，但如果忽视、扼杀大学生这种“自由”选择的权利，没有大学生的内心认可和真心参与，提升大学生思想政治教育质量就是一句空话。民主式的大学生思想政治教育模式具有多元化的特征，即教育目标是总目标与具体目标的结合，教育内容是主旋律与多样化的结合，教育方式是主渠道与多渠道的结合，教育评价是基本评价与多层面评价的结合。多元化特征的缺失，必然导致大学生思想政治教育因缺少现实性、针对性和吸引力而效度低下。民主与法治是双胞胎，民主离不开法治，法治也离不开民主。依法治国是推动中华民族伟大复兴的基本国策，依法治校是建立现代大学制度的发展战略，法治化是我国大学生思想政治教育创新发展的必然趋势。法治化是民主式的大学生思想政治教育模式的重要特征，它以遵循思想政治教育规律为前提，与社会主义法治精神相契合，教育的内容与程序规范、科学，在思想政治教育范畴充分体现对人的基本权利的尊重与保护。构建民主式的大学生思想政治教育模式，关键是承认教师与大学生在思想政治教育中的主体地位，尊重由此带来的教师和大学生在思想政治教育过程中的主导权与选择权，落实平等、自由、多元与法治等民主原则在思想政治教育过程中的普遍运用。

二、民主式的大学生思想政治教育质量提升模式的提出

马克思主义基本理论是提出民主式的大学生思想政治教育模式的思

想渊源。马克思主义认为,事物变化发展是内因和外因共同起作用的结果,内因是事物变化发展的根据,外因是事物变化发展的条件,外因通过内因起作用。在大学生思想政治教育过程中,教师的主导作用和大学生的自觉参与都不可或缺,而且作为内因大学生的主观能动性的发挥在提升思想政治教育质量的过程中至关重要。大学生思想政治教育质量的提升,是由教育者与大学生两方面的积极性的充分调动而共同完成的,其中教育者主导权的牢牢把握、积极引导是重要的外部条件,而大学生选择权的充分尊重、积极内化是关键、是根本,任何孤立地片面强调单方面的权利都会影响大学生思想政治教育质量。在大学生思想政治教育实践中,既要充分尊重大学生的选择权,又不能丧失主导权而被动应对,应以教育视野的开放性、教育理念的先进性、教育目标的科学性、教育内容的真理性、教育方式的艺术性、教育过程的主动性和教育平台的强势性等,牢牢把握思想政治教育的话语权和主导权;既要牢牢把握教育主导权,又不能罔顾大学生的选择需求,使教育内容必须经过大学生的自我判断、自我选择,达到内化于心,外化于行,卓有成效。掌握大学生思想政治教育的主导权以尊重大学生的选择权为前提,尊重大学生的选择权以不妨碍掌握思想政治教育的主导权为原则。大学生思想政治教育的选择权与主导权互为根据和条件,和谐共振,相得益彰,大学生思想政治教育的质量才能得到有效提升。

中共"十八大"精神是提出民主式的大学生思想政治教育模式的理论指导。"政治体制改革是我国全面改革的重要组成部分。必须继续积极稳妥推进政治体制改革,发展更加广泛、更加充分、更加健全的人民民主。必须坚持党的领导、人民当家作主、依法治国有机统一,以保证人民当家作主为根本,以增强党和国家活力、调动人民积极性为目标,扩大社会主义民主,加快建设社会主义法治国家,发展社会主义政治文明。"①通

---

① 胡锦涛:《坚定不移沿着中国特色社会主义道路前进,为全面建成小康社会而奋斗——在中国共产党第十八次全国代表大会上的报告》,《人民日报》2012 年 11 月 18 日。

过社会主义民主政治改革,保证党领导人民有效治理国家,保证人民依法实行民主选举、民主决策、民主管理、民主监督,保证人民依法享有广泛权利和自由。中共“十八大”提出了全面建成小康社会、实现中华民族伟大复兴的时代任务和时代要求,是当前和今后一段时期全党的行动指南。作为党的思想政治教育工作的一部分,大学生思想政治教育必须与时俱进,与时代同步,在与社会主义现代化建设密切协调中创新发展。构建民主式的大学生思想政治教育模式是贯彻中共“十八大”精神的具体体现和时代要求。

教育对象思想的时代特点是提出民主式的大学生思想政治教育模式的现实基础。改革开放三十多年的积淀,使大学生的自主意识、参与意识、平等观念等大大增强,一言以蔽之是民主意识的增强。这些观念意识的增强是一种可喜的现象,是一种社会的历史进步,是新的历史起点上中国特色社会主义建设所需要的。大学生思想特点的这些变化,使纯粹地依靠指令性的传统的思想政治教育,因大学生产生逆反心理和抵触情绪而无法把教育内容渗入到他们的内心世界。适时提出构建民主式的大学生思想政治教育模式,在教育活动中渗透民主的理念与机制,符合大学生思想的时代特点,使大学生在接受教育的过程中从心理上完全接纳教育内容与方式,能够有效调动大学生思维的积极性和发散性,保护和培养他们新时代非常需要的民主意识、探索精神和创新思维。

第二节　民主式的大学生思想政治教育质量提升模式的吁求

一、教师与大学生的主体地位吁求民主式的大学生思想政治教育质量提升模式

思想政治教育作为双边活动决定了教师和大学生在这一过程中的双主体地位,具体体现是教师和大学生在教育过程中的主导权和选择权的

尊重与行使。主导权与选择权本是教育双方应有的能动的权利，教师的主导权与大学生的选择权的和谐运用与提升大学生思想政治教育质量休戚相关，教师与大学生的双主体地位决定了大学生思想政治教育模式必然是民主式的。

在大学生思想政治教育过程中，教师具有主导权，发挥主导作用，坚持“灌输”原则。灌输是指社会或社会集团运用各种宣传教育手段，把一定的思想观念、政治观点和道德规范传播到社会成员中去，引导他们确立与一定阶段和社会发展要求相一致的思想。灌输是马克思主义思想政治教育的基本原则。马克思、恩格斯认为，灌输是工人阶级掌握科学理论的一条重要途径，现代无产阶级会自发地倾向社会主义，但不能自发形成社会主义的科学理论，且工人运动极易受到种种非科学社会主义思潮的影响，极易对资产阶级意识形态抱有幻想，强调主动对意识形态领域进行占领，对工农群众开展科学社会主义思想教育来抵制、批判各种有害的社会思潮。列宁把马克思主义灌输理论与俄国工人运动实践结合起来，丰富和发展了灌输理论。他认为科学社会主义理论“这种意识只能从外面灌输进去”，只能是“从外面灌输到无产阶级的阶级斗争中去的东西，而不是一种从这个斗争中自发地产生出来的东西”①，“即只能从经济斗争外面，从工人同厂主的关系范围外面灌输给工人”②。“原因很简单：资产阶级思想体系的渊源比社会主义思想体系久远得多，它经过了更加全面的加工，它拥有的传播工具也多得不能相比。”③“对社会主义思想体系的任何轻视和任何脱离，都意味着资产阶级思想体系的加强。”④从宏观上看，灌输理论是一种理论形态，从微观上看，灌输是指用外在的知识、思想输入、充实受教育者的大脑的一种教育原则。灌输理论是马克思主义思想政治教育理论的重要组成部分，科学灌输是掌握大学生思想政治教育主

① 列宁：《怎么办?》，《列宁选集》第 1 卷，人民出版社 1995 年第 3 版，第 317、326 页。
② 同上书，第 363 页。
③ 同上书，第 328 页。
④ 同上书，第 327 页。

导权、培养德才兼备合格人才的根本要求。思想政治工作是经济工作和其他一切工作的生命线。建党和建国以来革命和建设的历史证明,思想政治工作是我们党的优良传统和政治优势。思想政治工作是社会主义教育的特色与优势,把握思想政治教育的主导权是培养社会主义事业建设者和接班人的成功经验和根本保证。当代大学生处在信息化高度发达的社会形态中,各种信息潮涌而来,他们的思想状态趋向开放化、多维化与独立化。在复杂的社会环境和激烈的思潮交锋中,高等教育坚持立德树人、培养社会主义事业建设者和接班人的根本任务没有改变,西方敌对势力与我们争夺接班人的较量始终存在。按照教育生态法则,意识形态阵地如果不用先进思想文化去占领,低级颓废的精神垃圾就会乘虚而入。大学生思想政治教育必须树立强烈的灌输思想和占领意识,用先进的思想文化主动去占领高校意识形态阵地,向大学生系统灌输社会主义核心价值体系,用中国特色社会主义理论体系武装大学生,在大学生思想政治教育领域中牢牢把握话语权、主动权与主导权。牢牢把握大学生思想政治教育的主导权,关键要把握好思想政治教育真理性、导向性和艺术性的有机结合,做到大学生思想政治教育真、善、美的完美统一,形成吸引学生、感染学生和凝聚学生的教育合力,引导大学生掌握科学理论、树立共同理想、具备时代精神、振奋民族精神、遵法纪讲道德、促进全面自由发展。

在大学生思想政治教育过程中,大学生具有主体地位,发挥主体作用,行使自主权利。提升大学生思想政治教育质量,必须充分尊重大学生的主体地位,尊重大学生在思想政治教育中的选择权。辩证唯物主义原理告诉我们,在事物的变化发展过程中,外因是条件,内因是根据,外因只有通过内因才能真正发生作用。大学生思想政治教育也遵循这一规律。改革开放使大学生思想政治教育环境发生了广泛而深刻的变化,当代大学生也表现出多变性、独立性、选择性和差异性等特点,他们对事物往往有自己独立的认知、判断与选择。思想政治教育是双边活动,大学生是思想政治教育内容内化的主体,是思想政治教育能否取得实效的根本依据。

切实提升大学生思想政治教育质量，除了教师的教育观念、教育内容的可信度以及教育艺术和教育魅力外，关键是要尊重、理解和关心大学生，尊重他们的主体地位，发挥他们的主体作用，充分调动他们的主观能动性，使教育双方在心灵交融、情感沟通、教育内容和教育方式等方面产生共鸣，实现思想政治教育内容内化为大学生的自觉意识，外化为日常的实际行动，形成民主式的大学生思想政治教育模式。

二、提升大学生思想政治教育质量吁求民主式的教育模式

民主、平等、自由、多元和法治等原则适用于大学生思想政治教育领域。然而民主视野下的我国大学生思想政治教育还存在诸多不能令人满意的现象。“师道尊严”本指老师受到尊敬，他所传授的道理、知识、技能才能得到尊重。现实当中“师道尊严”严重异化为师生人格上的不平等、教与学的不对等。表现在大学生思想政治教育领域，一是教师身份出现权威绝对化倾向，教师与学生的关系往往自觉不自觉地产生“俯视”与“仰视”的滥位，许多教师并没有真正成为大学生认可的密友、挚友和诤友，往往导致大学生不能敞开心扉，单向性、强制性的“灌输”成为大学生思想政治教育的常态。二是没有真正体现“以人为本”的思想，一些大学生不喜欢的教育方式、枯燥内容往往“被强加”。三是教育内容往往是灌输结论性的东西，没有纵横向的比较和深层次的剖析。教育方式总体上是“灌输式”的，缺少常态化的互动和创新性的探讨。大学生思想政治理论课考试，仍然存在着答案“标准化”的现象，缺乏有效考查大学生认识问题、分析问题和解决问题能力的评价，大学生不愿意学、不愿意考的现象是高校思想政治理论课改革突破的重点。四是不遵循思想政治教育规律、强加式的思想政治教育“冷爆力”现象并不鲜见，大学生思想政治教育过程中人格尊严得不到尊重、私密得不到保护等时有发生。大学生思想政治教育法治化的观念还没有深入人心，无法可依、有法不依、执法不严的现象还比较严重。历史经验启示我们，薄弱环节往往是工作突破的关键环节。我国大学生思想政治教育的这些现象，是发展中的问题，是改

革的重点，是工作的突破口，构建民主式的大学生思想政治教育模式，是提升大学生思想政治教育质量的内在要求。

第三节　构建民主式的大学生思想政治教育质量提升模式的路径

一、以先进理念为指导，形成以民主的方式开展思想政治教育的思维方式和行为习惯

树立以人为本的理念，坚持按客观规律办事。　树立以人为本的理念，就是把人作为发展的根本和基础、原则和标准、动力和依靠、目标和归宿。就大学生思想政治教育而言，树立以人为本的理念，就是坚持思想政治教育根本目的是为了学生，为了全面提升大学生思想道德文化素质，促进其全面自由发展；就是坚持思想政治教育要依靠学生，充分调动大学生参与其中的积极性、主动性和创造性；就是坚持思想政治教育强化人文关怀与心理疏导，充分关心、了解、理解、支持和帮助大学生，切实解决大学生存在的思想问题和实际困难。按客观规律办事是构建民主式的大学生思想政治教育模式、提升大学生思想政治教育质量的本质要求，充分认识规律是客观的、不能违抗的，在思想上和行动上尊重大学生的成长成才规律、心理变化规律和思想教育规律。

树立改革开放的理念，广泛汲取人类文明成果。　改革开放是一个普适的办学理念。国外大学在办学的"开放性"上有很多成功的案例。美国威斯康星大学具有百年历史，20 世纪初担任校长的查尔斯·范海斯顺应当时威斯康星州的农业由种植业向畜牧业转型的社会需求，提出"大学必须为社会发展服务"的开门办学理念，让教师走出课堂，到社会中去，到工人农民中去，学校的实验室、教师也随时为工人农民开放。他的那句"鞋子上沾满牛粪的教授是最好的教授"的名言生动地诠释了威斯康星大学"为社会发展服务"这一开放办学理念。这个后来被学术界

誉为“威斯康星思想”的大学开放理念使威斯康星大学由原本规模很小发展成为美国最有影响的大学之一。大学生思想政治教育树立改革开放的理念，就是在民主式的大学生思想政治教育模式的构建上，要有放眼世界的视野和海纳百川的胸怀。在民主办学、构建民主式的大学生思想政治教育模式上，西方发达国家起步早，经验成熟，当然也有教训和糟粕。作为后起者，应实行拿来主义，对西方发达国家在民主式的大学生思想政治教育模式方面的成熟经验予以学习借鉴。作为后起者，还应虚怀若谷，对民主式的大学生思想政治教育模式的先行者，我们最需要的不是说三道四，而是虚心学习，正像孔子曾说过的“三人行，必有我师焉：择其善者而从之，其不善者而改之。”①

树立双主体的理念，正确处理主导权与选择权的关系。　教师和大学生在思想政治教育过程中的双主体地位，决定了必须构建民主式的大学生思想政治教育模式才能有效提升教育质量，具体体现是教师和大学生在思想政治教育过程中的主导权和选择权皆得到充分的尊重和行使。构建民主式的大学生思想政治教育模式，必须树立双主体理念，切实践行双主体理念，充分尊重教师与大学生在思想政治教育过程中的主导权和选择权。尊重教师的主导权，遵循思想政治教育规律，牢牢把握思想政治教育的话语权、主动权，使大学生思想政治教育始终在规范可控、健康有效的科学轨道上运行，保证思想政治教育目的顺利实现。尊重大学生的选择权，保证大学生在思想政治教育过程中的平等权、自主权得到有效行使，使教育模式得到大学生的广泛认可，充分调动他们在教育过程中的积极性、主动性和创造性，促进全面自由发展。

二、主导但不“独导”，大学生思想政治教育在多元环境中牢牢把握主导权

坚持思想政治教育先进性目标的引领作用，兼顾大学生群体层次性

① 《论语·述而》。

特点和普遍性要求。 思想政治教育是有目的的教育活动。“高等教育的根本任务是人才培养。要坚持把促进学生健康成长作为学校一切工作的出发点和落脚点，全面贯彻党的教育方针，坚持育人为本、德育为先、能力为重、全面发展，着力增强学生服务国家服务人民的社会责任感、勇于探索的创新精神、善于解决问题的实践能力，努力培养德智体美全面发展的社会主义建设者和接班人。要注重更新教育观念，把促进人的全面发展和适应社会需要作为衡量人才培养水平的根本标准，树立多样化人才观念和人人成才观念，树立终身学习和系统培养观念，造就信念执著、品德优良、知识丰富、本领过硬的高素质人才。”①大学生思想政治教育要为现代化建设培养数以亿计高素质的劳动者和数以千万计的专门人才提供思想保证和精神动力，与此相适应，大学生思想政治教育目标也是有层次性的。我国还处于并将长期处于社会主义初级阶段，多种所有制形式、经营形式和分配方式并存。大学生思想政治教育既要从“确保中国特色社会主义事业兴旺发达、后继有人”②的战略高度，又要面对社会主义初级阶段的基本国情，解放思想，实事求是，与时俱进，求新务实。以引导大学生树立共产主义远大理想、培养忠诚的马克思主义者为崇高目标，积极引导更多的大学生中的积极分子成为坚定的马克思主义者，培养社会主义事业的建设者和接班人。在此基础上，引导多数大学生学会做人，成为文明修养、人际关系良好，国家和民族意识、社会公民意识、民主法制意识较强，具备社会主义道德观和共同理想的合格公民。

坚持社会主义核心价值体系的引领作用，在宽领域与多样化中凸显高品位弘扬主旋律。 马克思主义的指导地位、中国特色社会主义共同理想、以爱国主义为核心的民族精神和以改革创新为核心的时代精神、社会主义荣辱观“四位一体”，是社会主义核心价值体系的基本内容。社会

① 胡锦涛：《在庆祝清华大学建校 100 周年大会上的讲话》，《人民日报》2011 年 4 月 25 日。

② 《中共中央国务院关于进一步加强和改进大学生思想政治教育的意见》，《中国教育报》2004 年 10 月 26 日。

主义核心价值体系在我国整体社会价值体系中居于核心地位，发挥着主导作用，是建设中国特色社会主义的根本思想基础，是中华民族伟大复兴的根本精神力量。“社会主义核心价值体系是兴国之魂，是社会主义先进文化的精髓，决定着中国特色社会主义发展方向”，“要把社会主义核心价值体系融入国民教育、精神文明建设和党的建设全过程，贯穿改革开放和社会主义现代化建设各领域，体现到精神文化产品创作生产传播各方面，坚持用社会主义核心价值体系引领社会思潮，在全党全社会形成统一指导思想、共同理想信念、强大精神力量、基本道德规范”①。当代中国，用社会主义核心价值体系引领大学生思想政治教育，是培养社会主义事业建设者和接班人的必然要求，是大学生思想政治教育有效开展、创新发展的必然要求，是引领社会思潮、建设和谐社会的必然要求。当代中国，大学生思想政治教育要有所作为，切实为培养德才兼备的合格人才服务，始终不渝地坚持马克思主义在大学生思想政治教育中的指导地位，并以社会主义核心价值体系为主体构建科学的大学生思想政治教育内容体系。同时在宽领域与多样化中凸显高品位弘扬主旋律，在坚持外部“灌输”的基础上引导大学生自主、自觉选择、认同社会主义核心价值体系，在尊重差异的基础上用社会主义核心价值体系引领大学校园意识形态和社会思潮。

坚持充满吸引力、感染力和说服力的“灌输”，探索平等性互动型探讨式的教育新模式。 “灌输”是马克思主义思想政治教育理论的基本原则。大学生思想政治教育坚持“灌输”原则，讲究“灌输”方法，提高吸引力和说服力。恩格斯认为：“就单个人说，他的行动的一切动力，都一定要通过他的头脑，一定要转变为他的愿望的动机，才能使他行动起来。”②大学生思想政治教育内容要真正成为大学生世界观、人生观和价

---

① 《中共中央关于推动文化大发展大繁荣若干重大问题的决定》，《人民日报》2011年10月26日。

② 恩格斯：《路德维希·费尔巴哈和德国古典哲学的终结》，《马克思恩格斯选集》第4卷，人民出版社1995年第2版，第243页。

值观的有机组成部分,就必须经过大学生主体的选择和确认,内化为坚定的自我行为理念。大学生思想政治教育在搞好外部“灌输”、提高“灌输”的艺术魅力的同时,尊重大学生的主体地位和道德需求,探索平等性、互动型和探讨式的思想政治教育新模式,充分调动大学生的道德理性,通过自我认知、自我体验、自我教育和自我建构,积极寻求外部“灌输”与自我体验之间的最佳结合点,通过教育共鸣来达到思想政治教育的目的。

坚持把法治教育作为主要教育内容,把法治精神贯穿于思想政治教育全过程。 由于不遵循思想政治教育规律,使我国大学生思想政治教育存在一些难以克服的问题:“无法解决教育者本身因为理解和领会教育内容方面出现的狭隘,无法解决教育本身方式方法较为单一的问题,导致受教育者和教育者之间不能有效地沟通和以人为本的思想不协调;效果评估容易陷入形式化,而脱离科学评估。为了能够更好的进行思想政治教育,发挥出思想政治教育的效能,必须遵循以人为本科学发展的逻辑。寻找新的发展动力,法制化是很有必要的。”①我国高校普遍开设了“思想道德修养与法律基础”课,日常的思想政治教育能够把法治宣传教育作为主要内容,这些仍需发扬光大。同时,大学生思想政治教育的法治化还需走很远的路,还有大量工作要做。法治化是按客观规律办事的内在要求,是提升大学生思想政治教育质量的有效举措。建立健全大学生思想政治教育制度,为大学生思想政治教育的重要地位、有效开展、科学评价提供制度保障。思想政治教育属意识形态教育,教育目标的阶级性、教育内容的政治性、教育方式的主导性、教育评价的指向性是意识形态教育的内在要求,只有以法的形式将这些要求常态化,才能形成强制性与习惯性,创造大学生思想政治教育的良好环境。随着对外开放的不断深入,多种思潮大量涌入,人们的思想得到巨大解放。大学生思想政治教育的开放性并不意味着对那些对大学生有负面影响的各种因素放任自流,需要从法治化的层面上建立一种“思想过滤系统”。

---

① 郑云鹏:《思想政治教育呼唤法制化》,《法制与社会》2009 年第 17 期。

三、尊重但不“失重”,大学生思想政治教育在多样化的引导中体现选择权

在思想政治教育内容上,开放但不放任。　开放性是当代社会的显著特点。“伴随着国际交流的增多、知识经济的发展以及网络信息的传播,高校思想政治教育无时不受世界高等教育、跨国大众传媒等构成的全球范围文化交流的影响,无时不在高雅和粗俗、古代和现代、东方和西方互相交汇、碰撞、渗透的多元文化冲突中变革创新。”①随着经济全球化的不断推进,社会主义市场经济体制改革的不断深化,以互联网技术为主要标志的信息社会的到来,大学生思想政治教育处于开放性的社会环境中。在这样的社会环境中,大学生思想政治教育不再可能是封闭性的世外桃源,其教育内容必然是与时代环境相适应具有开放性的特点。构建开放性的大学生思想政治教育内容体系,是适应开放性社会环境的必然要求;是凸显高等教育的人学价值和思想政治教育的人文理念的必然选择;是创新大学生思想政治教育模式、不断提升大学生思想政治教育质量的内在要求。构建开放性的大学生思想政治教育内容体系,在指导思想上应坚持“三个面向”,即“面向现代化,面向世界,面向未来”②。大学生思想政治教育归根到底是要为培养适应社会主义现代化建设需要的现代人,其教育内容应充分体现当代马克思主义中国化的最新成果,体现社会主义哲学和社会科学研究的最新进展。大学生思想政治教育内容还应“面向世界”,在坚持社会主义主流价值导向的前提下,不断汲取人类文明创造的一切优秀成果和进步观念为我所用,使大学生思想政治教育具有世界性的视野,以保持不断更新和旺盛的生命力。开放性的大学生思想政治教育内容体系具有前瞻性,体现在“面向未来不断实现对自身的超越并不断促进学生实现超越”,只有这样,“才能把握未来、拥有未来”。③

---

① 黄燕:《浅谈高校思想政治教育的理念创新》,《理论月刊》2005年第11期。

② 邓小平:《为景山学校题词》,《邓小平文选》第3卷,人民出版社1993年版,第35页。

③ 张耀灿、郑永廷等:《现代思想政治教育学》,人民出版社2001年版,第452页。

在构建开放性的大学生思想政治教育内容体系的同时，做到开放但不放任，坚持主导性和多样性的结合、稳定性和灵活性的结合。大学生思想政治教育内容体系始终体现社会主义的性质和方向，与时俱进不断吸收新思想、新观念，始终保持大学生思想政治教育内容的时代性和生命力，在教给大学生正确的分析问题、解决问题的方式方法的同时，对一些腐朽的、没落的社会思潮和思想观念不能放任其自由传播，而适当予以屏蔽，做到始终把握大学生思想政治教育的话语权、主动权和主导权，为大学生的健康成长、顺利成才提供正能量。

在思想政治教育方式上，鲜活却不失理性。　鲜活是指新鲜生动的意思。大学生是充满好奇和热情的社会群体，适应大学生群体的这种特点，大学生思想政治教育始终保持生动活泼、与时俱进、不断创新的教育方式，才能吸引学生、凝聚学生、引导学生、塑造学生。互联网、QQ、微信等，是大学生喜爱的情感交流方式和信息获取渠道，成为大学生思想政治教育的重要载体。大学生喜欢活动，校园文化活动、社会考察活动和各种主题实践活动，是大学生思想政治教育的重要途径。同时，思想政治理论课仍是大学生思想政治教育的主渠道、主阵地，哲学、社会科学和其他各类课程都有对大学生进行思想政治教育的功能，课堂教学的系统性、引导性、渗透性等特点是高校开展大学生思想政治教育的传统优势，具有其他思想政治教育方式不可替代的作用。在坚持生动活泼、不断创新、始终保持鲜活的思想政治教育方式的同时，思想政治理论课作为大学生思想政治教育主渠道、主阵地的作用不能削弱，各门课程的思想政治教育功能应继续挖掘，课堂教学的思想政治教育方式不能丢掉。这些传统的大学生思想政治教育方式在保持传统性、系统性、灌输性的同时，应在增强鲜活性上下工夫，特别是在互动性、时代性、启发性和实践性等方面下工夫，进一步提高吸引力和感染力。

在思想政治教育载体上，创新但不猎奇。　载体是承载知识或信息的物质形体。大学生思想政治教育的实施，需要通过一定的载体来实现。现代科学技术的发展日新月异，各种承载知识或信息的新载体层出不穷，极大地丰富、改善和方便了人们的生产生活。大学生好奇、热情，喜欢接触新鲜事物，往往是新科技发展成果最新的接触者、了解者和受益者。创新是思想政治教育的生命之源，创新是大学生的爱好与特点。思想政治教育要赢得青年大学生，需要根据大学生的特点和时代发展的形势，坚持与时俱进、创新载体，保持思想政治教育旺盛、持久的生命力。大学生思想政治教育如果不紧跟现代科技发展水平，不适应大学生的时代要求，必将以陈旧的形象而失去青年大学生，提升大学生思想政治教育质量就会成为一句空话。大学生思想政治教育是一门科学，有着自身的规律要求。大学生思想政治教育的根本目的是为培养德才兼备的合格人才服务，其内容、形式、方式和方法都要围绕最终目标，服务最终目标，实现最终目标。大学生思想政治教育在不断创新教育载体的同时，应特别注意主动适应但不过分迎合大学生，重教育形式但不唯形式搞形式主义，创新教育载体但不为创新而猎奇。大学生思想政治教育在不断创新载体的过程中，如果不把重点放在内涵发展上，为创新而猎奇，为形象而搞形式，就会大打折扣、不会持久。提升大学生思想政治教育质量，坚持与时俱进，不断跟踪现代科技发展轨迹，尽早掌握现代科技发展成果，熟知大学生关注热点，始终保持思想政治教育载体与现代科技成果的密切联系，不断创新教育载体。提升大学生思想政治教育质量，坚持求真务实，使教育内容与教育载体有机结合。坚持匹配性，把适合承载思想政治教育的科技手段、创新活动作为教育载体，不搞牵强附会、形式主义。坚持隐蔽性，寓思想政治教育于各种创新载体中，不搞硬性灌输、强加任务。

后　记

大学生思想政治教育是我挚爱的事业。教了几十年书，虽然也从事过党务工作，但给自己定位是个教书的。教书是清贫的，却乐在其中，乐此不疲。虽然没有大成就，但桃李满天下令我人生足矣。教书育人是教师的天职，由于职业的原因，我在教书过程中常常将自己关于理想信念、人生价值、爱国情怀和道德观念等方面的思考融入讲授内容，课间和工作之余也常常和我的学生谈古论今、点评时势，交流思想、解惑释疑。和青年学生打交道，使我青春永驻，生活有滋有味，事业涓流不断。回味人生，始终没有离开过教书育人岗位，没有离开与学生进行心灵和思想上的沟通与交融，至今我仍然带着思想政治教育专业的硕士研究生。我想，这辈子与教书育人算是有缘，为自己喜欢的事业而努力追求是件很幸福的事。

事业追求无止境，凤凰涅槃助重生。在从事大学生思想政治教育过程中，有些思考一直萦绕心头难以释怀。一是教与学层面的"猎枪"与"干粮"关系。清华大学的老校长蒋南翔先生曾说过一句话，"学校既要给学生干粮，还要给学生猎枪"。"猎枪"与"干粮"的教育理念半个世纪前就提出来了，然而在大学生思想政治教育中这个问题并没有解决好，思想政治教育的效果往往经不起时空的考验。二是校内与校外层面的"理论"与"现实"关系。理论联系实际是思想政治教育的基本原则，现实的大学生思想政治教育当中常常会面临着"理论"脱离"现实"、"现实"呼唤"理论"的尴尬，出现大学生思想政治教育的"5+2=0"现象。三是国内与国外层面的"改革"与"开放"关系。开放的世界中大学生思想政治教育也是开放的，如何以海纳百川的胸怀、登高望远的视野，借鉴世界大学生思想政治教育优秀成果，革除我国大学生思想政治教育中的弊端，增强大学生思想政治教育的实力，在西方敌对势力“和平演变”战略面前转守为攻，还有许多工作要做。这三个层面的探索在本书中虽没有专门阐述的章节，但许多思考有机地融入了相关内容中。

写本自己想写的书一直是我的梦想。有句歌词写得好：有梦想谁都了不起，有勇气就会有奇迹。参加工作后，在从事理论教学和党务工作过程中，自觉不自觉地爱上了大学生思想政治教育这一行。在多年的工作实践中，有许多思考变成了论文和著作，但一直不甚满意，兴趣与责任使我一直希望写本自己想写的书。2011 年，教育部人文社科项目申报工作部署后，组织同事成功申报了“大学生思想政治教育质量提升研究”项目，并以此为题陆续发表了相关文章，撰写了这本还不太成熟的书。写完了这本书扪心自问，由于时间、积累和功力等原因，这还不是那本最想写的书，就权作是抛砖引玉吧。巴西球王贝利不知踢进过多少好球，有人问他：“你哪个球踢得最好？”贝利的回答是：“下一个！”我想，自己最希望写的书是哪一本？下一本！

本书系 2011 年教育部人文社会科学研究专项任务项目（高校思想政治工作）“大学生思想政治教育质量提升模式研究”的研究成果之一。主要分上下两篇，上篇主要阐述了大学生思想政治教育质量提升模式的基本理论，为大学生思想政治教育质量提升模式的研究奠定理论基础。包括大学生思想政治教育质量提升模式的内涵与特征，大学生思想政治教育质量提升模式的理论基础与基础理论，大学生思想政治教育规律、原则与质量提升模式的关系，影响大学生思想政治教育质量提升的主要因素，国外大学生思想政治教育的基本模式，我国大学生思想政治教育模式的历史演进，大学生思想政治教育质量提升面临的机遇与挑战。下篇基于实践基础从理论上阐述了大学生思想政治教育质量提升的五种创新模式：大学生思想政治教育人文关怀和心理疏导模式，文化型的大学生思想政治教育质量提升模式，开放式的大学生思想政治教育质量提升模式，和谐型的大学生思想政治教育质量提升模式,民主式的大学生思想政治教育质量提升模式。阐述了每种教育模式的内涵与特征、提出的背景及缘由、模式构建的路径等。鲁东大学教育科学学院党总支书记邢亮在本书的撰写过程中做了大量工作,发挥了重要作用。烟台大学教师胥文政、烟台南山学院教师郝教谊撰写了本书的第四、五章。鲁东大学党委书记、博士生导师毕宪顺教授拨冗为本书作序。《教育研究》主编高宝立教授、教育部社科司成果处马建通调研员在百忙中为本书的撰写悉心指点。人民出版社编审陈来胜先生为本书做了认真的审读工作。本书撰写过程中还借鉴了其他同志的一些成果,囿于篇幅,不再枚举。藉此之际,谨向所有为本书的出版付出辛勤劳动的朋友们表示衷心的感谢!

路漫漫其修远兮,八千里路云和月。本书即将付梓出版,自己的心血难免稚拙,还是要经风雨见彩虹。在本书写作过程中,曾多次遇到写作误区和盲点,所幸最终能坚持下来。囿于学识,本书还有诸多不足之处,敬请读者斧正。

乔万敏

2013 年 5 月